建设工程
项目管理

（第2版）

曹 明／主 编
岳齐贤 徐 宁／副主编

清华大学出版社
北京

内 容 简 介

本书融入了各项建设规范及建造师执业资格考试的相关内容，使其更符合社会对应用型人才的职业教育要求，为学生更快地适应岗位需求奠定了基础。

本书分为11章，主要内容包括：建设工程管理的内涵和任务，建设工程项目管理的目标和任务，建设工程项目的组织，建设工程项目策划，建设工程项目采购的模式，建设工程项目管理规划的内容和编制方法，施工组织设计的内容和编制方法，建设工程项目目标的动态控制，施工企业项目经理的工作性质、任务和责任，建设工程项目的风险和风险管理的工作流程，建设工程监理的工作。

本书除可供本科和大专院校建设工程管理专业、工程造价专业和土木工程类专业的学生使用外，还可作为全国注册建造师执业资格考试的主要参考书，以及监理单位、建设单位、勘察设计单位、施工单位和政府各级建设管理部门项目管理有关工作人员的参考用书。

本书封面贴有清华大学出版社防伪标签，无标签者不得销售。
版权所有，侵权必究。举报：010-62782989，beiqinquan@tup.tsinghua.edu.cn。

图书在版编目(CIP)数据

建设工程项目管理/曹明主编．—2版．—北京：清华大学出版社，2022.8(2024.8重印)
ISBN 978-7-302-61290-2

Ⅰ.①建… Ⅱ.①曹… Ⅲ.①基本建设项目—项目管理—资格考试—自学参考资料 Ⅳ.①F284

中国版本图书馆CIP数据核字(2022)第120615号

责任编辑：张龙卿
封面设计：范春燕
责任校对：刘　静
责任印制：沈　露

出版发行：清华大学出版社
网　　址：https://www.tup.com.cn，https://www.wqxuetang.com
地　　址：北京清华大学学研大厦A座　　　　邮　编：100084
社 总 机：010-83470000　　　　　　　　　邮　购：010-62786544
投稿与读者服务：010-62776969，c-service@tup.tsinghua.edu.cn
质量反馈：010-62772015，zhiliang@tup.tsinghua.edu.cn
课件下载：https://www.tup.com.cn，010-83470410

印 装 者：三河市铭诚印务有限公司
经　　销：全国新华书店
开　　本：185mm×260mm　　　印　张：15.75　　　字　数：356千字
版　　次：2019年8月第1版　2022年10月第2版　　印　次：2024年8月第3次印刷
定　　价：49.00元

产品编号：097864-01

前　言（第2版）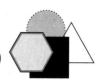

习近平总书记在党的二十大报告中指出：教育、科技、人才是全面建设社会主义现代化国家的基础性、战略性支撑。必须坚持科技是第一生产力、人才是第一资源、创新是第一动力，深入实施科教兴国战略、人才强国战略、创新驱动发展战略，这三大战略共同服务于创新型国家的建设。

随着我国建设事业近年来的高速发展，为了加强建设工程项目管理，提高工程项目总承包及施工管理专业技术人员的素质，规范施工管理行为，保证工程质量和施工安全，根据《中华人民共和国建筑法》《建设工程质量管理条例》和国家有关执业资格证书制度的规定，中华人民共和国原人事部和原建设部联合印发了《建造师执业资格制度暂行规定》，担任大中型建设工程项目的施工单位项目负责人，需取得中华人民共和国建造师注册证书和执业印章。建造师是以工程专业技术为依托、以工程项目管理为主的执业注册人士。建造师注册受聘后，可以担任建设工程总承包或施工管理的项目负责人，从事法律、行政法规或标准规范规定的相关业务。为了满足我国对建设工程人才的要求，目前我国多数高等院校的土木工程、建设工程管理、工程造价等专业都开设了建设工程项目管理课程，有些学校还为其他专业的学生开设了选修课。

为了有效地提高教学效果，本书在编写过程中努力做到融"教、学、做"为一体，具体有以下特点。

（1）建设工程项目管理是一门理论性、综合性和实践性很强的课程，在本书编写过程中，注重理论与实践相结合，用工程实例解释工程项目管理理论。

（2）结合一级注册建造师执业资格考试内容和大纲要求，本书对重点内容进行了专门的讲解，并在课后配套相应的习题，以进一步巩固对重要知识点的掌握。

本书在2019年第1版的基础上，结合近年来我国建筑行业新推出的法规和规范，对书中相关内容进行了修改和补充。

本书由曹明（上海开放大学副教授）担任主编，岳齐贤（高级工程师）和徐宁（教授级高级工程师）担任副主编，赵建立（教授级高级工程师）担任主审。本书共11章。第1章由傅建邦（高级工程师）编写；第2章由赵阜东（高级工程师）编写；第3、4章由戴银宝（工程师）和施雨（上海开放大学助教）编写；第5、6章由曹明编写；第7、8章由徐宁编写；第9、10章由岳齐贤编写；第11章由马光大（工程师）编写。未标注单位的参编人员全部来自上海二十冶建设有限公司或中国二十冶集团有限公司。

  本书在编写过程中参阅了有关的文献资料，在此对这些文献资料的作者表示深深的谢意，并向参加本书编写和编辑工作的同志致以诚挚的谢意。

  由于编者水平有限，不妥之处在所难免，欢迎广大读者批评、指正。

编 者

2023 年 1 月

前　言（第1版）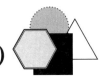

随着我国建设事业近年来的高速发展，为了加强建设工程项目管理，提高工程项目总承包及施工管理专业技术人员的素质，规范施工管理行为，保证工程质量和施工安全，根据《中华人民共和国建筑法》《建设工程质量管理条例》和国家有关执业资格证书制度的规定，中华人民共和国原人事部和原建设部联合印发了《建造师执业资格制度暂行规定》，担任大中型建设工程项目的施工单位项目负责人，需取得中华人民共和国建造师注册证书和执业印章。建造师是以工程专业技术为依托、以工程项目管理为主的执业注册人士。建造师注册受聘后，可以担任建设工程总承包或施工管理的项目负责人，从事法律、行政法规或标准规范规定的相关业务。为了满足我国对建设工程人才的要求，目前我国多数高等院校的土木工程、建设工程管理、工程造价等专业都开设了建设工程项目管理课程，有些学校还为其他专业的学生开设了选修课。

为了有效提高教学效果，本书在编写过程中努力做到融"教、学、做"为一体，具体做了以下工作。

（1）建设工程项目管理是一门理论性、综合性和实践性很强的课程，在本书编写过程中，注重理论与实践相结合，用工程实例解释工程项目管理理论。

（2）结合一级注册建造师执业资格考试内容和大纲要求，本书对重点内容进行了专门的讲解，并在课后配套相应的习题，以进一步巩固对重要知识点的掌握。

本书由曹明（上海开放大学副教授）担任主编，徐宁（高级工程师）和徐长会（工程师）担任副主编，赵建立（教授级高级工程师）担任主审。本书共11章。第1章由岳齐贤（高级工程师）编写，第2章由徐宁编写，第3章由袁志文（高级工程师）编写，第4章由于露（南京城市职业学院讲师）、施雨（上海开放大学助教）和武瑞娟（郑州信息科技职业学院助教）编写，第5章由宋文智（高级工程师）编写，第6章由宫文军（高级工程师）编写，第7章由徐长会编写，第8章由李俊峰（高级工程师）编写，第9章由韩向科（高级工程师）、贺志敏（高级工程师）编写，第10章由李津民（高级工程师）、辛景宏（高级工程师）编写，第11章由仕冠宇（工程师）编写。曹明参与了第2～7章部分内容的编写。未标注单位的参编人员全部来自上海二十冶建设有限公司和中国二十冶集团有限公司。

本书在编写过程中参阅了有关的文献资料，在此对这些文献资料的作者表示深深的谢意，并向参加本书编写和编辑工作的同志致以诚挚的谢意。

由于编者水平有限，不妥之处在所难免，欢迎广大读者批评指正。

编　者
2019年2月

目 录

第1章 建设工程管理的内涵和任务 ········· 1
- 1.1 建设工程管理 ········· 1
  - 1.1.1 建设工程项目的全寿命周期 ········· 1
  - 1.1.2 建设工程管理的内涵 ········· 2
- 1.2 建设工程管理的任务 ········· 3
  - 1.2.1 确保工程建设安全 ········· 4
  - 1.2.2 提高工程质量 ········· 6
  - 1.2.3 有利于投资(成本)控制 ········· 8
  - 1.2.4 有利于进度控制 ········· 10
  - 1.2.5 有利于环保 ········· 13
  - 1.2.6 有利于节能 ········· 14
- 习题 ········· 18

第2章 建设工程项目管理的目标和任务 ········· 21
- 2.1 项目管理 ········· 21
  - 2.1.1 项目管理的核心任务 ········· 21
  - 2.1.2 项目管理的类型 ········· 22
- 2.2 业主方、设计方与供货方项目管理的目标和任务 ········· 23
  - 2.2.1 业主方项目管理的目标和任务 ········· 23
  - 2.2.2 设计方项目管理的目标和任务 ········· 30
  - 2.2.3 供货方项目管理的目标和任务 ········· 30
  - 2.2.4 建设工程项目管理的背景和发展趋势 ········· 31
- 2.3 项目总承包方项目管理的目标和任务 ········· 34
  - 2.3.1 项目总承包方项目管理的目标 ········· 34
  - 2.3.2 项目总承包方项目管理的任务 ········· 34
- 2.4 施工方项目管理的目标和任务 ········· 35
  - 2.4.1 施工方项目管理的目标 ········· 35
  - 2.4.2 施工方项目管理的任务 ········· 36
- 习题 ········· 53

第3章 建设工程项目的组织 … 56
3.1 系统和组织的概念 … 56
3.1.1 系统的概念 … 56
3.1.2 系统目标和系统组织的关系 … 57
3.1.3 组织论和组织工具 … 61
3.2 项目结构分析在项目管理中的应用 … 62
3.2.1 项目结构图 … 62
3.2.2 项目结构的编码 … 65
3.3 组织结构在项目管理中的应用 … 67
3.3.1 基本的组织结构模式 … 67
3.3.2 项目管理的组织结构图 … 72
3.4 工作任务分工在项目管理中的应用 … 73
3.4.1 工作任务分工 … 73
3.4.2 工作任务分工表 … 74
3.5 管理职能分工在项目管理中的应用 … 75
3.6 工作流程组织在项目管理中的应用 … 80
3.6.1 工作流程组织的任务 … 80
3.6.2 工作流程图 … 81
3.7 合同结构在项目管理中的应用 … 83
习题 … 84

第4章 建设工程项目策划 … 89
4.1 建设工程项目策划概述 … 89
4.1.1 策划 … 89
4.1.2 项目的组织策划 … 89
4.1.3 项目经济策划 … 92
4.1.4 建设工程项目策划的作用 … 94
4.2 项目决策阶段策划的工作内容 … 95
4.3 项目实施阶段策划的工作内容 … 97
习题 … 99

第5章 建设工程项目采购的模式 … 102
5.1 工程项目采购的概念 … 102
5.2 项目管理委托的模式 … 102
5.2.1 业主方自行项目管理 … 103
5.2.2 业主方委托项目管理 … 103
5.3 设计任务委托的模式 … 104
5.3.1 设计总负责 … 105

5.3.2 设计平行委托	105
5.4 项目总承包的模式	105
5.4.1 项目总承包的产生	105
5.4.2 项目总承包的内涵	106
5.4.3 国际项目总承包的组织	108
5.4.4 项目总承包基本工作程序	108
5.4.5 项目总承包方的工作程序	109
5.5 施工任务委托的模式	110
5.5.1 施工总承包	110
5.5.2 施工总承包管理	111
5.5.3 施工平行承发包	115
5.6 物资采购的模式	116
习题	117

第6章 建设工程项目管理规划的内容和编制方法 … 121

6.1 概述	121
6.1.1 项目管理规划大纲	121
6.1.2 项目管理实施规划	122
6.1.3 建设工程项目管理规划	125
6.2 项目管理规划的内容	125
6.2.1 建设工程项目管理规划的内容	125
6.2.2 项目管理规划大纲和项目管理实施规划内容	127
6.2.3 价值工程	129
6.3 建设工程项目管理规划的编制方法	134
6.3.1 项目管理规划大纲的编制	134
6.3.2 项目管理实施规划的编制	134
习题	135

第7章 施工组织设计的内容和编制方法 … 138

7.1 施工组织设计的内容	138
7.1.1 施工组织设计的基本内容	138
7.1.2 施工组织设计的分类及其内容	142
7.2 施工组织设计的编制方法	150
7.2.1 施工组织设计的编制原则	150
7.2.2 施工组织设计的编制依据	150
7.2.3 施工组织设计的编制和审批	151
7.2.4 施工组织设计的动态管理	152
习题	153

第8章　建设工程项目目标的动态控制 ... 155
8.1 项目目标动态控制的方法及其应用 ... 155
8.1.1 项目目标动态控制的工作程序 ... 155
8.1.2 项目目标动态控制的纠偏措施 ... 156
8.1.3 项目目标的动态控制和项目目标的主动控制 ... 158
8.2 动态控制在进度控制中的应用 ... 159
8.3 动态控制在投资控制中的应用 ... 159
习题 ... 161

第9章　施工企业项目经理的工作性质、任务和责任 ... 164
9.1 施工企业项目经理的工作性质 ... 164
9.2 施工企业项目经理的任务 ... 168
9.3 施工企业项目经理的责任 ... 170
9.3.1 项目管理目标责任书 ... 170
9.3.2 项目管理目标责任书的主要内容 ... 172
9.3.3 项目管理机构负责人的职责 ... 173
9.3.4 项目管理机构负责人的权限 ... 178
9.4 项目各参与方之间的沟通方法 ... 179
9.4.1 沟通过程的要素 ... 180
9.4.2 沟通过程的分析 ... 180
9.4.3 沟通能力 ... 181
9.4.4 沟通障碍 ... 182
9.5 施工企业人力资源管理的任务 ... 184
9.5.1 项目人力资源管理的内涵 ... 184
9.5.2 项目人力资源管理的全过程 ... 186
9.5.3 施工企业劳动用工和工资支付管理 ... 186
习题 ... 188

第10章　建设工程项目的风险和风险管理的工作流程 ... 192
10.1 风险 ... 192
10.2 项目的风险类型 ... 198
10.2.1 风险、风险量和风险等级的内涵 ... 198
10.2.2 建设工程项目的风险类型 ... 200
10.3 项目风险管理的工作流程 ... 205
10.3.1 风险管理 ... 205
10.3.2 项目风险管理的工作流程 ... 205
习题 ... 207

第 11 章 建设工程监理的工作 ······ 210
11.1 监理的工作性质 ······ 210
11.2 监理的工作任务 ······ 211
11.2.1 质量管理相关规定 ······ 211
11.2.2 安全生产管理规定 ······ 212
11.2.3 工程造价管理和工程进度相关规定 ······ 215
11.2.4 工程变更、索赔及施工合同争议等的规定 ······ 217
11.2.5 监理文件资料管理的规定 ······ 225
11.2.6 几个主要阶段建设监理工作的任务 ······ 226
11.3 监理的工作方法 ······ 231
11.3.1 工程建设监理的工作程序 ······ 231
11.3.2 工程建设监理规划 ······ 231
11.3.3 工程建设监理实施细则 ······ 232
习题 ······ 235

参考文献 ······ 238

第 1 章 建设工程管理的内涵和任务

近三十余年来,建设领域中逐步在宣传和推广工程项目管理。一提到工程项目管理或建设工程管理,人们首先就想到其任务是项目的目标控制,包括费用控制、进度控制和质量控制。这里应该指出:工程项目管理是建设工程管理中的一个组成部分,工程项目管理的工作仅限于在项目实施期的工作,建设工程管理则涉及项目全寿命周期。

1.1 建设工程管理

1.1.1 建设工程项目的全寿命周期

建设工程项目的全寿命周期包括项目的决策阶段、实施阶段和使用阶段(可称运营阶段,也可称运行阶段。如对于地铁项目投入使用,称为地铁运营)。从项目建设意图的酝酿开始,调查研究、编写和报批项目建议书、编制和报批项目的可行性研究等项目前期的组织、管理、经济和技术方面的论证都属于项目决策阶段的工作。项目立项(立项批准)是项目决策的标志。决策阶段管理工作的主要任务是确定项目的定义,一般包括以下内容。

(1) 确定项目实施的组织。

项目组织是为了实施某一个项目为目的,按照一定的形式组建起来的机构。建筑项目组织可用图 1.1 项目组织结构图来表达项目管理模式。

(2) 确定和落实建设地点。

(3) 确定建设任务和建设原则。

建设任务主要根据建设项目的工作性质和专业进行划分,如项目的设计、项目的施工、项目的监理等工作任务都为建设任务。根据建设工程项目管理工作的实际情况,目标一致、统一指挥、精干高效和灵活性是工程项目全寿命期过程管理遵循的主要原则。

(4) 确定和落实项目建设的资金。

(5) 确定建设项目的投资目标、进度目标和质量目标等。

投资目标是投资者或共同基金所期望达到的结果。进度目标是指项目动用的时间目标,也即项目交付使用的时间目标;可以简单理解为完成项目所需的时间,具体可分为设计工期、施工工期等。具体见合同中的工期约定,如本工程计划开工日期:2017 年 12 月 28 日(具体以甲方书面通知日期为准);本工程计划竣工日期:2018 年 12 月 27 日(具体以甲方书面通知日期为准);工期总天数:365 天(工期总天数包括一切法定节假日和休息日)。

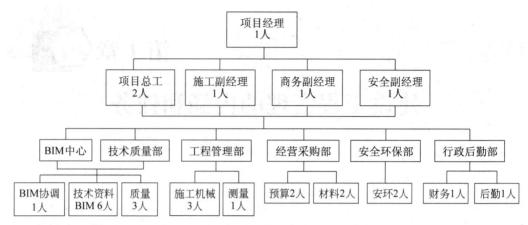

图1.1 项目组织结构图

质量目标不仅涉及施工的质量,还包括设计质量、材料质量、设备质量和影响目标运行或运营的环境质量等。具体见合同中的质量约定,一次性验收合格率100%,获省部级优质工程,争创"鲁班奖"等。除此之外,一般项目上根据甲方要求,会提出自己的质量目标(一般高于与甲方签订的质量目标),如项目上:确保一次性验收合格,50%达到上海市优质结构并争创上海市"白玉兰奖"。

项目的投资目标、进度目标和质量目标之间既有矛盾的一面,也有统一的一面,它们之间的关系是对立统一的关系。

1.1.2 建设工程管理的内涵

"建设工程管理"(professional management in construction)作为一个专业术语,其内涵涉及工程项目全过程(工程项目全寿命)的管理,它包括以下方面。

(1) 决策阶段的管理(development management,DM)(尚没有统一的中文术语,可译为项目前期的开发管理)。

(2) 实施阶段的管理,即项目管理(project management,PM)。

(3) 使用阶段的管理,即设施管理(facility management,FM)(图1.2)。

国际设施管理协会(international facilities management association,IFMA)所确定的设施管理的含义,如图1.3所示,它包括物业资产管理和物业运行管理,这与我国物业管理的概念尚有差异。

"建设工程管理"(以下有时简称工程管理)涉及参与工程项目的各个方面对工程的管理,即包括投资方、开发方、设计方、施工方、供货方和项目使用期的管理方的管理,如图1.4所示。

注意:英语中的administration和management的含义是有区别的,administration一般是指行政事务管理,而management的含义更宽泛一些。professional management是指专业性的(专业人士的)管理。

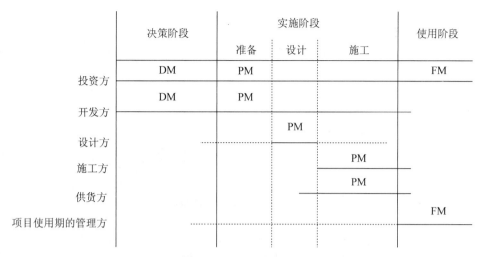

图 1.2 DM、PM 和 FM

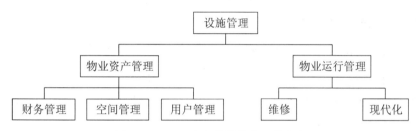

图 1.3 IFMA 确定的设施管理的含义

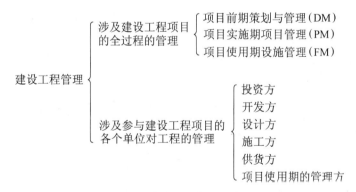

图 1.4 建设工程管理的内涵

1.2 建设工程管理的任务

建设工程管理工作是一种增值服务工作,其核心任务是为工程建设增值和工程使用(运行)增值,具体包括的内容如图 1.5 所示。

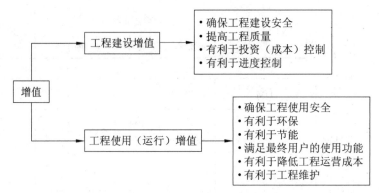

图 1.5　建设工程管理的增值

在工程实践中人们往往重视通过管理为工程建设增值,而忽视通过管理为工程使用(运行)增值。如有些办公楼在设计时为节约投资,减少了必要的电梯的数量,这样就导致该办公楼在使用时人们等候电梯的时间太长。

1.2.1　确保工程建设安全

在建设工程中,可通过以下措施确保建设工程安全,为工程建设增值。

1. 组织措施

(1) 遵循"安全第一、预防为主"的总原则,按照以下的基本程序:安全预测→落实防范措施→检查监督。

(2) 成立以项目经理为组长、技术负责人为副组长、专职安全生产管理人员为常务组员、相关项目职能部门负责人为组员的安全领导小组。加强安全管理,定期检查。

(3) 项目经理对本项目的安全全面负责,技术负责人主管项目的日常安全工作,项目专职安全生产管理人员负责日常的检查工作并督促各项安全措施的落实,技术负责人负责组织制定安全技术措施并审定,各施工班组负责管理本班组人员的安全。

2. 管理措施

(1) 认真执行各班组安全生产责任制,将安全生产责任制落实到人,职责明确。

(2) 项目部每天组织安全检查,公司组织定期和专项安全检查。发现安全隐患限期整改,并追究当事人责任。

(3) 强化安全教育和安全技术交底制度,未通过安全教育的人员不准上岗,未通过交底的人员严禁进入施工作业区,特殊工种人员必须持证上岗。

(4) 严格遵守操作规范,确保施工操作人员安全,严禁赤脚、穿高跟鞋或拖鞋的人员进入现场,有心脏病、高血压或恐高症人员不准上架;严禁高空作业不系安全带,严禁特种作业无证人员及其他不符合安全规定的人员进入施工作业区。

(5) 严格把住进场人员安全关,严禁无关人员、酗酒人员、无"四证"工人、没有安全常识及未戴安全帽的人员进入现场等。

(6) 严格保护安全设施,损坏安全设施人员按规定处理并赔偿损失,情节严重者送当地公安机关。

(7) 严格遵守安全操作规程,对违反安全规定、违章作业、违章指挥的人随时制止,并根据情节轻重进行罚款,对重犯者加倍罚款,直至解除劳动关系。

(8) 实行安全、保卫、消防联合巡查制度,发现隐患及时整改。

(9) 现场用火严格执行动火许可证制度。

(10) 按规定张挂安全标志,各项安全设施验收合格后方准投入使用,同时严格班前检查制度。

3. 技术措施

1) 操作环境

(1) 严格"三保、四口、五临边"的安全防护,采取安全防护措施。

(2) 夜间施工时施工部位有足够照明,在危险处设置警示灯,同时设置可靠的安全防护。

(3) 基坑施工期间,注意检查边坡的稳定性,发现异常情况及时报告处理。

(4) 所有材料均按规定堆放,砖的堆放高度不得超过规定中的要求。材料堆放距基坑顶边缘不少于1.5m。

2) 施工设备

(1) 所有施工机械设备在进场前应全面检查,检测合格后方可投入使用。

(2) 切割机、圆锯、平刨机等有安全防护板或罩。

(3) 车辆在基坑边行驶时,距离坑顶边不少于2m。

(4) 所有机械设备严格实行班前检查、班后清洗保养制度。

(5) 非机械操作人员严禁动用机械,实行一机一人、一箱一闸、一保护、一把锁制度。

3) 施工用电

(1) 施工用电按平面布置图布设。

(2) 编制临时用电施工方案,各种材料均符合设计及规范要求。

(3) 线路严格采用"三相五线"制,严禁直接绑在金属体上。

(4) 所有用电设备均安装漏电保护器,严格做好接零保护。所有保险丝必须符合用电开关要求,不允许用铜丝代替保险丝。

(5) 移动电缆前严格检查线路,发现破损及时更换。

(6) 严禁乱挂、乱接、乱绑电线及电器开关等。

4) 施工消防措施

(1) 普及消防知识,对入场工人进行消防教育,使工人懂得消防知识,如火灾来临时如何处置。

(2) 在木工车间、仓库、办公室、宿舍、易燃堆放处、食堂等设有消防水池或灭火器,并设立标志。

(3) 在施工现场生产区和生活区设消防栓。

(4) 明火距乙炔瓶不小于10m,乙炔距氧气瓶不小于5m,并分开放置,不能放在同一室内。

(5) 建立消防档案,按规定配备消防器材,现场设灭火袋和消防水池。

(6) 现场配备消防员,对消防安全进行检查和监督。

(7) 易燃品仓库严禁使用碘钨灯和60W以上的白炽灯或高温灯具。

(8) 凡施工现场有可能产生火源的工序,操作完毕后须认真清理现场,杜绝起火隐患。

(9)施工作业区严禁吸烟,严禁室内生火取暖。

1.2.2 提高工程质量

在建设工程中,可通过以下措施提高工程质量,为工程建设增值。

1. 质量保证措施

1)制度保证措施

(1)质量管理制度

严格按照国家标准进行施工,在施工过程中遇到问题应及时向主管技术人员汇报,并做出整改意见方案。

(2)技术质量岗位责任制度

① 实行主管施工质量的公司领导对工程质量负责、各项目部技术负责人对工程质量直接负责的质量管理机制。

② 公司设立质检部,配备专职质量负责人和专职质量员,同时,各项目部设立专职质量负责人和专职质量员。

③ 各级专职质量检查人员协助该级质量负责人进行日常质量管理。

④ 施工人员应认真做好质量自检、互检及工序交接检查,做好施工岗位责任记录和施工原始记录,记录数据要做到真实、全面、及时。

⑤ 各级质量负责人必须坚持参加工程质量的验收工作,在检查中发现的违反施工程序、规范、规程的现象,以及质量不合格的项目和事故苗头等应逐项记录,并及时研究制定出处理措施。

2)落实质量技术措施

(1)质量检查人员在工地现场全方位巡视检查,及时发现问题,及时纠正制止,把质量事故消灭于萌芽状态。

(2)实行质量一票否决制,只要经质量检查人员检查出有质量问题,及时整改,并追究有关人员责任。

(3)实行质量大检查制度,每个月由公司负责人和有关职能部门人员进行一次在建项目的质量大检查,各个项目之间相互对比,寻找差距,进行"比、学、赶、超"创优活动。对所检查项目的工程质量和现场安全生产、文明施工几大指标进行比较打分,每次对得分最高和最低的进行奖罚。

(4)对项目随机抽查,若对施工质量有所怀疑,应当场查证并整改。

2. 施工管理措施

1)施工组织设计审批制度

施工组织总设计应由总承包单位技术负责人审批;单位工程施工组织设计应由施工单位技术负责人或技术负责人授权的技术人员审批。

2)技术质量交底制度

技术质量的交底工作是施工过程基础管理中一项不可缺少的重要的工作内容,交底必须采用书面签证确认形式,具体可分为以下3个方面。

(1) 当项目部接到设计图纸后,项目经理必须组织项目部全体人员对图纸进行认真学习,并督促设计单位组织设计交底会。

(2) 施工组织设计方案编制完毕并送审确认后,由项目经理牵头,项目总工程师组织全体人员认真学习,并进行技术、质量、安全书面交底,列出监控部位及监控要点。

(3) 遵循谁施工谁负责质量、安全工作的原则,各施工人员在安排施工任务的同时,必须对施工班组进行书面技术质量安全交底,做到交底不明确时不上岗。

3) 工序交接验收及质量评定

(1) 施工过程中,各分管工种负责人必须督促班组做好自检工作,确保当天问题当天整改完毕。

(2) 分项工程完毕后,各分管工种负责人必须及时组织班组进行分项工程质量评定工作,并填写分项工程质量评定表交项目工程师确认,最终评定表由公司工程管理部门专职质量检查人员核定。

(3) 项目经理每月组织两次施工班组之间的质量互检,并进行质量讲评。

(4) 公司工程管理部门对每个项目进行不定期抽样检查,发现问题时,以书面形式发出限期整改指令单,项目经理负责在指定期限内将整改后情况以书面形式反馈到技术质量部门。

4) 工程质量奖罚制度

(1) 遵循谁施工谁负责的原则,对各单位进行全面质量管理和追踪管理。

(2) 凡各单位在施工过程中违反操作规程、不按图施工、屡教不改或发生了质量问题,项目部都有权对其进行处罚,处罚形式为整改停工、罚款甚至解除合同。

(3) 凡各单位在施工过程中按图施工、质量合格,项目部可对其进行奖励,奖励形式为表扬、表彰、发奖金。

(4) 在实施奖罚时,以平常检查、抽查、每月一次大检查、政府质监站抽查、评定质量等形式作为依据。

3. 技术措施

1) 隐蔽工程验收制度

(1) 所有隐蔽性工程必须进行检查验收,检验合格后才能隐蔽。隐蔽工程中上道工序未经检查验收,下道工序不得施工。隐蔽工程检查验收应由工地施工负责人认真、真实地填写隐蔽工程验收单。

(2) "隐蔽工程验收单"要妥善整理保存,以备工程竣工后移交归档。

2) 工程试验检验

工程中用量大及对性能要求高或直接影响工程质量、安全的材料、半成品均需做检验及试验工作。

(1) 检验、试验的范围。

① 对材料、半成品的几何尺寸和外观进行检测。

② 对材料、半成品的物理性能和化学性质进行检测。

③ 对材料、半成品的生产过程进行监测。

④ 对材料、半成品的使用有效期进行检测。

(2) 职责分工。

① 项目技术员、质量员负责常规材料的检测。

② 项目技术负责人负责水泥砂浆的试验。

③ 技术员、质量员负责填写材料检测合格报告,由项目总工程师或项目经理签字认可后才能使用。

④ 不合格品根据项目不合格品管理办法进行处理。

(3) 样板施工。

① 在墙面工程开工前,由设计师指定样板房部位。

② 设计师应根据图纸向项目部进行材料选择、施工进度、计划进度、等级标准交底工作,然后由项目部向施工工人进行交底。

③ 项目部根据图纸和规范,对样板房施工进行全面检查、全面控制,抓住关键点。

(4) 检测、设备管理。

① 工程管理部门负责计量本部所有计量器材的鉴定、督促及管理工作。

② 现场计量器必须确定专人保管及专人使用,他人不得随便动用,以免造成人为损坏。

③ 损坏的计量器必须及时申报修理调换,不得使用损坏的器具。

④ 计量器要定期进行校正,严禁使用未经过校对的量具。

1.2.3 有利于投资(成本)控制

在建设工程中,可通过以下措施加强成本控制,为工程建设增值。

1. 施工之前的成本控制

1) 人工成本控制

(1) 加强项目部管理水平,选用劳务水平较高的队伍,确保有效用工。

(2) 制订科学、合理的施工方案,减少无效用工。

(3) 合理界定定额内用工和定额外用工,以承包人工工日确定人工费,工资单价控制在造价信息单价范围内,采用招标形式择优选择劳务人员。

(4) 尽量采用新材料、新技术、新工艺,提高劳动效率。

2) 机械成本控制

对于机械费用的支出,应最大限度地提高使用率,积极地进行机械成本的控制。

(1) 在机械台班定额的标准上,结合市场行情,确定合理的机械租赁价格,可通过招标竞争形式,择优选择。

(2) 根据合理的施工方案,最大限度地缩短机械的使用周期,最大限度地发挥机械的使用率,防止机械闲置或机械工作任务不饱满,降低机械租赁的成本支出。

(3) 保管、维护好租赁机械,防止损毁。

(4) 充分利用现有机械设备的内部合理调度,力求主要机械的利用率。在设备选型中,注意一机多用。

(5) 对主要部件及其保养情况建立档案,尽早发现问题,分清责任,找到解决问题的办法。

3) 材料成本控制

在工程建造过程中,材料的消耗占了整个工程成本的65%左右,因此,加强材料成本控制是提高工程施工利润最有效、最直接的方法。

材料成本控制主要通过对材料的价格、质量、数量三个方面进行控制。

(1) 按照工程的实际需用量,制订详细、准确的材料采购计划,最大限度地控制材料采购费用的支出。

(2) 材料的采购尽可能从厂家或一级代理商手里直接采购。

(3) 材料保管人员在材料进场时,一定要认真核实实际进场材料的质量和数量是否与所要采购的材料相一致,特别是大体积的灰、砂、石之类的材料,质量和数量均不易核准,这就要求材料保管人员必须具备一定的专业素质,熟练掌握相关的材料知识。

2. 施工过程中的成本控制

根据成本目标,量化、细化到项目部的每一个人,从制度上明确每个人的责任,明确其成本控制的对象、范围。

1) 人工成本控制

要求施工队伍严格按合同约定办事,并控制人员的规模,优化人员结构。根据已编制的实施性施工组织设计,合理安排人员进场和退场;合理安排工作,提高作业效率,尽量减少成本费用支出。

2) 机械成本控制

合理配备机械,建立机械设备日常定期保养和检修制度,加强机械的维护和保养,加强机械操作人员的操作业务培训,提高其完好率和生产效率,杜绝发生机械事故,同时要做好机械台班记录和燃油消耗记录。对于外部租赁的设备,要做好工序衔接及登记记录,提高机械的利用率,减少不必要的设备闲置和浪费。

3) 材料成本控制

材料成本控制主要是由项目部的管理人员和现场的施工人员共同参与,密切配合,才能完成对材料成本控制。

(1) 编制施工预算,做出材料分析,确定材料的定额总需要量。工程开工之前,必须编制出该工程的总施工预算(时间不充分时可根据施工组织设计,编制阶段性施工预算),然后对总施工预算(或阶段性施工预算)作材料分析,确定材料的定额总需要量(或阶段性需要量)。一般情况下,无论是材料的采购还是材料的消耗,工程主要材料的最大消耗量必须控制在施工预算所分析出来的定额总需要量内。

(2) 通过下发施工任务单和限额领料单,对材料的消耗成本进行有效控制。施工任务单是为了满足总施工进度和月进度计划的需要,将整个施工任务分解。项目部的预算管理人员将施工任务单上的具体工作内容转换成单项的预算子任务后进行工料分析。具体负责施工的班组依据施工任务单和相应的限额领料单,分期、分批地领材料,目的就是要在规定的期限内,完成规定的施工任务。一般领料的原则是:预算子目中能分析出来的材料必须限额;预算子目中不能分析出来的辅助材料,按实际发生计入材料消耗成本。

大宗材料要与供应商签订合同,锁定价格,明确材料品质标准、供货时间、送货方式和交货地点;对于地材等零星用料,坚持用多少购多少的原则,以免造成库存积压和损失。

把好材料收发关,明确工程合理的材料消耗量,节约用料,防止浪费。另外,建立健全材料台账,加强材料的动态管理,合理堆放材料,减少二次搬运,严格执行收发料制度。同时,材料进场时要认真点验,保质保量;发料时要严格按分部分项工程材料的理论用量发放,特别是钢材、水泥等重要材料要实行限额发料。加强大型周转性材料的管理与控制。如加强对模板等大型周转性材料的管理。这些周转性材料不但购置价格比较高,而且在工程施工中不可或缺,使用频率较高,如果管理不善不仅较容易损坏,造成直接经济损失,也会影响工程的工期与进度。

4) 严格控制施工质量

项目部在施工中一定要与建设单位、监理充分沟通,严格按照合同、施工图纸要求、施工组织程序完成施工工序,坚持"以质取胜"的原则。建立项目经理全面负责的质量保证体系,实行质量管理责任制。

5) 强化安全意识

项目部应专设一名合格的安全员负责安全工作。坚决贯彻"安全第一、预防为主、综合治理"的方针,把安全工作作为永恒的主题常抓不懈。施工现场做好防护措施,组织员工定期培训,做好安全方面的宣传工作,杜绝因安全出现问题而造成停工和罚款的现象发生。

6) 加强施工变更索赔工作,强化索赔意识

变更索赔也是相对降低工程成本的措施之一。项目部要与监理单位、设计单位和建设单位充分协调,认真研究合同和施工图纸。变更设计应坚持"先批准,后变更;先变更,后施工"的原则;紧盯现场,对施工中出现的各种问题要做好记录,收集证据,建立完整的施工档案,及时出具工程变更联系单并请监理单位、建设单位签证工程量及价款。

7) 重视竣工结算工作

实物工作量完成,工程进入收尾决算阶段后,应尽快组织人员、机械退场,留守人员应积极组织工程技术资料移交和办理竣工决算手续。同时要对工程的人工费、机械使用费、材料费、管理费等各项费用进行分析、比较、查漏补缺,一方面确保竣工结算的正确性与完整性,另一方面弄清未来项目成本管理的方向和寻求降低成本的途径。尽快与业主明确债权债务关系,对不能在短期内清偿债务的业主,通过协商,签订还款计划协议,明确还款时间,尽可能将竣工结算成本降到最低。

1.2.4 有利于进度控制

在建设工程中,可通过以下措施加强进度控制,为工程建设增值。

1. 确保工期的管理措施

1) 组织机构措施

工程实行项目法施工,制定具体而严格的"项目法施工管理实施细则"。工程进度计划的实施是对项目部考核的一项重要内容,并有严格的进度计划目标保证调整措施和奖励政策。工程施工前,项目经理须与公司签订"责任书",项目部各级主要管理负责人,也要按其职责划分,层层签订"责任书",明确项目部各级人员的职责。加强管理考核,充分调动全体干部、职工的积极性,从组织管理制度上来确保工程进度按计划完成。

2）工期管理措施

（1）工程开工前，必须严格根据施工招标书的工期要求，编制工程总进度计划，并对其是否科学、合理，能否满足合同规定工期要求等问题，进行认真细致的论证。

（2）坚持施工班组抓工序计划目标，各工区抓日计划目标，项目部抓周计划目标。

（3）坚持会议协调制度。坚持每日现场例会，每周生产调度会，每月计划会，每季度、每年度动员会。

（4）加强现场调度施工组织、协调、检查、反馈及快速反应的作用。

（5）对各节点进度实行目标考核，建立进度目标奖励基金，对进度目标的实现情况进行奖惩。

（6）积极参加建设单位、监理单位组织的各种协调会，积极配合建设单位和监理单位。协调与各参建单位及有关国家主管部门的关系，创造一个良好的施工环境，以确保工程进展顺利。

（7）当由于在工程地质条件、自然灾害等重大原因造成原目标工程不可能实现或施工方案的重大改变，导致较多的作业工序、施工关系改变时，现行工程与目标工程已不能做出比较，需对目标工程进行维护和更新。在参建各方协调一致认可后，按更新后的目标工程实施。

（8）坚持项目领导和技术人员现场24小时值班制度，及时协调、处理、解决施工中出现的问题，项目经理和总工程师每月驻守工地不少于28天，且两人不得同时离开工地。

（9）采取目标管理、网络技术、BIM等现代化管理方法，使施工组织更加全面和严谨。在施工中要对有关工序衔接、劳动组织、工期安排适时调整和不断优化，使其更加完善、可行。

2. 确保工期的主要技术措施

（1）编制合理详细的进度计划：施工进度网络计划要动态管理。实际施工过程中，将根据监理工程师批准的施工计划建立目标工期计划，对重点影响本工程进度的关键线路进行控制。根据每天完成的工程项目及工程量，通过比较分析，确定按当前施工进度继续施工将对目标工期造成的影响，从而及时对现行计划和资源投入进行调整，达到工程动态控制管理目标，最终实现预期的工程进度计划。

（2）制订合理的技术方案：根据进度计划，制订与本工程相应的施工方案和各项工程施工技术措施。施工中随时跟踪进度实施情况，如有比计划滞后的情况发生，及时分析原因及影响，并对计划予以调整，同时修订施工方案和有关技术措施，以保证总进度计划目标的实现。

（3）根据施工方案的作业面布置和施工队的配置，将工程进度计划按作业面再分解，制订各专业施工队的作业进度计划，使各作业施工班组都有明确的进度计划目标。

（4）做好整体工程的施工顺序和现场管理工作，使整个工程有条不紊地进行，避免出现混乱现象。

（5）做好施工场地布置，做好通道和施工场地的硬化，尽量减少天气对施工的影响。

（6）做好施工测量服务指导工作，及时进行测量放样、检测和验收工作，为现场施工提供良好的测量服务。加强技术人员的现场巡查，尤其是质量检测人员要全过程跟踪、检查，及时发现施工中存在的问题并提出解决处理措施。对于试验检测项目，及时进行检测并收集整理、分析资料,指导施工,以确保工程的顺利进行。

(7) 做好土石方运输工作,如土石方运输的组织不合理,会严重影响整个工程的施工进度。

(8) 投入足够的机械设备,做好机械设备的保养、维修工作,提高工作效率。

(9) 充分考虑冬雨季、台风施工对施工进度的影响,抓住施工的黄金季节,力争提前完成工程。具体可采取以下措施。

① 地下工程施工时,现场应进行排水,保证排水通道畅通,保证场区不积水。

② 储备水泵、铅丝、遮雨篷布、塑料薄膜、雨衣、水鞋等备用。如遇小雨,且经现场技术负责人与其他人员协商后,评估对工程质量不会造成影响时,人员应穿雨衣及水鞋进行施工,以确保各节点工期。

③ 定期检查各类设施,发现问题及时解决,并做好记录。

④ 及时检查机械防雷接地装置是否良好,各类机械设备的电气开关应做好防雨准备,以保证机械的正常使用。

⑤ 雨天由于雨水降低了土壤的抗剪强度,容易造成沟槽塌方等情况,因此遇雨时应密切注意边坡情况,及时采取边坡支护等防护措施。

⑥ 正常工作日如遇台风、雷雨等天气,施工人员应集结待命,一旦条件允许,立即组织施工,杜绝"下雨一时,休息一天"的懒散情况出现。

(10) 当室外日平均气温连续 5 天均低于 5℃时,采取冬期施工的技术措施进行混凝土施工,保证施工进度。

① 冬期拌制混凝土时应优先采用加热水的方法,当加热水仍不能满足要求时,再对骨料进行加热,并满足相应的规范要求。

② 混凝土的运输应尽量缩短运距,运输及浇筑混凝土的容器应有保温措施。

③ 混凝土在浇筑前,应清除模板和钢筋上的冰雪及污垢。

④ 严格控制商品混凝土的质量、外加剂及混凝土的水灰比,缩短混凝土到施工现场等候的时间,做到随到随浇。

(11) 设计变更因素是进度执行中最大的干扰因素,其中包括改变部分工程的功能会引起大量变更施工工作量,以及因设计图纸本身欠缺而需进行变更或补充,从而造成增量、返工、打乱施工流水节奏,致使施工减速、延期甚至停顿。针对这些现象,项目经理部要通过理解图纸与业主意图,进行自审、会审和与设计单位交流,采取主动姿态,最大限度地实现事前预控,把影响降到最低。

3. 人员保证措施

(1) 抽调精干的管理人员、业务熟练的技术骨干和有过类似工程施工经验的作业队伍组成项目部。配足各专业、各工种的技术工人数量,项目部人员要精干,对业务要熟悉,应从人员素质上来保证工程进度计划的实施。

(2) 根据进度计划的安排,合理组织劳动力进场,确保施工高峰期有足够的劳动力投入本工程施工。

(3) 投入本工程的专业技术人员须持有相应的上岗作业证书,在施工过程中针对出现的新技术和新工艺进行必要的技术培训。

4. 设备保证措施

（1）工程施工需要投入的机械数量大且种类多，必须统一组织、统一调度、合理安排，充分发挥各种机械的最佳效益。

（2）根据施工需要组织数量足够、性能良好的施工机械设备进场，并配备一定数量的备用设备，凡投入的施工机械设备在进场前均需进行维护、保养，并经验收后方可调遣，以确保所有进场设备的完好，保证设备在工程施工中的正常运行使用。

（3）配备数量足够、技术全面、工种齐全的修理力量，加强施工中机械设备的日常维护与保养，各类机械设备均实行机长负责制，并制定奖惩措施，以保证机械设备完好率与利用率分别达到90%和80%以上。

（4）对一些采购困难、采购周期长的设备配件，预先准备一定数量存放在现场，一旦修理时需要，就能立即配备。

5. 材料供应保证措施

（1）进场后，项目物资部门采购人员到各种材料的生产地做深入调查，彻底摸清材料的质量情况、生产能力、运输供应能力等。

（2）对材料进场道路进行勘察，发现问题及时向建设单位反映，确保进场道路畅通。

（3）根据工程总进度计划，工程管理部门会同供应科提前编制各种施工材料的年、季、月、周需求计划，如各种水泥、砂、碎石、钢筋、模板等主要材料需求量。

（4）采购人员根据材料计划及时与生产商、供应商签订生产合同、供货合同，严格按质量标准订货，确保工程材料供应不影响施工进度。

（5）对于大宗材料，如水泥、砂、碎石等，项目物资部必须派专人在料场监督装车，从源头上杜绝不合格材料进入工地。

6. 影响工期因素的应急回补措施

（1）劳动力不足的纠偏及应急措施。如果项目某一工种出现劳动力不足现象，都可以借助公司总部，协力从其他项目进行调配。

（2）交通管制影响材料、设备进出场的纠偏及应急措施。工程施工期间可能会受到交通管制的影响，为解决材料进出场问题，应组织具有相应应急措施的运输公司来保证材料进场。

（3）电力影响的纠偏及应急措施。为避免突发电力中断造成停工，项目部应配备发电机并处于待命状态，一旦停电，立即投入使用，保证施工现场正常工作。

1.2.5 有利于环保

建设单位在项目试生产（试运行、试营业）完成后，向项目审批的环保部门书面提出验收申请，保证工程使用增值方面的环保，主要包括以下4个方面。

（1）委托监测或调查：对主要排放污染物的项目，建设单位应委托有资质的环境监测部门编制验收监测方案，报项目审批的环保部门批准。监测部门按照批准的方案进行监测，并编制验收监测报告（表）。对造成生态环境影响的项目，建设单位应委托具有资质的环境监测单位或环评单位编制验收调查报告（表）。

(2) 提交验收材料：建设单位需要提供的验收材料包括以下5个方面。

① 建设项目竣工环境保护验收申请报告表或登记卡。

② 验收监测报告表或调查报告表。

③ 建设项目环境影响评价文件及环保局审查批复文件。

④ 建设项目试生产运行环保意见。

⑤ 其他相关材料。包括环保设施设计单位资质证书；建设项目工艺流程图；建设项目污染防设计方案、图纸；环保设施操作、维修规程等环境管理制度；试运行记录；治污工作总结。

(3) 组织验收：负责验收的环境行政部门收到达到要求的验收材料后，30日内应成立验收组（或验收委员会）进行现场验收。

(4) 批准：对符合验收条件，验收材料齐备，并经下级环保部门提出验收意见的项目，环保局批准验收。对不能验收的项目，责令限期整改。

其中，环保局批准验收的流程如下：建设项目建成→提交试生产申请→现场检查→试生产→验收申请→委托监测→监测方案→验收监测→编制监测报告→提交验收资料→验收组验收→验收批复。

1.2.6 有利于节能

建筑节能分部工程的质量验收，是在检验批、分项工程全部验收合格的基础上，进行外墙节能构造实体检验，外窗气密性现场检测以及系统节能性能检测和系统联合试运转与调试，确认建筑节能工程质量达到设计要求和本规范规定的合格水平。

建筑节能分部工程的质量验收，除了应在各相关分项工程验收合格的基础上进行技术资料检查外，还增加了对主要节能构造、性能和功能的现场实体检验。

建筑节能工程验收时应对下列资料核查，并纳入竣工技术档案。

(1) 设计文件、图纸会审记录、设计变更和洽商。

(2) 主要材料、设备、构件等的质量证明文件，进场检验记录，进场核查记录，进场复验报告，见证试验报告。

(3) 隐蔽工程验收记录和相关图像资料。

(4) 分项工程质量验收记录，必要时应核查检验批验收记录。

(5) 建筑围护结构节能构造现场检验记录。

(6) 严寒、寒冷和夏热冬冷地区外窗气密性现场检测报告。

(7) 风管及系统严密性检验记录。

(8) 现场组装的组合式空调机组的漏风量测试记录。

(9) 设备单机试运转及调试记录。

(10) 系统联合试运转及调试记录。

(11) 系统节能性能检验报告。

(12) 其他对工程质量有影响的重要技术资料。

验收结束后，节能的分部分项质量证明书到质量监督部门签字备案。节能每个部位材料的检测和现场检测的内容及数量见表1.1，建筑节能工程外墙保温现场检测抽样方法、数量及判定标准见表 1.2。

表 1.1 节能每个部位材料的检测和现场检测的内容及数量

序号	类型	分项工程	检测项目	检测数量	备注
1	材料设备复验	墙体节能	保温材料的导热系数、密度、抗压强度或压缩强度,尺寸稳定性,压剪黏结强度,增强网的力学性能,黏结材料(包括抗裂砂浆)的黏结强度	同一厂家、同一品种的产品,每6000m²建筑面积(或保温面积5000m²抽样不少于1次),不足6000m²建筑面积也抽样1次。检测的试块为300mm×300mm×30mm和100mm×100mm×100mm,每检验批的同条件养护试块不少于3组	保温材料如为同一产品,不必重复检验
2		屋面节能	保温材料的导热系数、密度、抗压强度或压缩强度	同一厂家、同一品种的产品,保温面积2500m²抽样不少于1次,保温面积不足2500m²也抽样1次。检测的试块为300mm×300mm×30mm和100mm×100mm×100mm,每检验批的同条件养护试块不少于3组	
3		地面节能	保温材料的导热系数、密度、抗压强度或压缩强度、尺寸稳定性、压剪黏结强度		
4		门窗节能	气密性、水密性、抗风压性、传热系数、中空玻璃露点、玻璃遮阳系数、可见光透射比	同一厂家的同一品种、类型、规格的门窗及门窗玻璃,每100樘(门扇)划分为一个检验批,不足100樘也为一个检验批。同一厂家的同一品种、类型和规格的特种门窗每50樘划分为一个检验批,不足50樘也为一个检验批	
5		幕墙节能	保温材料:导热系数、密度	同一厂家同一品种的产品各抽查不少于1组	
			幕墙玻璃:传热系数、中空玻璃露点、玻璃遮阳系数、可见光透射比		
			隔热型材:抗拉强度、抗剪强度		
			气密性(现场抽取材料和配件,实验室检测)	当幕墙面积大于3000m²或大于建筑外墙面积50%时,单位工程中面积超过1000m²的每一种幕墙均抽取一个试件	
6		采暖节能工程	风机盘管机组:供冷量、供热量、风量、出口静压、噪声功率	同一厂家、同一规格的散热器按其数量的1%进行见证取样送检,但不得少于2组;同一厂家、同材质的保温材料复验的次数不得少于2次	
7		通风与空调节能工程	绝热材料:导热系数、密度、吸水率	同一厂家的风机盘管机组按数量复验2%,但不得少于2台;同一厂家、同材质的绝热材料复验的次数不得少于2次	
8		空调与采暖系统的冷热源及管网调试验收	绝热材料:导热系数、密度、吸水率	同一厂家、同材质的绝热材料复验的次数不得少于2次	

续表

序号	类型	分项工程	检测项目	检测数量	备注
9	现场拉拔试验	墙体节能	保温板材与基层的黏结强度(拉拔试验)	详见表1.2	
			固定墙体保温层的后置锚固件的锚固为拉拔试验		
			薄抹面层与保温层的黏结强度现场拉拔试验		
			外墙外保温饰面砖的黏结强度		
10	现场实体检测	围护结构	外墙节能构造:保温材料种类、保温层厚度及构造做法	每个单体工程的外墙每种节能做法抽查均应不少于3处,每处一个检查点	
			外窗气密性	每个单体工程外窗抽查均不少于3樘	
11	材料	建筑配电与照明节能	截面和每芯导体电阻值	同一厂家各种规格总数的10%,且不少于2个规格	

表1.2 建筑节能工程外墙保温现场检测抽样方法、数量及判定标准

序号	检测项目			检测条件	检测数量	检测结果判定
1	饰面层与保温层黏结强度现场拉拔试验	保温板外墙外保温系统及保温砂浆外墙外保温系统	采用面砖饰面层做法	薄抹面层与保温层的黏结强度现场拉拔试验	完成薄抹面层施工时,养护时间达到黏结材料要求的龄期,并在下道工序施工前	每个单体工程检测1组,每组测3处(每处测1点,下同)	检测黏结强度平均值必须满足设计要求且不小于0.1MPa。破坏界面不得位于界面层
				面砖与黏结层的黏结强度现场拉拔试验	完成面砖饰面层施工时,养护时间达到黏结材料要求的龄期		检测黏结强度平均值必须满足设计要求且不小于0.4MPa;一组内可有一处试样的黏结强度小于0.4MPa,但不应小于0.3MPa
			采用涂料饰面层做法	薄抹面层与保温层的黏结强度现场拉拔试验	完成薄抹面层施工时,养护时间达到黏结材料要求的龄期		检测黏结强度平均值必须满足设计要求且不小于0.1MPa。破坏界面不得位于界面层

续表

序号	检测项目		检测条件	检测数量	检测结果判定
2	基层与保温层黏结强度现场拉拔试验	保温板外墙外保温系统	完成保温层施工时,养护时间达到黏结材料要求的龄期,并在下道工序施工前	①基层与保温板的黏结强度现场拉拔试验,每个单体工程检测1组,每组测3处(挑选在满黏处);②基层与保温板黏结面积现场试验,每个单体工程检测1组,每组检测1整块保温板(尺寸为1.2m×0.6m或为保温板实际尺寸)	①基层与保温板的黏结强度平均值必须满足设计要求且不小于0.1MPa。破坏界面不得位于界面层;②基层与保温板累计黏结面积满足设计要求且不得小于40%
		保温砂浆外墙外保温系统	完成保温层施工时,养护时间达到黏结材料要求的龄期,并在下道工序施工前	每个单体工程检测1组,每组测3处	检测黏结强度平均值必须满足设计要求且不小于0.1MPa。破坏界面不得位于界面层
3	建筑外窗现场气密性检测		完成建筑外窗安装并达到竣工交付要求	每个单体工程的外墙至少抽查3处,每处一个检查点。当一个单体工程外墙有2种以上节能保温做法时,每种节能保温做法的外墙应抽查不少于3处;每个单体工程的外窗至少抽查3樘。当一个单体工程外窗有2种以上品种、类型和开启方式时,每种品种、类型和开启方式的外窗均应抽查不少于3樘	将3樘试件正压值、负压值分别平均后对照规范确定各自所属等级,最后取两者中的不利级别为该组试件所属等级。正、负压测值分别定级。门窗等级按《建筑外窗气密性能分级及检测方法》(GB/T7107—2002)要求判定

续表

序号	检测项目	检测条件	检测数量	检测结果判定
4	外墙节能构造钻芯检验	完成外墙保温系统施工	每个单体工程取3个芯样	实测芯样厚度的平均值达到设计厚度的95%及以上且最小值不低于设计厚度的90%时,应判定保温层厚度符合设计要求;否则不符合设计要求
5	后置锚固件现场拉拔试验	完成保温板材的锚栓安装,并在下道工序施工前	每个单体工程检测10个试件	10个锚栓抗拉承载力平均值必须满足设计要求且不小于0.30kN,最小值不小于0.20kN
6	照明系统的照度和功率密度值	在无外界光源的情况下,检测被检区域内平均照度和功率密度	每种功能区检查不少于2处	照度值不得小于设计值的90%

习题

一、单项选择题

1. 建设工程项目的全寿命周期包括项目的( )。【2005年】(真题,下同)
   A. 决策阶段、实施阶段和使用阶段
   B. 设计阶段、招标阶段和施工阶段
   C. 设计阶段、施工阶段和使用阶段
   D. 可行性研究阶段、设计阶段和施工阶段

2. 项目决策期管理工作的主要任务是( )。
   A. 确定项目的定义   B. 确定项目的目标
   C. 确定项目的任务   D. 确定项目的功能

3. 建设工程管理的核心任务是( )。【2020年】
   A. 项目的目标控制
   B. 为工程建设和使用增值
   C. 为项目建设的决策和实施增值
   D. 实现工程项目实施阶段的建设目标

4. 关于项目管理和工程管理的说法,正确的是( )。

A. 工程项目管理的时间是项目的全寿命周期
B. 建设工程管理的时间是项目的实施阶段
C. 工程管理的核心任务是为项目的建设和使用增值
D. 项目管理的核心任务是目标控制

5. 建设工程管理过程实施阶段的管理,即( )。
　　A. 开发管理　　B. 施工　　C. 项目管理　　D. 设施管理

6. 下列工程管理的任务中,属于工程使用增值的是( )。【2019年】
　　A. 有利于环保　　　　　　B. 提高工程质量
　　C. 有利于投资控制　　　　D. 有利于进度控制

7. 建设工程管理是一种增值服务,属于工程建设增值的是( )。
　　A. 确保工程使用安全　　　B. 有利于节能环保
　　C. 有利于工程维护　　　　D. 有利于投资控制

8. 根据国际设施管理协会的界定,下列设施管理的内容中,属于物业运行管理的是( )。【2018年】
　　A. 财务管理　　B. 空间管理　　C. 用户管理　　D. 维修管理

9. 项目全寿命管理中,项目决策阶段的管理被称为( )。【2007年】
　　A. 决策管理　　B. 实施管理　　C. 开发管理　　D. 组合管理

10. 建设工程管理工作是一种增值服务工作,下列属于工程建设增值的是( )。【2017年】
　　A. 确保工程使用安全　　　B. 提高工程质量
　　C. 满足最终用户的使用功能　D. 有利于工程维护

二、多项选择题

1. 建设工程项目的全寿命周期包括项目的( )阶段。
　　A. 决策　　B. 设计　　C. 实施　　D. 保修　　E. 运营

2. 在建工程项目的全寿命周期中,决策阶段管理工作的主要任务是确定项目定义,具体包括( )。
　　A. 确定项目实施的组织
　　B. 确定建设任务和建设原则
　　C. 确定和落实项目的施工单位
　　D. 确定和落实建设资金
　　E. 确定项目的投资目标、进度目标、质量目标等

3. 建设工程管理工作是一种增值服务工作,其核心任务是为工程的( )增值。
　　A. 开发　　B. 建设　　C. 运营　　D. 使用　　E. 运行

4. 建设工程管理是一种增值服务,下列属于工程建设增值的有( )。
　　A. 确保工程建设安全　　　B. 提高工程质量
　　C. 有利于节能环保　　　　D. 有利于投资控制
　　E. 有利于进度控制

三、简答题

1. 建设工程项目的全寿命周期包括哪几个阶段？
2. 建设工程管理为工程的建设和使用增值具体包括哪些方面？
3. 在建设工程中，可通过哪些措施确保建设工程安全来为工程建设增值？
4. 在建设工程中，可通过哪些措施提高建设工程质量来为工程建设增值？
5. "建设工程管理"涉及参与工程项目的哪些方面？
6. 决策阶段管理工作的主要任务是确定项目的定义，一般包括哪些内容？

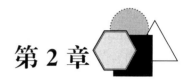

第 2 章

建设工程项目管理的目标和任务

由于项目管理的核心任务是项目的目标控制,因此按照项目管理学的基本理论推断,没有明确目标的建设工程不是项目管理的对象。在工程实践意义上,如果一个建设项目没有明确的投资目标、进度目标和质量目标,就没有必要进行管理,也无法进行定量的目标控制。

2.1 项目管理

2.1.1 项目管理的核心任务

项目的实施阶段包括设计前的准备阶段、设计阶段、施工阶段、动用前准备阶段和保修期,如图 2.1 所示。招投标工作分散在设计前的准备阶段、设计阶段和施工阶段中进行,因此一般不单独列为招投标阶段。项目实施阶段管理的主要任务是通过管理使项目的目标得以实现。

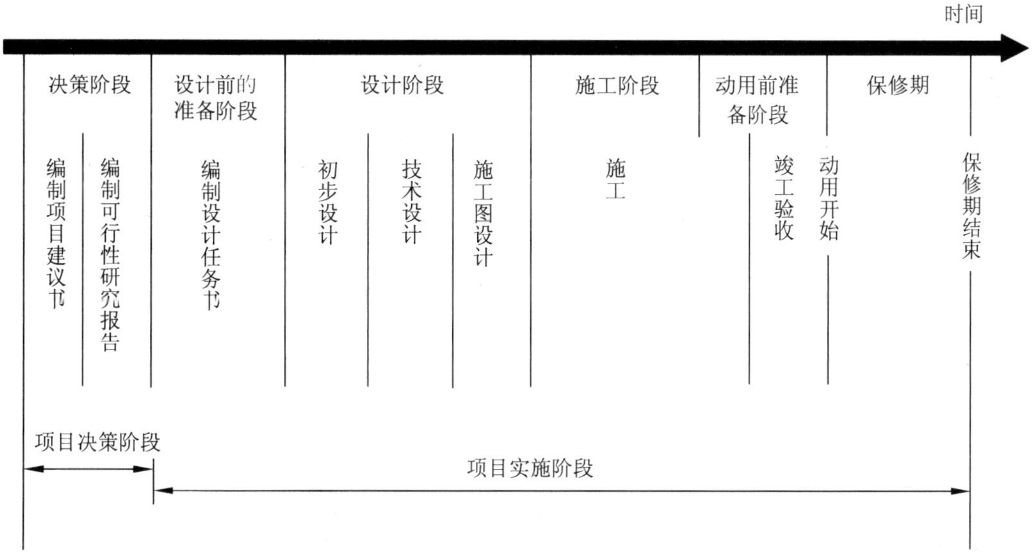

图 2.1 建设工程项目实施阶段的组成

管理是指运用系统的理论和方法,对建设工程项目进行的计划、组织、指挥、协调和控制等专业化活动。

建设工程项目管理的时间范畴是建设工程项目的实施阶段。《建设工程项目管理规范》(GB/T 50326—2017)对建设工程项目管理作了以下的解释:"运用系统的理论和方法,对建设工程项目进行的计划、组织、指挥、协调和控制等专业化活动,简称为项目管理。"

建设工程项目管理的内涵:自项目开始至项目完成,通过项目策划(project planning)和项目控制(project control),以使项目的费用目标、进度目标和质量目标得以实现(参考英国皇家特许建造师关于建设工程项目管理的定义,此定义也是大部分国家建造师学会或协会一致认可的)。该定义的有关字段的含义如下。

(1)"自项目开始至项目完成"是指项目的实施阶段。

(2)"项目策划"是指目标控制前的一系列筹划和准备工作。

(3)"费用目标"对业主方而言是投资目标,对施工方而言是成本目标。

一个建设工程项目往往由许多参与单位承担不同的建设任务和管理任务(如勘察、土建设计、工艺设计、工程施工、设备安装、工程监理、建设物资供应、业主方管理、政府主管部门的管理和监督等),各参与单位的工作性质、工作任务和利益不尽相同,因此形成了代表不同利益方的项目管理。由于业主方是建设工程项目实施过程(生产过程)的总集成者——人力资源、物质资源和知识的集成,业主方也是建设工程项目生产过程的总组织者,因此对于一个建设工程项目而言,业主方的项目管理往往是该项目的项目管理的核心。

2.1.2 项目管理的类型

按建设工程项目不同参与方的工作性质和组织特征划分,项目管理有以下 5 种类型。

(1)业主方的项目管理(如投资方和开发方的项目管理,或由工程管理咨询公司提供的代表业主方利益的项目管理服务)。

(2)设计方的项目管理。

(3)施工方的项目管理(施工总承包方、施工总承包管理方和分包方的项目管理)。

(4)建设物资供货方的项目管理(材料和设备供应方的项目管理)。

(5)建设项目总承包(或称建设项目工程总承包)方的项目管理,如设计和施工任务综合的承包,或设计、采购和施工任务综合的承包(简称 EPC 承包)的项目管理等。

下面说明一下相关的概念。

施工总承包方:由业主选择的一个总承包施工单位,负责工程的具体施工,是从土建到安装等一系列的施工行为的实施单位。

施工总承包管理方:由业主雇请的一个施工管理的单位,负责实施整个工程的施工管理行为,不具体从事工程实施;除管理工作外,也是协调施工单位以及监理单位等其他单位的管理方,是代表业主行使部分权利,维护业主利益的。

分包方:建筑施工企业之间的专业工程施工或劳务作业的承、发包关系。分包活动中,作为发包一方的建筑施工企业是分发包人,作为承包一方的建筑施工企业是分承包人。

2.2 业主方、设计方与供货方项目管理的目标和任务

2.2.1 业主方项目管理的目标和任务

业主方项目管理服务于业主的利益,其项目管理的目标包括项目的投资目标、进度目标和质量目标。其中,投资目标是指项目的总投资目标。进度目标是指项目动用的时间目标,也即项目交付使用的时间目标,如工厂建成可以投入生产、道路建成可以通车、办公楼可以启用、旅馆可以开业的时间目标等。项目的质量目标不仅包括施工的质量,还包括设计质量、材料质量、设备质量和影响项目运行或运营的环境质量等。质量目标包括满足相应的技术规范和技术标准的规定,以及满足业主方相应的质量要求。要加快进度往往需要增加投资,欲提高质量往往也需要增加投资,过度地缩短进度会影响质量目标的实现,这都表现了目标之间关系矛盾的一面;但通过有效的管理,在不增加投资的前提下,也可缩短工期和提高工程质量,这反映了目标之间关系统一的一面。

业主方项目管理工作涉及项目实施阶段的全过程,如表 2.1 所示的工作。

表 2.1 业主方项目管理的任务

工 作	设计前的准备阶段	设计阶段	施工阶段	动用前准备阶段	保修期
安全管理					
投资控制					
进度控制					
质量控制					
合同管理					
信息管理					
组织和协调					

表 2.1 除标题外的内容有 7 行 5 列,构成业主方 35 分块项目管理的任务,其中安全管理是项目管理中的最重要的任务,因为安全管理关系到人身的健康与安全,而投资控制、进度控制、质量控制和合同管理等则主要涉及物质的利益。

安全管理是指负责整个建设项目全面的宏观上的安全生产监督管理,偏重于重大问题的组织与协调,为施工单位的安全管理做好必要的支持和配合工作,但不代替各参建单位的安全生产职责。

以下是某居住小区工程业主方在设计前的准备阶段、设计阶段、施工阶段、动用前准备阶段的项目管理任务(没有包括安全管理)的详细描述,通过此示例可加深对表 2.1 关于项目管理任务的理解。

1. 设计前的准备阶段项目管理的任务

1) 设计前的准备阶段的投资控制

(1) 在可行性研究的基础上,进行项目总投资目标的分析和论证。
(2) 编制项目总投资分解的初步规划。
(3) 分析项目总投资目标实现的风险,编制投资风险管理的初步方案。
(4) 编写设计任务书中有关投资控制的内容。
(5) 对设计方案提出投资评价建议。
(6) 根据选定的设计方案审核项目总投资估算。
(7) 编制设计阶段资金使用计划,并控制其执行。
(8) 编制各种投资控制报表和报告。

2) 设计前的准备阶段的进度控制

(1) 分析和论证总进度目标。
(2) 编制项目实施的总进度规划。
(3) 分析总进度目标实现的风险,编制进度风险管理的初步方案。
(4) 审核设计进度计划,并控制其执行。
(5) 编写设计任务书中有关进度控制的内容。
(6) 编制各种进度控制报表和报告。

3) 设计前的准备阶段的质量控制

(1) 理解业主的要求,分析和论证项目的功能。
(2) 协助业主确定项目的质量要求和标准。
(3) 分析质量目标实现的风险,编制质量风险管理的初步方案。
(4) 编制项目的功能描述书及主要空间的房间手册。
(5) 编制设计任务书。
(6) 比较设计方案是否符合设计竞选文件的要求。
(7) 编制设计竞选总结报告。

4) 设计前的准备阶段的合同管理

(1) 分析和论证项目实施的特点及环境,编制项目合同管理的初步规划。
(2) 分析项目实施的风险,编制项目风险管理的初步方案。
(3) 从合同管理的角度为设计文件的编制提出建议。
(4) 根据设计竞选的结果,提出委托设计的合同结构。
(5) 协助业主起草设计合同,参与设计合同的谈判和签订工作。
(6) 从目标控制的角度分析设计合同的风险,制订设计合同管理方案。
(7) 分析和编制索赔管理初步方案,以防范索赔事件的发生。

5) 设计前的准备阶段的信息管理

(1) 建立项目的信息编码体系及信息管理制度。
(2) 收集、整理和分类归档各种项目管理信息。
(3) 协助业主建立会议制度,管理各种会议记录。
(4) 建立各种报表和报告制度,确保信息流畅通、及时和准确。

(5) 填写项目管理工作日志。

(6) 每月向业主递交项目管理工作月报。

(7) 运用计算机辅助项目的信息管理,随时向业主提供有关项目管理的各类信息、各种报表和报告。

(8) 将所有项目管理信息分类装订成册,在项目管理工作结束后递交业主。

6) 设计前的准备阶段的组织和协调

(1) 分析项目实施的特点及环境,提出项目实施的组织方案。

(2) 编制项目管理总体规划。

(3) 编制设计工作的组织方案,并控制其实施。

(4) 协助业主组织设计竞选。

(5) 组织设计方案的评审,协助业主办理设计审批方案。

(6) 根据设计竞选及评审结果,提出委托设计单位的建议。

(7) 协调设计准备过程中的各种工作关系,协助业主解决有关纠纷事宜。

2. 设计阶段项目管理的任务

1) 设计阶段的投资控制

(1) 在可行性研究的基础上,进行项目总投资目标进一步的分析和论证。

(2) 根据方案设计,审核项目总估算,供业主方确定投资目标参考,并基于优化方案协助业主对估算做出调整。

(3) 编制项目总投资分解规划,并在设计过程中控制其执行。在设计过程中若有必要,及时提出调整总投资分解规划的建议。

(4) 审核项目总概算,在设计深化过程中严格控制在总概算所确定的投资计划值中,对设计概算做出评价报告和建议。

(5) 根据工程概算和工程进度表,编制设计阶段资金使用计划,并控制其执行。必要时,对上述计划提出调整建议。

(6) 从设计、施工、材料和设备等多方面做必要的市场调查分析和技术经济比较论证,并提出咨询报告,如发现设计可能突破投资目标,则协助设计人员提出解决办法,供业主参考。

(7) 审核施工图预算,必要时调整总投资计划。

(8) 采用价值工程方法,在充分满足项目功能的条件下考虑进一步挖掘节约投资的潜力。

(9) 进行投资计划值和实际值的动态跟踪比较,并提交各种投资控制报表和报告。

(10) 控制设计变更,注意检查变更设计的结构可靠性、经济性、建筑造型和使用功能是否满足业主的要求。

2) 设计阶段的进度控制

(1) 参与编制项目总进度计划,有关施工进度与施工监理单位协商讨论。

(2) 审核设计方提出详细的设计进度计划和出图计划,并控制其执行,避免发生因设计单位推迟进度而造成施工单位要求索赔。

(3) 协助起草甲方所供材料和设备的主要采购计划,审核甲方所供进口材料设备清单。

(4) 协助业主确定施工分包合同结构及招投标方式。

(5) 督促业主对设计文件尽快做出决策和审定。

(6) 在项目实施过程中进行进度计划值和实际值的比较，并提交各种进度控制报表和报告（月报、季报、年报）。

(7) 协调室内外装修设计、专业设备设计与主体设计的关系，使专业设计进度能满足施工进度的要求。

3) 设计阶段的质量控制

(1) 协助业主确定项目质量的要求和标准，满足设计质监部门质量评定标准要求，并作为质量控制目标值，参与分析和评估建筑物使用功能、面积分配、建筑设计标准等。根据业主的要求，编制详细的设计要求文件，作为方案设计优化任务书的一部分。

(2) 研究图纸、技术说明和计算书等设计文件，发现问题，及时向设计单位提出。对设计变更进行技术经济合理性分析，并按照规定的程序办理设计变更手续。凡对投资及进度带来影响的变更，需会同业主核签。

(3) 审核各设计阶段的图纸、技术说明和计算书等设计文件是否符合国家有关设计规范、有关设计质量要求和标准，并根据需要提出修改意见，确保设计质量获得有关部门审查通过。

(4) 在设计进展过程中，协助审核设计是否符合业主对设计质量的特殊要求，并根据需要提出修改意见。

(5) 若有必要，组织有关专家对结构方案进行分析和论证，以确定施工的可行性和结构的可靠性，以进一步降低建造成本。

(6) 协助智能化设计和供货单位进行智能化总体设计方案的技术经济分析。

(7) 对常规设备系统的技术经济进行分析，并提出改进意见。

(8) 审核有关水、电、气等系统设计与有关市政工程规范、地块市政条件是否相符合，确保获得有关部门审查通过。

(9) 审核施工图设计是否有足够的深度，是否满足可施工性的要求，以确保施工进度计划的顺利进行。

(10) 对项目所采用的主要材料和设备充分了解其用途，并做出市场调查分析；对材料和设备的选用提出咨询报告，在满足功能要求的条件下，尽可能降低工程成本。

(11) 会同有关部门对设计文件进行审核，必要时组织会议或专家论证。

4) 设计阶段的合同管理

(1) 协助业主确定设计合同结构。

(2) 协助业主选择标准合同文本，起草设计合同及特殊条款。

(3) 从投资控制、进度控制和质量控制的角度分析设计合同条款，分析合同执行过程中可能出现的风险及如何进行风险转移。

(4) 参与设计合同谈判。

(5) 进行设计合同执行期间的跟踪管理，包括合同执行情况检查，以及合同的修改、签订补充协议等事宜。

(6) 分析可能发生索赔的原因，制订索赔防范性对策，减少业主索赔事件的发生。协助业主处理有关设计合同的索赔事宜，并处理合同纠纷事宜。

(7) 向业主递交有关合同管理的报表和报告。

5) 设计阶段的信息管理

(1) 建立设计阶段工程信息编码体系。

(2) 建立设计阶段信息管理制度,并控制其执行。

(3) 进行设计阶段各类工程信息的收集、分类存档和整理。

(4) 运用计算机辅助项目的信息管理,随时向业主提供项目管理各种报表和报告。

(5) 协助业主建立有关会议制度,整理会议记录。

(6) 督促设计单位整理工程技术和经济资料及档案。

(7) 填写项目管理工作记录,每月向业主递交设计阶段项目管理工作月报。

(8) 将所有设计文档(包括图纸、技术说明、来往函件、会议纪要和政府批件等)装订成册,在项目结束后递交业主。

6) 设计阶段的组织和协调

(1) 协助业主协调与设计单位之间的关系,及时处理有关问题,使设计工作顺利进行。

(2) 协助业主处理设计与政府主管部门的联系。

(3) 协助业主做好方案设计及扩初设计审批的准备工作,协助处理与解决方案设计和扩初设计审批的有关问题。

(4) 协助业主协调设计与招投标主管部门之间的关系。

3. 与施工招投标工作有关的项目管理任务

1) 与施工招投标工作有关的投资控制

(1) 审核概算和施工图预算。

(2) 审核招标文件和合同文件中有关投资的条款。

(3) 审核和分析各投标单位的投标报价。

(4) 定期向业主提交投资控制报告。

(5) 参加评标及合同谈判。

2) 与施工招投标工作有关的进度控制

(1) 编制施工总进度规划,并在招标文件中明确工期总目标。

(2) 审核招标文件和合同文件中有关进度的条款。

(3) 审核和分析各投标单位的进度计划。

(4) 定期向业主提交进度控制报告。

(5) 参加评标及合同谈判。

3) 与施工招投标工作有关的合同管理

(1) 合理划分子项目,明确各子项目的范围。

(2) 确定项目的合同结构。

(3) 策划各子项目的发包方式。

(4) 起草、修改施工承包合同以及甲方所供材料和设备的采购合同。

(5) 参与合同谈判工作。

4) 与施工招投标工作有关的信息管理

(1) 起草和修改各类招标文件。

(2) 在投资控制软件、进度控制软件内建立项目的结构和各子项目的编码,为计算机辅助进度控制和投资控制奠定基础。

(3) 招投标过程中各种信息的收集、分类与存档。

5) 与施工招投标工作有关的组织和协调

(1) 组织对投标单位的资格预审。

(2) 组织发放招标文件,组织投标答疑。

(3) 组织对投标文件的预审和评标。

(4) 组织和协调参与招投标工作的各单位之间的关系。

(5) 组织各种评标会议。

(6) 协助业主向政府主管部门办理各项审批事项。

(7) 组织合同谈判。

6) 与施工招投标工作有关的风险管理

(1) 制订风险管理策略。

(2) 在合同中采取有利的反索赔方案。

(3) 制订合理的工程保险投保方案。

4. 施工阶段项目管理的任务

1) 施工阶段的投资控制

(1) 编制施工阶段各年度、季度和月度资金使用计划,并控制其执行。

(2) 利用投资控制软件每月进行投资计划值与实际值的比较,并提供各种报表。

(3) 工程付款审核。

(4) 审核其他付款申请单。

(5) 对施工方案进行技术经济比较论证。

(6) 审核及处理各项施工索赔中与资金有关的事宜。

2) 施工阶段的进度控制

(1) 审核施工总进度计划,并在项目施工过程中控制其执行,必要时及时调整施工总进度计划。

(2) 审核项目施工各阶段年度、季度和月度的进度计划,并控制其执行,必要时作调整。

(3) 审核设计方、施工方和材料、设备供货方提出的进度计划和供货计划,并检查、督促和控制其执行。

(4) 在项目实施过程中,进行进度计划值与实际值的比较,每月、每季和每年提交各种进度控制报告。

3) 施工阶段的合同管理

(1) 协助业主起草甲方所供材料和设备的合同,参与各类合同谈判。

(2) 进行各类合同的跟踪管理,并定期提供合同管理的各种报告。

(3) 协助业主处理有关索赔事宜,并处理合同纠纷。

4) 施工阶段的信息管理

(1) 进行各种工程信息的收集、整理和存档。

(2) 定期提供各类工程项目管理报表。

(3) 建立工程会议制度。
(4) 督促各施工单位整理工程技术资料。
5) 施工阶段的组织和协调
(1) 参与组织设计交底。
(2) 组织和协调参与工程建设各单位之间的关系。
(3) 协助业主向各政府主管部门办理各项审批事项。
6) 施工阶段的风险管理
(1) 工程变更管理。
(2) 协助处理索赔及反索赔事宜。
(3) 协助处理与保险有关的事宜。
7) 施工阶段的现场管理
(1) 组织工地安全检查。
(2) 组织工地卫生及文明施工检查。
(3) 协调处理工地的各种纠纷。
(4) 组织落实工地的保卫及产品保护工作。

5. 动用前准备阶段项目管理的任务

1) 动用前准备阶段的投资控制
(1) 编制本阶段资金使用计划,并控制其执行,必要时调整计划。
(2) 进行投资计划值与实际值的比较,提交各种投资控制报告。
(3) 审核本阶段各类付款。
(4) 审核及处理施工综合索赔事宜。
(5) 参与讨论工程决算中的一些问题。
(6) 编制投资控制总结报告。
2) 动用前准备阶段的进度控制
(1) 编制本阶段的进度计划,并控制其执行,必要时做出调整。
(2) 提交各种进度控制总结报告。
3) 动用前准备阶段的合同管理
(1) 进行各类合同的跟踪管理,并提供合同管理的各种报告。
(2) 协助业主处理有关工程索赔事宜,并处理合同纠纷。
(3) 协助处理合同中的未完事项。
4) 动用前准备阶段的信息管理
(1) 进行各种工程信息的收集、整理和存档。
(2) 提供各类工程项目管理报表。
(3) 督促项目实施单位整理工程技术资料。
(4) 组织提交竣工资料。
(5) 组织编制重要设施的使用及维护手册。
5) 动用前准备阶段的组织和协调
(1) 组织和协调参与工程建设各单位之间的关系。

(2) 协助业主向各政府主管部门办理各项竣工入住事项。

6) 动用前准备阶段的其他任务

(1) 协助业主进行物业人员培训。

(2) 配合进行剩余甲方所供材料物资的处置。

(3) 参与组织各种仪式及活动。

2.2.2 设计方项目管理的目标和任务

1. 设计方项目管理的目标

设计方作为项目建设的一个参与方，其项目管理主要服务于项目的整体利益和设计方本身的利益。由于项目的投资目标能否得以实现与设计工作密切相关，因此，设计方项目管理的目标包括设计的成本目标、设计的进度目标和设计的质量目标，以及项目的投资目标。

设计方的项目管理工作主要在设计阶段进行，但它也涉及以下阶段。

(1) 设计前的准备阶段：编制设计任务书。

(2) 设计阶段：初步设计、技术设计、施工图设计。

(3) 施工阶段：施工过程。

(4) 动用前准备阶段：竣工验收。

(5) 保修期：动用开始、开业通车投产、保修期结束。

2. 设计方项目管理的主要任务

设计方项目管理的主要任务包括以下7个方面。

(1) 与设计工作有关的安全管理。

(2) 设计成本控制和与设计工作有关的工程投资控制。

(3) 设计的进度控制。

(4) 设计的质量控制。

(5) 设计合同管理。

(6) 设计信息管理。

(7) 与设计工作有关的组织和协调。

2.2.3 供货方项目管理的目标和任务

1. 供货方项目管理的目标

供货方作为项目建设的一个参与方，其项目管理主要服务于项目的整体利益和供货方本身的利益，其项目管理的目标包括供货的成本目标、供货的进度目标和供货的质量目标。

2. 供货方项目管理的主要任务

供货方的项目管理工作主要在施工阶段进行，但它也涉及设计前的准备阶段、设计阶段、动用前准备阶段和保修期。供货方项目管理的主要任务包括以下7个方面。

(1) 供货安全管理。

(2) 供货方的成本控制。
(3) 供货的进度控制。
(4) 供货的质量控制。
(5) 供货合同管理。
(6) 供货信息管理。
(7) 与供货有关的组织和协调。

2.2.4 建设工程项目管理的背景和发展趋势

1. 建设工程项目管理的背景

1) 建设工程项目管理的国内背景

(1) 我国从 20 世纪 80 年代初期开始引进建设工程项目管理的概念,世界银行和一些国际金融机构要求接受贷款的业主方应用项目管理的思想、组织、方法和手段组织实施建设工程项目。

(2) 我国于 1983 年原国家计划委员会提出推行项目前期项目经理负责制。

(3) 我国于 1988 年开始推行建设工程监理制度。

(4) 1995 年原建设部颁发了《建筑施工企业项目经理资质管理办法》,推行项目经理负责制。

(5) 为了加强建设工程项目总承包与施工管理,保证工程质量和施工安全,根据《中华人民共和国建筑法》(以下简称《建筑法》)和《建设工程质量管理条例》的有关规定,原人事部、原建设部决定对建设工程项目总承包及施工管理的专业技术人员实行建造师执业资格制度。2002 年原人事部和原建设部颁布了《建造师执业资格制度暂行规定》(人发〔2002〕111 号)的通知。

(6) 2003 年原建设部发出《关于建筑业企业项目经理资质管理制度向建造师执业资格制度过渡有关问题的通知》(建市〔2003〕86 号)。

(7) "鼓励具有工程勘察、设计、施工、监理资质的企业,通过建立与工程项目管理业务相适应的组织机构、项目管理体系,充实项目管理专业人员,按照有关资质管理规定在其资质等级许可的工程项目范围内开展相应的工程项目管理业务"。

(8) "据对全国 22 个行业 236 家工程设计企业的不完全统计,自 1993—2001 年,完成工程项目管理 853 项,合同金额近 500 亿元人民币。"

(9) 为了适应投资建设项目管理的需要,经原人事部、国家发展和改革委员会研究决定,对投资建设项目高层专业管理人员实行职业水平认证制度。2004 年原人事部与国家发展和改革委员会颁布了《关于印发〈投资建设项目管理师职业水平认证制度暂行规定〉和〈投资建设项目管理师职业水平考试实施办法〉的通知》(国人部发〔2004〕110 号)。根据《国务院关于取消一批职业资格许可和认定事项的决定》(国发〔2016〕68 号),2016 年起全国投资项目管理师资格许可和认定事项予以取消。

(10) 2006 年 6 月发布了《建设工程项目管理规范》(GB/T 50326—2006)。

(11) 2017 年 5 月发布了《建设工程项目管理规范》(GB/T 50326—2017)。

(12) 《国务院办公厅关于促进建筑业持续健康发展的意见》(国办发〔2017〕19 号)在

完善工程建设组织模式中指出:"培育全过程工程咨询。鼓励投资咨询、勘察、设计、监理、招标代理、造价等企业采取联合经营、并购重组等方式发展全过程工程咨询,培育一批具有国际水平的全过程工程咨询企业。制订全过程工程咨询服务技术标准和合同范本。政府投资工程应带头推行全过程工程咨询,鼓励非政府投资工程委托全过程工程咨询服务。在民用建筑项目中,充分发挥建筑师的主导作用,鼓励提供全过程工程咨询服务。"

2) 建设工程项目管理的国外背景

(1) 在 20 世纪 60 年代末期和 70 年代初期,工业发达国家开始将项目管理的理论和方法应用于建设工程领域,并于 20 世纪 70 年代中期在大学开设了与工程管理相关的专业。

(2) 项目管理的应用首先在业主方的工程管理中,而后逐步在承包方、设计方和供货方中得到推广。

(3) 20 世纪 70 年代中期前后兴起了项目管理咨询服务,项目管理咨询公司的主要服务对象是业主方,但它也服务于承包方、设计方和供货方。

(4) 国际咨询工程师协会(FIDIC)于 1980 年颁布了《业主方与项目管理咨询公司的项目管理合同条件》。该文本明确了代表业主方利益的项目管理方的地位、作用、任务和责任。

(5) 在许多国家项目管理由专业人士担任。如建造师可以在业主方、承包方、设计方和供货方从事项目管理工作,也可以在教育、科研和政府等部门从事与项目管理有关的工作。建造师的业务范围并不限于在项目实施阶段的工程项目管理工作,还包括项目决策阶段的管理和项目使用阶段的物业管理(设施管理)工作。

2. 建设工程项目管理的发展趋势

(1) 项目管理作为一门学科,50 多年来在不断地发展,传统的项目管理是该学科的第一代,其第二代是项目集管理(program management),第三代是项目组合管理(portfolio management),第四代是变更管理(change management)。美国项目管理协会(PMI)的《项目管理知识体系指南(PMBOK 指南)(第四版)》对有关概念做了以下一些解释。

项目集:"一组相互关联且被协调管理的项目。协调管理是为了获得对单个项目分别管理所无法实现的利益和控制。项目集中可能包括各单个项目范围之外的相关工作。"

一个项目可能属于某个项目集,也可能不属于任何一个项目集,但任何一个项目集中都一定包含项目。项目集中的项目通过产生共同的结果或整体能力而互相联系。

项目集管理:"对项目集进行统一协调管理,以实现项目集的战略目标和利益。"

项目组合:"为有效管理、实现战略业务目标而组合在一起的项目、项目集和其他工作。项目组合中的项目或项目集不一定彼此依赖或有直接关系。"

2017 年 9 月发布的《项目管理知识体系指南(PMBOK 指南)(第六版)》提出项目经理应具备四种技能:项目管理技术、领导力、商业管理技能和战略管理技能。

《项目管理知识体系指南(PMBOK 指南)(第七版)》发生了一个根本性的变化,它是基于原则的标准,而不是前几版基于流程的标准。基于原则的标准可以描述执行活动最有效的方式,而不是解释可能需要的管理流程。

(2) 将项目决策阶段的开发管理(development management, DM)、实施阶段的项目管理和使用阶段的设施管理集成为项目全寿命管理(life cycle management), 其含义如图 2.2 所示。

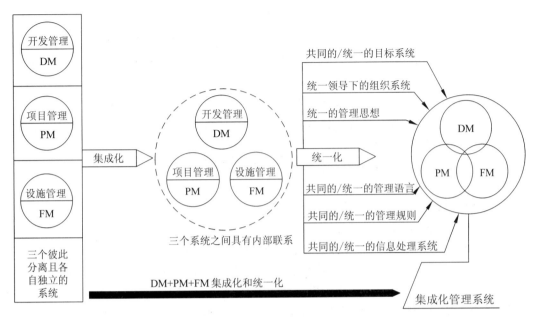

图 2.2　项目全寿命管理

(3) 在项目管理中应用信息技术, 包括项目管理信息系统(project management information system, PMIS)和项目信息门户(project information portal, PIP), 即业主和项目各参与方在互联网平台上进行工程管理等。

(4) 德国 DVP(建筑和房地产项目控制协会)和 AHO(德国工程师和建筑师酬金协会的专业委员会)自 1996 年开始, 在国际经典的建设项目管理的理论基础上开展了建设工程项目控制和项目管理的创新研究, 界定了项目控制和项目管理的工作任务。DVP 进一步拓展了与建设项目控制工作任务相关的工作阶段和工作范围(表 2.2), 与表 2.1 比较, 工作任务增加了有关工程数量计量、工程融资、生产能力和后勤分析及保险等, 并指出: 建设项目控制是专业性建设管理的核心, 它引导建设项目的各项工作按项目目标能予实现的方向进行, 并使工程质量保证措施得以持续改进。

表 2.2　建设项目控制的任务

建设项目控制的工作阶段	组织、信息、协调和文档	工程质量和数量	工程费用和融资	进度、生产能力和后勤	合同和保险
建设项目准备阶段					
设计阶段					
施工准备阶段					
施工阶段					
项目完成					

2.3 项目总承包方项目管理的目标和任务

2.3.1 项目总承包方项目管理的目标

由于项目总承包方(或称建设项目工程总承包方,或简称工程总承包方)是受业主的委托而承担工程建设任务,项目总承包方必须树立服务观念,为项目建设服务,为业主提供建设服务。另外,合同也规定了项目总承包方的任务和义务,因此,项目总承包方作为项目建设的一个重要参与方,其项目管理主要服务于项目的整体利益和项目总承包方本身的利益,其项目管理的目标应符合合同的要求,包括以下方面。

(1) 工程建设的安全管理目标。

(2) 项目的总投资目标和项目总承包方的成本目标(前者是业主方的总投资目标,后者是项目总承包方本身的成本目标)。

(3) 项目总承包方的进度目标。

(4) 项目总承包方的质量目标。

项目总承包方项目管理工作涉及项目实施阶段的全过程。

工程建设的安全管理目标:一方面是指工程建筑物本身的安全,即质量是否达到了合同要求、能否在设计规定的年限内安全使用,设计质量和施工质量直接影响到工程本身的安全,两者缺一不可;另一方面则是指在工程施工过程中人员的安全,特别是合同有关各方在现场工作人员的生命安全。

项目的总投资目标:是指拟建项目全部建成、投入营运所需的费用总和。项目投入总资金由建设投资、建设期利息和铺底流动资金三部分组成。

项目总承包方的成本目标:是指在项目成本的控制过程中,加强对于工程施工管理过程中的人力、物资和费用的开支等内容进行有效的指导和监督,及时对施工过程的偏差进行纠正,进而对相应的施工费用成本进行有效控制。

2.3.2 项目总承包方项目管理的任务

项目总承包方项目管理的主要任务包括以下方面。

(1) 安全、职业健康与环境管理。

(2) 项目的总投资控制和项目总承包方的成本控制(项目费用管理)。

(3) 项目进度控制。

(4) 项目质量控制。

(5) 项目合同管理。

(6) 项目沟通与信息管理。

(7) 项目风险管理。

(8) 项目资源管理等。

在《建设项目工程总承包管理规范》(GB/T 50358—2017)中对项目总承包管理的内容做了以下规定。

第一,建设项目工程总承包管理应包括项目部的项目管理活动和工程总承包企业职能部门参与的项目管理活动。

第二,建设项目工程总承包管理的范围应由合同约定。根据合同变更程序提出并经批准的变更范围,也应列入项目管理范围。

第三,建设项目工程总承包管理的主要内容应包括以下方面。

① 任命项目经理,组建项目部,进行项目策划并编制项目计划。项目策划是指通过调查研究和收集资料,在充分占有信息的基础上,针对工程项目的决策和实施,或实施和决策中的某个问题,进行组织、管理、经济和技术等方面的可行性科学分析和论证,目的在于保证工程项目完成后获得满意可靠的经济效益、社会效益和环境效益,提供科学依据。

② 实施设计管理、采购管理、施工管理、试运行管理和项目收尾等,包括对设计单位的选定、对设计进度进行跟踪管理、设计图纸的审查和严格控制设计变更,从而实现对工程项目三大目标(投资、进度和质量)的控制。

试运行管理内容包括编制试运行计划、协助业主编制试运行方案、试运行培训、试运行准备、试运行过程指导和服务等。

③ 进行项目范围管理,进度管理,费用管理,设备材料管理,资金管理,质量管理,安全、职业健康和环境管理,人力资源管理,风险管理,沟通与信息管理,合同管理,现场管理,项目收尾等。

项目范围管理是指"对合同中约定的项目工作范围进行的定义、计划、控制和变更等活动。"(引自《建设项目工程总承包管理规范》(GB/T 50358—2017)。

2.4 施工方项目管理的目标和任务

2.4.1 施工方项目管理的目标

由于施工方是受业主方的委托承担工程建设任务,施工方必须树立服务观念,为项目建设服务,为业主提供建设服务;另外,合同也规定了施工方的任务和义务,因此施工方作为项目建设的一个重要参与方,其项目管理不仅应服务于施工方本身的利益,也必须服务于项目的整体利益。项目的整体利益和施工方本身的利益是对立统一关系,两者有其统一的一面,也有其矛盾的一面。

施工方项目管理的目标应符合合同的要求,它包括以下4个方面。

(1) 施工的安全管理目标。
(2) 施工的成本目标。
(3) 施工的进度目标。
(4) 施工的质量目标。

如果采用工程施工总承包或工程施工总承包管理模式,施工总承包方或施工总承包管理方必须按工程合同规定的工期目标和质量目标完成建设任务。而施工总承包方或施工总承包管理方的成本目标是由施工企业根据其生产和经营的情况自行确定的。分包方则必须按工程分包合同规定的工期目标和质量目标完成建设任务,分包方的成本目标是该施工企业内部自行确定的。

按国际工程的惯例,当采用指定分包商时,不论指定分包商与施工总承包方,或与施工总承包管理方,或与业主方签订合同,由于指定分包商合同在签约前必须得到施工总承包方或施工总承包管理方的认可,因此,施工总承包方或施工总承包管理方应对合同规定的工期目标和质量目标负责。

2.4.2 施工方项目管理的任务

施工方项目管理的主要任务包括以下方面。

1. 施工安全管理

施工安全管理是施工管理者运用经济、法律、行政、技术、舆论、决策等手段,对人、物、环境等管理对象施加影响和控制,排除不安全因素,以达到安全生产目的的活动。

以下以部分施工安全管理制度进行示例。

1) 安全生产责任制度

(1) 项目部成立以项目经理为组长,各部门及施工班组长为组员的安全生产领导小组,认真贯彻执行国家和上级的安全生产方针、政策、法律、法规和制度;定期召开项目部安全生产会议,审查、制订安全技术措施计划,定期监督检查执行情况;项目经理是工程项目安全生产第一责任人,要认真贯彻执行国家和上级的安全生产方针、政策、法律、法规和制度,对安全生产工作全面负责;组织建立健全和实施,检查实施效果,解决安全管理工作中存在的问题,制订下一步安全工作规划。

(2) 贯彻落实安全生产责任制度,从项目经理—职能部门—施工班组长,层层签订安全生产责任书;审定、颁发项目部统一性的安全生产规章制度;确定本单位安全生产目标并组织实施。

(3) 项目副经理、项目总工程师要协助项目经理领导项目部安全生产管理工作,要认真贯彻执行国家和上级的安全生产方针、政策、法律、法规和制度;组织员工学习安全生产法律、法规、规章和有关文件,主持制定各项安全生产、文明施工管理制度和安全技术操作规程,定期监督、检查执行情况;协助项目经理做好安全生产例会准备工作,对例会决定的事项,负责组织落实。主持召开生产调度会,同时部署安全生产的有关事项;主持或参与安全生产大检查,对重大隐患制订整改计划,组织有关部门实施;参与事故调查并做出技术方面的鉴定。

(4) 安全员要认真贯彻执行国家和上级的安全生产方针、政策、法律、法规与制度。在项目经理和安全生产领导小组的领导下负责本项目的安全管理、监督工作;负责组织制定、修订本项目部环境与职业健康安全管理制度和安全技术规程,编制安全技术措施计划,并监督检查执行情况;会同有关部门对职工进行安全知识教育培训,搞好三级安全教育;配合上级部门搞好特种作业人员的安全技术培训和考核,组织开展各项安全活动;负责事故的汇总、统计上报工作,参与事故的调查分析和处理;负责组织联合其他职能部门对施工现场进行安全生产大检查,每周不得少于一次,并做出检查记录。对整改项目提出纠正和预防措施,限期整改;以预防事故为中心,按照环境与职业健康安全管理体系文件要求,对施工项目作业活动进行环境因素及危险源分析与评价,针对找出的重大危险源,制订管理方案。

(5) 阐明施工现场的整体规划、策划和施工过程中应采取的安全防护措施,经审批后执行实施;根据安全部门提出的安全技术措施计划,编制安全技术措施,经审批后执行实施;积极采用先进的技术、工艺和安全装备;生产中出现险情和事故时,要果断做出正确处理,防止事态扩大,并通知有关主管部门共同处理;参与生产事故和其他事故的调查处理工作;参加安全生产大检查,随时掌握安全文明生产动态,保持好施工现场的文明施工环境。

(6) 综合部门要认真贯彻执行国家和上级的安全生产方针、政策、法律、法规与制度。负责组织对新进厂员工及全体员工的健康、安全与环境的知识教育培训和考核。贯彻《中华人民共和国劳动法》,按工作需要合理配备岗位人数,严格控制加班加点,注意劳动强度和保护员工身心健康;参与事故的调查和处理,办理事故责任者的惩处手续,参加工伤鉴定处理工作;组织职工定期体检,并认真执行有害工种的定期轮换制度;在办理临时用工协议时,必须有安全方面的条款;在安排总结工作时,必须有安全总结工作。

(7) 后勤部门要认真贯彻执行国家和上级的安全生产方针、政策、法律、法规与制度。对所管辖范围内的安全文明施工负责,建立健全物资安全保障制度;贯彻执行《仓库防火安全管理制度》,制定详细的实施细则;对所购入的设备、配件、材料的质量、安全负责;存储、发放物资要符合物资安全管理规定;协助安全管理部门进行联合安全大检查,负责本部门的隐患整治工作。

(8) 生产经营管理部要认真贯彻执行国家和上级的安全生产方针、政策、法律、法规与制度。在编制生产经营计划时,纳入安全生产方面的内容;认真审查分包单位的安全生产资质及施工人员安全资质;在各项工程项目实施中,充分考虑保证安全生产投入。

(9) 施工班组要认真贯彻执行国家和上级的安全生产方针、政策、法律、法规与制度。贯彻执行企业、项目部各项安全规章制度和安全技术操作规程,教育职工遵章守纪,制止违章行为;坚持班前会安全教育制度,开展危险预知活动;合理使用劳动保护用品,正确使用各种防护器材;开展安全管理小组活动,搞好安全消防措施,搞好文明生产、环境保护工作。

2) 施工现场安全生产、文明施工检查制度

(1) 项目部进行有计划、有组织、有目的、定期的安全生产检查,每月由项目经理或安全员牵头组织,工程技术部、后勤部、施工班组参加,对项目全部施工区域进行安全生产、文明施工大检查,检查时间定为每月的 28—30 日。

(2) 项目部安全员负责日常的施工现场安全巡视工作,纠正施工人员的不安全行为,及时发现、消除安全隐患,保证施工生产正常进行,并做好日常巡视检查记录。

(3) 每周日进行一次由安全员组织的相关部门、班组安全员参加的安全生产专项检查活动,主要是针对施工生产过程中普遍存在的安全问题,做好检查记录,研究整改措施,限期进行整改,做好检查、整改、验收记录。

(4) 做好节假日的安全检查工作,安全员组织相关部门人员、施工班组进行节前、节后的安全检查工作,做好节假日的安全管理工作。

(5) 积极配合上级安全管理机构、业主、工程监理组织的各项安全检查,做好检查记录,落实建议、意见及整改措施。

(6) 每月安全员将对各施工班组进行的安全生产、文明施工及环境保护内容进行考核。

3) 职工安全教育培训制度

(1) 施工现场的安全教育培训。

① 施工人员本岗位的安全操作技能培训。按规定施工人员的本岗位安全技能应半年进行一次培训、考核。根据施工情况,每一季度将要培训的施工人员名单报项目部安全员处,由项目总工程师、综合部门安排培训时间,进行培训、考核。

② 新进场职工的安全教育培训。按规定新进场职工的安全教育培训必须实行"三级"安全教育,即项目部安全教育、施工队安全教育、施工班组安全教育。每一位新进场职工在进入施工现场前必须由项目部进行入场前的安全知识教育,经考试合格后,方可进入施工现场,进入现场后由施工队、班组对其进行施工现场的安全操作技能等方面的安全教育。

(2) 特种作业人员的安全教育培训。特种作业人员的安全教育培训根据公司特种作业人员的安全教育培训计划执行。

(3) 施工现场的安全教育培训考核办法。

① 接受培训的施工人员必须经考试合格后方能上岗,未通过考试的继续接受培训。

② 各级安全培训必须认真填写培训记录,受培人员必须亲自签名,公司安全环保部门负责进行检查和培训效果的考核。

③ 对找各种借口或理由、不执行安全教育培训制度的施工队负责人、班组负责人进行罚款处理。

4) 施工现场安全文明施工管理制度

(1) 现场施工管理:各施工班组长均应听从工程技术部及技术员的安排,施工管理人员有权调整作业程序、调动人员为某特殊作业或紧急作业服务。

(2) 现场安全管理:全员均为安全监督员,均有权制止和纠正违章行为,各作业班组,班组长、带班为安全第一责任人,负责本作业班组、作业面的生产和安全工作,作业人员违章,班组长、带班负有连带责任,对违章人员进行批评教育及经济处罚,班组长、带班负有连带责任,以促使班组长、带班尽到班组安全管理责任。

(3) 文明生产管理:每个作业班组、作业面,工作结束后均应清扫施工现场,保证作业面的干净、整洁,施工材料、设备整齐堆放。对随意放置或乱摆、乱放且不听指挥者进行经济处罚。

(4) 消防器材、施工设备管理:各施工区域配备的消防器材、施工设备,维护管理属各施工区域,有责任保持器材的完整、干净,并每班擦拭。置之不管,不尽心维护者,对区域责任班组进行经济处罚;对故意破坏、浪费消防器材者,同样进行经济处罚。

(5) 设备进厂管理:规范设备进厂程序,首先,技术人员提交设备使用申请;其次,生产管理部批准交后勤及公司材料部门办理;再次,设备运输至现场,应标明设备的需用班组、部位,现场安排卸车;最后,设备管理人员联系组织班组开箱验货,设备有损坏或与图纸不符等问题要及时上报,不得对其有任何改动。

(6) 施工区域开箱设备的管理:放在施工区域已经开箱的设备,设备所属施工班组应妥善保管,清点入库或封盖保存,不允许敞口放置,以防小件设备丢失;任何班组和个人均有义务维护设备的完整,对违反规定者进行经济处罚。

5) 劳动保护用品、防护用品管理制度

(1) 现场作业人员在正常作业过程中,必须规范穿戴和使用本岗位规定的各类特种防护用品,不得无故不使用劳动防护用品。

(2) 特种劳动防护用品每次使用前应由使用者进行安全防护性能检查,发现其不具备规定的安全职业防护性能时,使用者应及时提出更换,不得继续使用。

(3) 对于接触高温、触电、起重伤害、高空坠落等危险的作业场所,必须重点加强员工个人劳动防护用品的使用监督和管理,以保障员工的安全和健康。

(4) 生产管理部门是劳动防护用品的主管部门,负责制订月采购计划,修订劳动防护用品发放标准和质量标准,负责监督劳保用品的配备和使用。

(5) 后勤部门根据生产管理部制订的劳动防护用品采购计划和质量标准,负责劳动防护用品的采购,由生产管理部门保管和发放。各部门负责督促本部门员工按标准穿戴或佩戴劳动防护用品。

(6) 生产管理部门对在册员工建立个人防护用品登记卡,由后勤人员按规定发给个人防护用品。

(7) 新进项目员工,凭"三级安全教育"卡,到后勤人员处领取个人防护用品。员工改变工种时,凭"改变工种教育"卡,方可按新工种标准发给防护用品。员工在项目调动时,应将劳动保护用品交回后勤人员处,调入新项目再按规定发给防护用品。离岗人员把需交回的劳动保护用品交回后勤人员处,否则不予办理离岗手续。

6) 消防安全管理制度

(1) 消防工作贯彻预防为主、防消结合的方针,提高全员消防意识,实行"谁主管,谁负责"的防火安全责任制。

(2) 项目部各施工区域的消防安全工作由项目部安全生产领导小组全面负责。

(3) 各项目按照国家消防工作有关规定,配置消防设施和消防器材、设置消防安全标志,并定期组织检查、维修,确保消防设施和消防器材完好、有效。

(4) 定期对义务消防队员进行业务培训,演练各种消防器材,提高队员的基本素质及业务能力。

(5) 定期在项目部进行消防安全大检查,落实各项安全消防措施,及时消除火灾隐患,建立安全消防档案。

(6) 严格执行用电、用火管理,执行仓库严禁烟火的规定,对易燃易爆物品实行严格管理。

7) 消防用电安全管理制度

(1) 临时施工电源的供电方式采用"三相五线"制,电源箱采用双门、双漏保护的标准闸箱,箱内标明负荷名称,箱门加锁并设警告标志。各类电源箱由公司材料部门采购。

(2) 电源管理、维护和操作人员必须持有劳动部门颁发的"电工操作证",监护人员等级应高于操作人员。

(3) 施工现场一律不准采用裸导线,采用架空线时,必须按规定使用绝缘导线,架设高度不得低于2.5m,有车辆通行的路口不得低于5m。在缆沟、水沟及潮湿地方,用24V电压照明。交流电焊机的一次线一律采用3mm×6mm的橡皮软线,直流电焊机的一次线一律采用3mm×6mm的橡皮软线,集中布置的电焊机的一次线要装电缆槽盒,电焊机必须有良好的接地。

(4) 施工用电设施除经常性的维护外,还应在雨季及冬季前进行全面的清扫和检修,暴雨、冰雹等恶劣天气后,应进行检查、维护(测试用电设施的接地电阻值,及时处理发现的问题,同时做好特殊性检查维护记录)。

8) 安全技术措施管理制度

(1) 部门职责。

① 项目部工程技术部门负责施工项目的安全技术措施的编制和交底工作。

② 项目部安全员负责施工项目的安全技术措施的审核,并对实施情况进行监督检查。

③ 项目部总工程师负责施工项目的安全技术措施的审批,并对实施情况进行监督。

(2) 安全技术措施的编制范围。

① 重要临时设施、重要施工工序、多工种交叉作业等。

② 重大起重作业、特殊高处作业及带电作业等。

(3) 编制、交底、审批。

① 项目部工程技术部门必须按有关规定编制施工项目的安全技术措施,经技术负责人、项目部审核批准后,上报工程监理审核后,进行安全技术交底工作并做好交底记录。

② 技术负责人必须对施工项目的安全技术措施的内容进行认真审核,并参与安全技术交底工作,对实施情况进行监督检查。做好实施过程中的监督检查记录。

③ 项目经理及技术负责人必须按有关规定,对施工项目的安全技术措施进行审批,上报工程监理审核后,对实施情况进行部门之间的协调、监督检查。

9) 安全内业资料管理办法

(1) 贯彻执行《中华人民共和国档案法》等有关法律法规和方针政策,制定项目部文件材料归档和档案管理,利用、鉴定、移交等有关规章制度。

(2) 资料保管人员必须熟知企业档案管理规定的要求,忠于职守、遵纪守法,具有相应的档案专业知识和业务能力。

(3) 严禁对档案资料进行涂改、抽换、伪造,违者将进行依法处理。

(4) 采取有效措施,对档案进行安全管理,并切实加强对知识产权档案和商业秘密档案的管理。

(5) 归档的文件资料必须完整、准确、系统。

(6) 档案资料借阅必须经总工程师批准,严禁私自外借档案资料。

(7) 档案管理室要有防火、防盗、防水淹的安全措施,以确保档案资料不受损失。

10) 特种作业人员安全管理制度

(1) 特种作业人员必须经过专门的培训并考核合格,取得特种作业操作证后方可上岗作业。

(2) 特种作业证件按国家和当地政府有关规定进行考试取证、定期复审、换证。

(3) 特种作业人员必须具备以下基本条件。

① 年龄满18周岁。

② 身体健康,无妨碍从事相应作业的疾病和生理缺陷。
③ 初中及以上文化程度,具备相应工种的基本安全知识和安全操作技能。
④ 经专业培训,参加国家规定的专业技术理论和实际操作考核合格,取得特种作业证件。

(4) 特种作业人员应掌握本岗位及工种的安全技术操作规程,严格按照相关规程、作业指导书进行操作,有权拒绝违章指挥。

(5) 特种作业人员作业前应对设备及周围环境进行检查,严禁在不具备安全作业条件下进行作业。

(6) 特种作业人员必须正确使用个人防护用品、用具,不得使用有缺陷的防护用品、用具。特种作业人员在工具有缺陷、作业环境不良、无可靠防护用品或无可靠防范措施的情况下,有权拒绝作业。

(7) 特种作业人员在操作期间,发觉视力障碍、反应迟钝、体力不支、血压上升等身体不适,可能危及安全作业的情况时,应立即停止作业。任何人不得强行命令或指挥其进行作业。

(8) 特种作业人员在作业过程中发现异常现象、事故隐患或其他不安全因素立即采取措施后,报告有关负责人。当危及人身安全时,立即停止作业、报警并迅速撤离现场,有条件时应采取应急措施。

(9) 特种作业人员应根据操作规程开展设备日常维护保养和例行检查,并按规定填写运行、检查和交接班记录。

11) 特种设备安全管理制度

(1) 特种设备的使用必须严格执行国家《特种设备安全监察条例》相关管理规定,保证特种设备的安全使用。

(2) 项目部所使用的特种设备必须具备产品质量说明书、安装及使用维护说明书及监督检验证明等文件。

(3) 机械设备使用时,严格按照操作规程操作,防止设备因操作使用或保养不当而损坏。

(4) 特种设备操作人员必须经过专业培训,考试合格后,持证上岗。严禁无证操作,实习人员不得独立操作。

(5) 机械操作人员负责日常的设备运行、保养,并形成设备运行交接班记录、维护保养记录。

(6) 严禁设备"带病"运行,一旦发现设备安全隐患则应及时报告有关部门及领导,待安全隐患消除后,经安全员检查验收后,方可使用。

(7) 设备部门负责特种设备的管理并建立特种设备管理台账。

(8) 特种设备的大修、中修及一般检修保养计划,报项目部批准后,组织实施。

(9) 工程技术部门负责制订有关安全技术检查计划。

(10) 安全员负责有关安全检查、监督工作。

12) 职业病防治管理制度

(1) 为规范职业病防治管理工作,有效预防、控制和消除职业病危害,防治职业病,保障员工在劳动过程中的安全与健康,制定本制度。

(2) 建立员工的健康档案,工作内容包括：岗前健康检查、培训教育、配备个人防护用品、定期检查、离岗健康检查。

(3) 技术部门负责编制预防职业病工程技术措施。

(4) 每年对从事有毒有害作业的员工进行一次健康检查。对确诊为职业病的员工,必须调离有毒有害作业岗位,妥善安排治疗和疗养,并组织定期复查。对新招收或新调入的员工,应根据有毒有害作业的性质进行健康检查,有职业禁忌证的,不得从事有毒有害作业。

(5) 对从业人员进行上岗前职业卫生培训,督促从业人员遵守职业病防治法律法规和操作规程,指导从业人员正确使用职业病防护设备和个人防护用品。

(6) 定期对具有职业病危害的作业场所进行环境监测。

(7) 每年安排一次对疑似职业病病人进行诊断。

(8) 不得将产生职业病危害的作业转移给不具备职业病防护条件的单位和个人。对承担产生职业病危害的作业的分包协作队伍,要严格检查其作业人员的健康状况、劳动防护用品的发放和使用管理。

(9) 不得安排未成年人从事接触职业病危害的作业；不得安排孕期、哺乳期的女职工从事对本人、婴儿有害的作业。

(10) 按照职业病防治要求,保证用于预防和治理职业病危害工作场所卫生检测、健康监护和职业健康体检、职业卫生培训等费用。

13) 交通安全管理制度

(1) 为了规范项目部交通安全管理工作,预防交通事故,各类机动车驾驶员应自觉严格地遵守本制度。

(2) 各类机动车驾驶员严格遵守《中华人民共和国道路交通安全法》,驾车时应服从公安交警、运管稽查等部门的管理。

(3) 驾驶员应树立良好的职业道德和驾驶作风,遵章守纪,文明行车,按规定参加安全培训。

(4) 机动车驾驶和操作人员应遵守有关规章制度与操作规程,做好设备日常维护、保养,保持车辆的整洁和完好,保障安全装置齐全有效。

(5) 严禁酒后驾车、疲劳驾驶、将车私自交给他人驾驶,不得在驾驶或操作时进行一切有碍安全的活动。

(6) 车辆安全技术性能应保持完好,并按规定年检,不得开"病车"上路。

(7) 任何人不得强行搭车或追扒车辆；无证人员不得驾驶车辆；不得人货混装。

(8) 车辆在工地内部行驶,应按限速标志和规定路线行驶。

(9) 车辆倒车作业时,应确认安全后方可倒车,必要时应有人指挥；自卸车应在车厢恢复正常位置后行驶。

(10) 车辆应在指定的停车地点、场所停放。

① 车辆修复后应由持有驾驶证的车辆检验员或指定的驾驶员在规定路段试车。

② 机运队协同安全员每月对机动车辆进行一次安全检查。

③ 场内机动车驾驶、操作人员必须遵守相关规定。

④ 驾驶室内不得超员,车厢(斗)内不得载人。

14) 设备运输及吊装安全管理制度

(1) 起重作业安全职责。

① 起重吊装人员属于特种作业人员,应经培训、考试合格后,持证上岗。

② 必须树立法制观念。认真贯彻执行国家颁布的有关起重吊运作业的安全法规。

③ 严格执行上级有关部门和本企业起重吊运安全操作规章制度。

④ 爱护和正确使用起重机械、搬运设备、工具和个人防护用品。

⑤ 在工作中发现不安全状况,应积极采取有力防范措施,并及时向有关领导汇报。

⑥ 积极主动向非起重人员进行安全生产宣传教育和指导。

⑦ 在生产中,操作人员有权拒绝违章指挥,有权制止任何人违章作业。

(2) 起重吊装人员的安全职责。

① 指挥人员职责。

指挥人员必须熟悉起重机械性能后方能指挥。

指挥人员应使用标准指挥信号与起重机司机联系。

指挥人员的作用是使司机按指挥信号的要求操作,把负载或空钩朝向其目的地运行。

指挥人员不能干涉起重司机对手柄或旋钮的选择。

指挥人员应负责计算负载的重量和正确选择绳索。

在负载运行时,指挥人员应负责监视并随时引导,以对可能出现的事故采取必要的防范措施。

当负载到达目的地或指定地点时,指挥人员在发出吊钩或负载下降信号前,应保证降落地点的人身设备安全。

② 起重捆绑挂钩人员的安全职责。

起重捆绑挂钩人员要经常、严格、认真检查吊钩和钢丝绳,必须符合安全可靠的要求才能使用。

吊物必须捆绑牢固,吊钩要找正重心。

钢丝绳吊重时要垂直,不能斜吊或斜拖。

吊运坚硬、有棱角的物件要加衬垫,防止磨损设备或割磨钢丝绳。

挂牢吊物后,才能发出起重信号。

禁止有人站在吊物上一同起吊,吊物下降时,吊物下方禁止有人停留及走动。

经常清理现场,协助做好通道的疏通工作,保证通道安全。

每次工作前,要先查清楚所吊设备的重量、外形,确定吊运方法,配备相应负载的绳索,严禁超荷载吊运。

(3) 设备运输、吊装安全技术要求。

① 对重大的吊装、运输项目,应编制吊装、运输方案,方案中应根据该项目的具体情况,制订详细的安全技术措施的内容。

② 在设备吊装中应设专职安全管理人员,并和基层兼职安全人员一起工作,形成安全管理网。

③ 设备吊装起重工作人员,必须持有政府劳动部门发给的操作证,方可上岗工作。

④ 起重吊装人员必须熟悉起重机械、机具的性能、最大允许负载、报废标准及工件的捆绑、吊挂要求和指挥信号,严格执行本工种安全技术操作规程。

⑤ 起重吊装人员工作前应认真检查所需用的一切工具、设备是否良好,若发现链条、钢丝绳、麻绳以及工夹吊具已达报废程度,应禁止使用。工作前应穿戴好防护用品。

⑥ 由于所吊设备体积大、重量大,吊装现场面积大,操作人员多,所以每一项吊装工作,必须事先严密、周全地统筹安排。因此,在设备吊装前应根据总平面图、设备的外形尺寸、重量、材质等基本情况,对起重机具、安装要求、施工现场等,做出切实可行、安全可靠的吊装方案,做详细的技术交底,布置安全防护措施的落实。

⑦ 开始吊装之前,必须确定一名有丰富经验的技术工人或工程技术人员做总指挥,参加人员应绝对服从指挥。

⑧ 吊装前,应设专人分工负责,对各种机具、各种设置、各吊点进行严格检查验收,确认无误后方可下令起吊。

⑨ 起吊开始后至整个系统正常受力时,再严格检查一遍,如未发现任何不正常迹象,方可继续起升。当设备离开支撑物200mm时停止,进行第三次检查,若一切正常,方可继续工作。

⑩ 吊运设备时,必须使设备在整个过程中上升、下降平稳,应绝对防止摇摆、颤动。

除了以上10条安全技术要求外,还包括以下9条安全技术要求。

① 吊运时应事先查清起吊地点及运行通道上的障碍物,招呼逗留人员避让,指挥人员选择适当位置随物护送。

② 工作中严禁用手直接校正已被重物张紧的钢丝绳、链条等索具。吊运中若捆绑松动或吊运工具发生异样、异响,应立即停车进行检查,绝不可有侥幸心理。

③ 翻转大型物体应事先放好旧轮胎或木板、木方等衬垫物,操作人员应站在重物倾斜方向的对面,严禁面对倾斜方向站立。

④ 在任何情况下,严禁用人身重量来平衡吊运物件或以人力支撑物件起吊,更不允许站在物件上同时吊运。

⑤ 吊运成批零星物件,必须使用专用吊篮、吊斗等工具,吊篮周围应加相应的栏杆,并做捆绑固定。同时吊运两件以上重物,要保持物件平衡,不得相互碰撞。

⑥ 选用钢丝绳长度必须符合要求,钢丝绳间的夹角要适当,最大不得超过120°。

⑦ 吊运物件如有油污,应将捆绑处的油污擦净,以防滑动。

⑧ 大型设备装车时,设备重心应与运输车辆车板的几何中心对正,先做捆绑固定,再摘除吊装钢丝绳,同时收紧捆绑固定绳。

⑨ 卸下吊运物体时,要垫好垫木,不规则物件要加支撑,保持平衡,不得将物体压在电气线路或管道上面,物体堆放要整齐平稳,严禁堵塞通道。

(4) 设备吊装管理。

① 建立组织机构来全面组织设备吊装工作。

建立与吊装规模相适应的组织机构,确保设备吊装的顺利进行。

项目部领导和指挥人员负责全面指挥、决策和协调。工程技术人员、安全管理人员、质量监督人员、设备材料管理人员等按分工分管各方面的业务工作。

操作人员(起重工、钳工、电气维修工、电焊工、吊装机械司机等)在项目部领导、指挥人员的组织安排下,按照吊装方案的施工程序和吊装方法进行作业,完成起重吊装工作。

吊装方案的交底如下:吊装方案批准后应下发给有关班组和人员,在初步了解方案内容后,一般在施工准备阶段进行技术交底。由吊装技术负责人或方案编制者向全体有关人员(项目部领导、工程指挥、起重班全体员工、配合工种的班长或骨干、质量、安全、设备管理人员等)进行技术交底。交底以吊装方案的各项内容和设计图纸为内容,重点讲解工程特点、吊装程序、工艺方法、技术关键和安全措施。便于在操作中贯彻实施。技术交底后,要认真做好交底记录,经有关部门签证后,保存、归档、备查。

试吊装规定如下:在正式吊装前,试吊装是吊装工序重要的一项,是对吊装工作的一次总检验,通过试吊装能检验所使用的机索具的安全性和设置的正确性,又是对吊装组织工作的全面考核,还可实验信号和指挥系统的灵活可靠性。在试吊中对一些重要的吊装环节均需设专人观察和监护,特别要注意一些异常情况的发生。试吊装的时间不宜过长,一般控制在10min左右。离开地面的距离在100mm以下,扳吊角度为$5°\sim10°$。试吊后,要对各吊装机具进行一次全面的检查,对所发生的异常情况,应采取措施加以解决,必要时应再进行一次试吊。

起重工具附件的安全管理如下。

设备吊装使用的所有起重吊具(吊钩、吊环、绳索具、链条等)一律应经供应、设备、安全部门检查登记,并标明各用具的安全载重量,方能投入使用,并要有制造单位的技术证明文件作为使用的依据。如果没有,应经试验,查明其规格情况后方能使用。

建立所有起重工具、附件的规格、性能状况等的明细卡(册),制作钢丝绳挂制专用架,每种钢丝绳应分开挂放,挂架上制作标牌,标明钢丝绳的型号、允许吊装重量等,便于操作人员熟悉各种工具设备的性能、使用注意事项、维护保养方法等安全管理制度,设备部门、安全部门定期组织检查各类吊装索具。使用部门应指定专人维护保养各类吊装绳索具,为防止钢丝绳生锈,应经常保持其清洁。

② 作业现场的安全管理。

在起重作业开始之前,应根据起重吊装的内容、性质、要求,各种设备的总平面布置图,被吊设备的重量、数量和位置,机具设备与技术力量的配置等资料编制起重作业方案。凡参加起重作业现场施工的人员必须熟悉起重作业方案,按方案要求进行施工。在施工过程中,施工人员必须具体分工,明确职责。吊装时划分的施工警戒区域应围有禁区的标志,严禁非施工人员进入。

所有施工人员进入施工现场,必须戴好安全帽,登高作业必须系好安全带。进入操作岗位后,应对本岗位进行自检,经检查无问题后方可进行操作。在整个施工过程中,要做好现场清理,及时清除一切障碍物,以利于操作。在设备吊装过程中,提升或下降要平稳,不准有冲击现象发生。如吊装中因故中断,必须采取安全措施,不得使设备悬空过夜。

卷扬机除必须固定牢固外,操作人员一定要熟悉卷扬机的机械性能,严禁非指定人员操作。钢丝绳卷入卷筒时,不得有扭转、急剧弯曲、绳与绳之间排列疏松等现象,否则应停车排除故障。

在吊装过程中,应使用明确统一的指挥信号,指挥人员应位于操作人员视力所及地点,并能清楚地看到设备吊装的全过程。凡参加起重吊装工作的人员,必须根据指挥人员的命令和信号进行工作。

大型复杂的起重作业,要实行动态控制,遇到设计更改等情况变化,作业方案也必须及时更改或补充完善。施工结束后,应及时总结,同时应根据操作人员的技术考核情况,按规定进行奖罚处理。

15) 事故隐患管理制度

(1) 一般事故隐患管理规定。

① 工程技术部在编制一般施工组织措施时,应根据施工项目的施工特点、部位,充分考虑在施工过程中的施工隐患及安全注意事项和环境保护措施。

② 安全部门在对施工现场巡视检查过程中,发现的施工隐患要及时通知工程技术部门及施工班组,进行整改及监督检查。

③ 施工班组在施工过程中,发现施工隐患时,要及时上报,并立即组织人员进行整改。整改结束后,要经安全部门、工程技术部门检查验收,方可进行施工。

④ 施工班组长在班前会中要对本班当天的作业活动开展危险源的预测预告活动,并做好交底记录,同时被交底人员要有签名。

⑤ 被交底的施工人员在施工过程中,未按作业规程进行违章作业,造成的安全事故,后果自负;相反将追究班组长的相关责任。

(2) 重大事故隐患管理规定。

① 工程技术部门在编制重大施工组织措施时,应根据施工项目的施工特点、部位,要充分考虑在施工过程中是否存在着重大施工隐患,还要另行编制重大施工安全技术措施,经项目部评审后,上报公司安委会审批。

② 工程技术部门会同安全环保部门要对施工班组进行重大施工项目施工前的施工技术措施交底及安全技术措施交底,并形成交底记录。

③ 安全环保部门将根据重大安全技术措施内容,严格按其应采取的安全防护措施要求进行检查验收,对达到要求的安全防护措施项目,施工班组方可进行施工作业;对达不到要求的安全防护措施项目,工程技术部门监督施工班组进行整改,待整改结束后,安全环保部门进行检查验收,施工班组方可进行施工作业。

④ 凡属施工重大危险作业的施工项目,安全防护设施必须经安全环保部门检查验收。未验收的安全防护设施项目,任何人或部门无权要求施工班组进行冒险施工作业,违章者将按项目部《施工现场安全管理制度》惩处,造成重特大安全事故的要承担相关法律责任。

⑤ 凡属施工重大危险作业的施工项目,安全环保部门按规定进行全过程的安全监控,在发现安全隐患危及施工人员人身安全时,有权下达停工指令,并及时向项目部领导汇报。

⑥ 施工班组在施工过程中,发现重大安全隐患并对施工人员有可能造成伤害时,班组长要及时上报项目部,应立即组织人员撤离作业面,并按项目部的限期整改通知单的整

改措施进行整改。整改结束后,要经安全员、工程技术部门联合检查验收,方可进行施工。

16) 安全技术交底制度

(1) 开工前项目部的各级管理人员及施工人员必须接受安全生产责任制度的交底工作。

(2) 安全技术交底是安全技术措施及安全管理事项实施的重要环节,施工前由专业技术人员结合具体的施工方法根据现场的作业条件及环境,以书面形式编制出的安全技术交底资料。

(3) 安全技术交底的分类及内容。

① 安全技术交底分为施工工种安全技术交底,分项、分部工程施工安全技术交底,采用新工艺、新技术、新设备、新材料施工的安全技术交底。

② 安全技术交底内容必须完整,并具有针对性和可操作性。编制的内容必须结合具体操作部位,贯彻安全技术措施,明确关键部位的安全生产要点、操作及注意事项,保障安全生产的实施。

(4) 安全技术交底应分级进行、分级管理。安全技术交底要在施工前与施工技术交底同时进行,不得后补。

① 施工组织设计或方案中的安全技术措施,应由组织编制该措施的技术负责人向施工负责人和作业班组进行安全技术交底。

② 安全专项施工方案,应由组织该方案编制的项目安全员向施工员和作业班组长进行安全技术交底。

③ 项目施工负责人及安全员组织向作业人员进行施工工种安全技术交底和工种变换人员的安全技术交底工作,并做好危险源交底及监控工作。

④ 作业班组长要认真落实安全技术交底,每天要对作业人员进行施工要求、作业环境的安全技术交底。

(5) 项目技术负责人组织对施工员、技术员、安全员、试验员等进行安全技术交底。专业技术人员向施工作业班组、作业人员进行安全技术交底。

(6) 安全技术交底必须是以书面形式进行,交底内容记录在《安全技术交底记录》中,并辅以口头讲解。交底人和被交底人应履行交接签字手续。《安全技术交底记录》一式三份,分别由交底人、安全员、接受交底人留存。

(7) 交底人及安全员应在施工生产过程中随时对安全技术交底的落实情况进行检查,发现违章作业应立即采取整改措施。

2. 施工成本控制

施工成本控制从工程投标报价开始,直至项目竣工结算为止,贯穿于项目实施的全过程。在施工中通过对人工费、材料费和施工机械使用费,以及工程分包费用进行控制。施工成本控制就是要在保证工期和质量要求的前提下,采取相应管理措施,包括组织措施、经济措施、技术措施、合同措施把成本控制在计划范围内,并进一步寻求最大限度的成本节约。其中,施工成本控制流程如图2.3所示,图中给出了某公司对项目的施工成本控制流程,通过成本预测、成本计划、成本核算等过程,将施工成本有效控制。

3. 施工合同管理

施工合同管理是对施工合同的订立、履行、变更、终止、违约、索赔、争议处理等进行的

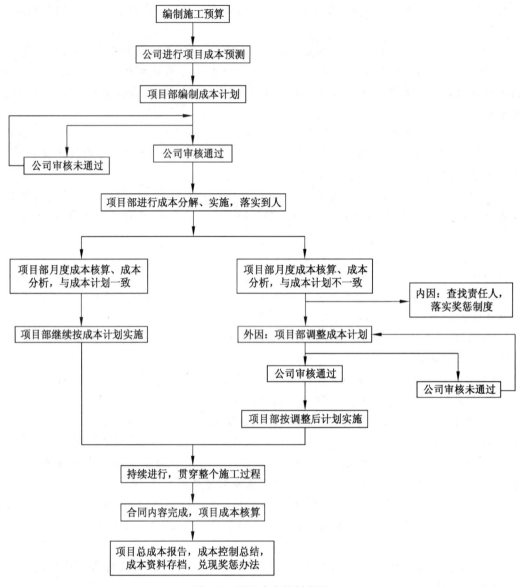

图 2.3 施工成本控制流程

管理。施工合同和分包合同必须以书面形式订立。施工过程中各种原因造成的洽商变更内容,必须以书面形式签认,并作为合同的组成部分。订立的合同示例如图 2.4 所示,图中为建设工程施工合同(示范文本)的副本。

4. 施工信息管理

施工信息管理旨在适应项目管理的需要,为正确决策提供依据,提高管理水平。项目经理部及所在企业应建立项目信息管理系统,优化信息结构,实现项目管理信息化。目前企业及项目信息化所用平台示例说明如下。

图 2.5 所示为 OA 协同办公平台登录页面,图 2.6 所示为 OA 协同办公平台内部部分

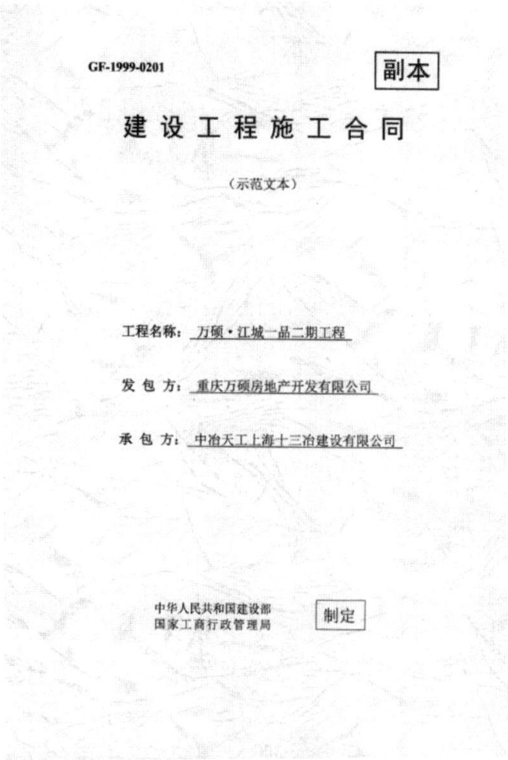

GF-1999-0201

副本

建 设 工 程 施 工 合 同

（示范文本）

工程名称：万硕·江城一品二期工程

发 包 方：重庆万硕房地产开发有限公司

承 包 方：中冶天工上海十三冶建设有限公司

中华人民共和国建设部
国家工商行政管理局　制定

图 2.4　签署的合同封面

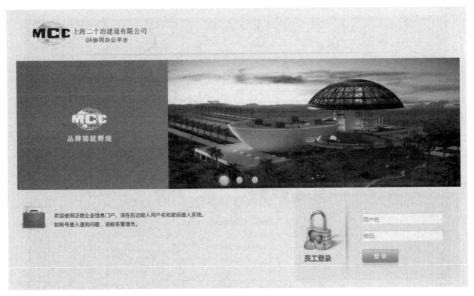

图 2.5　OA 协同办公平台登录页面

功能截图。OA协同办公平台主要应用包括流程审批、协同工作、公文管理、沟通工具、文档管理、信息中心、电子论坛、计划管理、项目管理、任务管理、会议管理、关联人员、系统集成、门户定制、通信录、工作便签、问卷调查、常用工具等。

图2.6　OA协同办公平台内部部分功能截图

图2.7所示为综合项目管理信息系统登录界面，图2.8所示为综合项目管理信息系统内部部分功能截图。综合项目管理信息系统作为项目和工作任务管理的工具，有效地结合了项目、任务、变更、知识及质量的管理，主要包含以下几个方面的功能。项目管理：侧重执行，包括已完成的项目和可交付的产品；任务管理：跟踪项目相关的工作任务；流程管理：对项目实施过程的流程进行定义，并按定义的流程实施操作；知识管理：包括对信息的组织、存储及检索、恢复；资源管理：包括采购、物料、仓储管理；成本管理：成本分析、报表等模块。

图2.7　综合项目管理信息系统登录界面

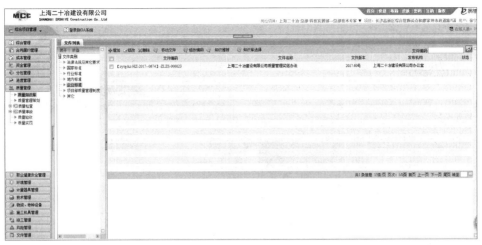

图 2.8　综合项目管理信息系统内部部分功能截图

图 2.9 所示为财务共享平台。作为一种新的财务管理模式,它是将不同分公司、地点的实体的会计业务拿到一个 SSC(共享服务中心)来记账和报告,这样做的好处是保证了会计记录和报告的规范、结构统一,而且由于不需要在每个公司和办事处都设会计,节省了系统和人工成本。它是企业集中式管理模式在财务管理上的最新应用,其目的在于通过一种有效的运作模式来解决大型集团公司财务职能建设中的重复投入和效率低下的弊端。业务申请系统可以借助 IT 网络技术使业务逐渐前端转移,在业务发生之前对其进行控制,帮助企业成本费用管控。另外,还有费用报销系统、影像管控系统、服务水平管理系统、客户服务管理系统、决策支持系统、银企直联系统等。

图 2.9　财务共享平台

图 2.10 所示为采购电子商务平台,包括采购定价过程管理、供应商管理、合同管理等模块内容。

图 2.11 所示为广联达 BIM5D 管理平台,主要以 BIM 平台为核心,集成土建、机电、钢构、幕墙等各专业模型,并以集成模型为载体,关联施工过程中的进度、合同、成本、质量、

图 2.10 采购电子商务平台

安全、图纸、物料等信息,利用 BIM 模型的形象直观、可计算分析的特性,为项目的进度、成本管控、物料管理等提供数据支撑,协助管理人员有效决策和精细管理,从而达到减少施工变更,缩短工期,控制成本,提升质量的目的。

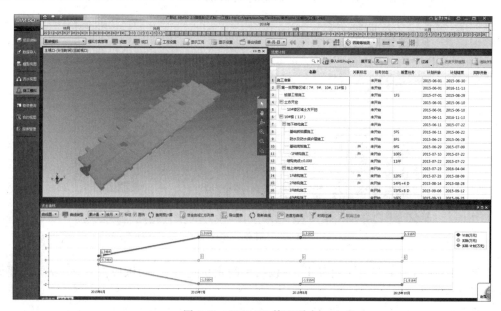

图 2.11 BIM 5D 管理平台

施工方的项目管理工作主要在施工阶段进行,但由于设计阶段和施工阶段在时间上往往是交叉的,因此,施工方的项目管理工作也会涉及设计阶段。在动用前准备阶段和保修期施工合同尚未终止,在这期间,还有可能出现涉及工程安全、费用、质量、合同和信息等方面的问题,因此,施工方的项目管理也涉及动用前准备阶段和保修期。

20世纪80年代末和90年代初开始,我国的大中型建设项目引进了为业主方服务(或称代表业主利益)的工程项目管理的咨询服务,这属于业主方项目管理的范畴。在国际上,工程项目管理咨询公司不仅为业主提供服务,也向施工方、设计方和建设物资供应方提供服务。因此,施工方的项目管理不能认为它只是施工企业对项目的管理。施工企业委托工程项目管理咨询公司对项目管理的某个方面提供的咨询服务也属于施工方项目管理的范畴。

习题

一、单项选择题

1. 关于建设工程管理内涵的说法,正确的是(　　)。【2014年】
   A. 建设工程项目管理和设施管理即为建设工程管理
   B. 建设工程管理不涉及项目使用期的管理方对工程的管理
   C. 建设工程管理是对建设工程的行政事务管理
   D. 建设工程管理工作是一种增值服务

2. 建设工程项目管理就是自项目开始到完成,通过(　　)使项目目标得以实现。【2011年】
   A. 项目策划和项目组织　　　　B. 项目控制和项目协调
   C. 项目组织和项目控制　　　　D. 项目策划和项目控制

3. 编制设计任务书是项目(　　)阶段的工作。【2017年】
   A. 设计准备　　B. 决策　　C. 设计　　D. 施工

4. 根据《项目管理知识体系指南(PMBOK指南)(第六版)》,项目经理应具备的技能包括(　　)。【2019年】
   A. 决策能力、领导能力和组织协调能力
   B. 项目管理技术、应变能力和生产管理技能
   C. 管理能力、应变能力、社交与谈判能力和项目管理经验
   D. 项目管理技术、领导力、商业管理技能和战略管理技能

5. 在建设工程项目管理的基本概念中,"进度目标"对业主而言是项目(　　)的时间目标。【2014年】
   A. 动用　　B. 竣工　　C. 调试　　D. 试生产

6. 某业主欲投资建造一座五星级宾馆,业主方项目管理的进度目标指的是(　　)。【2009年】
   A. 宾馆可以开业　　　　B. 项目竣工结算完成
   C. 宾馆开始盈利　　　　D. 项目通过竣工验收

7. 作为工程项目建设的参与方之一,供货方的项目管理工作主要是在( )阶段进行。【2011 年】
   A. 设计　　　　　B. 施工　　　　　C. 保修　　　　　D. 动用前准备

8. 建设工程总承包方的项目管理工作主要在项目的( )阶段进行。【2013 年】
   A. 决策、实施、使用　　　　　　B. 实施
   C. 设计、施工、保修　　　　　　D. 施工

9. 根据《建设项目工程总承包管理规范》,项目总承包方项目管理工作涉及( )。【2020 年】
   A. 项目决策管理、设计管理、施工管理和试运行管理
   B. 项目设计管理、施工管理、试运行管理和项目收尾
   C. 项目决策管理、设计管理、施工管理、试运行管理和项目收尾
   D. 项目设计管理、采购管理、施工管理、试运行管理和项目收尾

10. 按照建设工程项目不同参与方的工作性质和组织特征划分的项目管理类型,施工方的项目管理不包括( )的项目管理。【2009 年】
    A. 施工总承包方　　　　　　　B. 建设项目总承包方
    C. 施工总承包管理方　　　　　D. 施工分包方

11. 关于施工方项目管理的说法,正确的是( )。【2018 年】
    A. 可以采用工程施工总承包管理模式
    B. 项目的整体利益和施工方本身的利益是对立关系
    C. 施工方项目管理工作涉及项目实施阶段的全过程
    D. 施工方项目管理的目标应根据其生产和经营的情况确定

12. 施工方项目管理目标和任务的说法,正确的是( )。【2015 年】
    A. 施工方项目管理仅服务于施工方本身的利益
    B. 施工方项目管理不涉及动用前准备阶段
    C. 施工方的成本目标由施工企业根据其生产和经营情况自行确定
    D. 施工方不对业主方指定分包承担的目标和任务负责

13. 采用施工总承包管理模式时,对各分包单位的质量控制由( )进行。【2013 年】
    A. 业主方　　　　　　　　　　B. 施工总承包管理单位
    C. 监理方　　　　　　　　　　D. 施工总承包单位

二、多项选择题

1. 设计方的项目管理工作主要在建设工程项目设计阶段进行,但也会涉及( )等阶段。【2005 年】
   A. 决策　　　B. 动用前准备　　　C. 施工　　　D. 保修
   E. 运营

2. 建设工程项目的实施包括( )阶段。【2011 年】
   A. 设计　　　B. 设计准备　　　C. 施工　　　D. 招投标
   E. 动用前准备

3. 关于建设工程项目管理的说法,正确的有( )。【2006 年】

A. 业主方是建设工程项目生产过程的总组织者
B. 建设工程项目各参与方的工作性质和工作任务不尽相同
C. 建设工程项目管理的核心任务是项目的费用控制
D. 施工方的项目管理是项目管理的核心
E. 实施建设工程项目管理需要有明确的投资、进度和质量目标

4. 关于业主方项目管理目标和任务的说法中,正确的有(　　)。【2015 年】
A. 业主方项目管理是建设工程项目管理的核心
B. 业主方项目管理工作不涉及施工阶段的安全管理工作
C. 业主方项目管理目标包括项目的投资目标、进度目标和质量目标
D. 业主方项目管理目标不包括影响项目运行的环境质量
E. 业主方项目管理工作涉及项目实施阶段的全过程

5. 建设项目工程总承包方的项目管理目标包括(　　)。【2010 年】
A. 施工方的质量目标　　　　　　B. 工程建设的安全管理目标
C. 项目的总投资目标　　　　　　D. 工程总承包方的成本目标
E. 工程总承包方的进度目标

6. 按照国际工程的惯例,当建设工程采用指定分包时,(　　)应对分包工程的工期目标和质量目标负责。【2011 年】
A. 业主方　　B. 施工总承包方　　C. 监理方　　D. 劳务分包方
E. 施工总承包管理方

7. 建设工程项目总承包方式的核心是(　　)。【2006 年】
A. 实行总价包干　　　　　　　　B. 业主可得到"交钥匙工程"
C. 为项目建设增值　　　　　　　D. 实现设计与施工过程的组织集成
E. 实现设计单位和施工单位的相互融合

8. 根据《建设项目工程总承包管理规范》规定,工程总承包项目管理主要内容有(　　)。【2017 年】
A. 任命项目经理,组建项目部　　B. 编制和报批项目可行性研究报告
C. 落实项目建设资金　　　　　　D. 进行项目策划,编制项目计划
E. 实施项目运行管理

三、简答题

1. 建设工程项目管理的内涵是什么?
2. 设计方项目管理的任务包括哪些?
3. 业主方的项目管理工作涉及项目实施阶段的全过程,在设计前的准备阶段、设计阶段、施工阶段、动用前准备阶段和保修期分别进行哪些工作?
4. 供货方项目管理的主要任务包括哪些?
5. 业主方项目管理的进度目标是什么?
6. 项目总承包方项目管理的主要任务包括哪些?
7. 论述项目的整体利益和施工方本身的利益间的关系。
8. 施工方项目管理的任务包括哪些?

第 3 章 建设工程项目的组织

系统的目标决定了系统的组织,而组织是目标能否实现的决定性因素,这是组织论的一个重要结论。如果把一个建设项目的项目管理视为一个系统,其目标决定了项目管理的组织,而项目管理的组织是项目管理的目标能否实现的决定性因素,由此可见项目管理的组织的重要性。

3.1 系统和组织的概念

3.1.1 系统的概念

尽管"系统"一词频繁出现在社会生活和学术领域中,但不同的人在不同的场合往往赋予它不同的含义。

长期以来,系统概念的定义和其特征的描述尚无统一规范的定论。一般定义如下:系统是由一些相互联系、相互制约的若干组成部分结合而成的、具有特定功能的一个有机整体(集合)。

可以从三个方面理解系统的概念。

(1) 系统是由若干要素(部分)组成的。这些要素可能是一些个体、元件、零件,也可能其本身就是一个系统(或称为子系统),如运算器、控制器、存储器、输入/输出设备组成了计算机的硬件系统,而硬件系统又是计算机系统的一个子系统。

(2) 系统有一定的结构。一个系统是其构成要素的集合,这些要素相互联系、相互制约。系统内部各要素之间相对稳定的联系方式、组织秩序及失控关系的内在表现形式,就是系统的结构。例如,钟表是由齿轮、发条、指针等零部件按一定的方式装配而成的,但一堆齿轮、发条、指针随意放在一起却不能构成钟表;人体由各个器官组成,单个各器官简单拼凑在一起不能称为一个有行为能力的人。

(3) 系统有一定的功能,或者说系统要有一定的目的性。系统的功能是指系统与外部环境相互联系和相互作用中表现出来的性质、能力和功能。例如,信息系统的功能是进行信息的收集、传递、储存、加工、维护和使用,辅助决策者进行决策,帮助企业实现目标。

与此同时,我们还要从以下几个方面对系统进行理解:系统由部件组成,部件处于运动之中;部件间存在着联系;系统各主量之和的贡献大于各主量贡献之和,即常说的 1+1>2;系统的状态是可以转换及控制的。

系统在实际应用中总是以特定系统出现,如消化系统、生物系统、教育系统等,其前面的修饰词描述了研究对象的物质特点,即"物性",而"系统"一词则表征所述对象的整体性。对某一具体对象的研究,既离不开对其物性的描述,也离不开对其系统性的描述。系统科学研究将所有实体作为整体对象的特征,如整体与部分、结构与功能、稳定与演化等。

系统取决于人们对客观事物的观察方式,系统可大可小,最大的系统是宇宙,最小的系统是粒子。一个企业、一所学校、一个科研项目或一个建设项目都可以被视作一个系统,但这些不同系统的目标不同,从而形成的组织观念、组织方法和组织手段也就会不同,各种系统的运行方式也不同。

建设工程项目作为一个系统,它与一般的系统相比,有其明显的特征。

第一,建设项目都是一次性,没有两个完全相同的项目。

第二,建设项目全寿命周期一般由决策阶段、实施阶段和运营阶段组成,各阶段的工作任务和工作目标不同,其参与或涉及的单位也不同,它的全寿命周期持续时间长。

第三,一个建设项目的任务往往由多个,甚至很多个单位共同完成,它们的合作多数不是固定的合作关系,并且一些参与单位的利益不尽相同,甚至相对立。

因此,在考虑一个建设工程项目的组织问题,或进行项目管理的组织设计时,应充分考虑上述特征。

3.1.2 系统目标和系统组织的关系

1. 系统目标

系统目标是系统要达到预定目的所必须做到的具体指标。目的可用定性方式描述,目标则一般都需要定量描述。例如,目的是研制新一代战略洲际导弹,目标则包括导弹的射程、威力、精度、可靠性、能耗、研制进度、成本、可维修性和期望寿命等具体的数据。复杂大系统,特别是社会经济系统,往往具有多个目标。例如,为要达到提高生活水平这一目的,问题就涉及自然环境、人口、家庭、经济基础、财政、教育、医疗、劳动、社会保障、文化等多个方面,可列出上千个目标,形成一套完整的目标体系。选择系统目标要求准确,并要全面地反映系统所要达到的目的。目标不能是派生的,避免给系统评价带来困难。系统目标可分成若干层次,用目标树或目标自作用矩阵等形式表现整个目标体系。

2. 系统组织

从广义上说,组织是指由诸多要素按照一定方式相互联系起来的系统。从狭义上说,组织是指人们为实现一定的目标,相互协作结合而成的集体或团体,如党团组织、工会组织、企业组织、军事组织等。狭义的组织专门指人群而言,运用于社会管理之中。在现代社会生活中,组织是人们按照一定的目的、任务和形式编制起来的社会集团,组织不但是社会的细胞、社会的基本单元,而且可以说是社会的基础。

从管理学的角度,所谓组织(organization)是指这样一个社会实体:其具有明确的目标导向和精心设计的结构与有意识协调的活动系统,同时又同外部环境保持密切的联系。

3. 管理方法

管理方法是指用来实现管理目的而运用的手段、方式、途径和程序等的总称。管理的基本方法包括行政方法、经济方法、法律方法和教育方法。

1）行政方法

含义：行政方法是指行政机构通过行政命令、指标、规定等手段，按照行政系统和层次，以权威和服从为前提，直接指挥下属行动的管理方法。

特点：具有权威性、强制性、垂直性、具体性。

优点：

（1）有利于管理系统的集中统一，避免各行其是。

（2）有利于管理职能的发挥，强化管理作用。

（3）有利于灵活地处理各种特殊问题。

缺点：

（1）行政方法的管理效果直接受到组织领导水平的制约。

（2）强点集中统一，不便于分权管理。

（3）扭曲经济价值规律。

2）经济方法

含义：经济方法是指组织根据客观规律，运用各种经济手段，调节各方面之间的经济利益关系，以获取较高经济效益与社会利益的管理方法。

特点：具有利益性、灵活性、平等性、有偿性。

优点：

（1）便于分权。

（2）充分调动组织成员的积极性和主动性。

（3）有利于组织提高经济效益和管理效率。

缺点：经济方法以价值规律为基础，带有一定的盲目性和自发性。

3）法律方法

含义：法律方法是指运用法律这种由国家制定或认可并以国家强制力保证实施的行为规范以及相应的社会规范来进行管理的方法。

特点：具有规范性、严肃性、强制性。

优点：

（1）维护正常的管理秩序。

（2）调节各种管理因素之间的关系。

（3）促进社会主义的民主建设与民主管理。

缺点：

（1）缺少灵活性和弹性，不利于处理一些特殊问题和新出现的问题。

（2）原则上适用于管理的各个领域，但在某些领域，它显得无能为力。

4）教育方法

含义：教育方法是指组织根据一定目的和要求，对被管理者进行有针对性的思想道德教育，启发其思想觉悟，以便自觉地根据组织目标去调节各自行为的管理方法。

特点：具有启发性、真理性。

优点：
(1) 激发人们持久的工作热情和积极性。
(2) 对其他管理方法的综合应用起着重要的促进作用。

缺点：教育对于被管理者并没有行政方法和法律方法那样的强制性，也没有经济方法的诱导力。存在决定意识，人们的思想受到社会各种因素的制约和影响，还受到传统思想文化的影响。思想教育要真正产生作用，必须经过多方长期不懈的努力。

4. 系统的目标和系统的组织之间的关系

影响一个系统目标实现的主要因素除了组织以外(图 3.1)，还有人的因素，以及方法与工具。

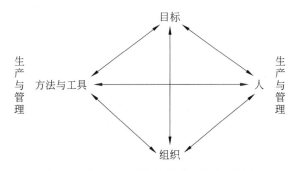

图 3.1　影响一个系统目标实现的主要因素

1) 人的因素

结合建设工程项目的特点，人的因素包括以下方面。

(1) 建设单位和该项目所有参与单位(设计、工程监理、施工、供货单位等)的管理人员的数量和质量。

(2) 该项目所有参与单位的生产人员(设计、工程监理、施工、供货单位等)的数量和质量。

一名优秀的管理人员应该具备以下素质。

(1) 以身作则：身为一名管理人员，首先必须在工作中时刻发挥好榜样作用，从规章制度到仪容仪表、言行举止、工作态度等方面都应率先垂范，做好下属员工的带头人。应该明白"身教重于言教"的道理，少用语言而多用行动和自身形象来影响员工、带动员工、引导员工和教育员工。"没有不好的士兵，只有不好的将军。"员工工作的好坏，犹如一面镜子，可以直接反射出一名管理人员的管理能力。

(2) 业务素质：俗话说"打铁还需自身硬"，一名好的管理人员，首先要熟练掌握整个部门的理论知识和业务操作技能。试想，身为管理人员，如果自己都未掌握这些知识，何来的质量标准？如何去检验和指导员工的工作质量？又怎能让员工对你的管理心服口服？

(3) 公平、公正：在管理工作中最忌讳的不是规章制度如何严格，而是在执行这个规章制度的过程中是否公平、公正。任何因小团体、私人关系好坏等造成的偏袒，都会引发员工的不满从而导致管理者的信任危机，并直接影响到规章制度的执行与工作的有利开展。

(4) 坦诚相待：在工作中应有"海纳百川"的胸怀，能听进不同的声音，不管是持相同意见还是意见相左。"良药苦口，忠言逆耳"，特别是对能勇敢向你提出不同看法的员工，应能本着坦诚相待的态度对待问题；有员工向你提出不同的看法，应感到庆幸，说明员工信任你，希望你能做得更好。不能采取置之不理、排斥甚至打击报复的方式，这样的管理人员只会让员工看不起你，从而抵触你。

(5) 学习能力：学无止境，俗语说"活到老，学到老"，一个组织要不断地发展、进步，就要求成员应不断学习新的知识。在当今日新月异的信息社会，作为管理人员，更应该千方百计抽出时间不断学习。只有通过学习才能不断提高自身素质，才能更好地引导和培训你的下属员工不断进步。不学习或凭老一套经验做事是不可取的。

(6) 培训能力：一个部门内成员的工作绩效与所在部门的主管的培训能力有着直接的关系。主管必须具备培训部门员工的能力。作为一名基层管理人员除了做好自身工作外，还应针对员工工作中存在的不足做好培训工作。只有整个部门的大部分员工都是积极上进的，整支团队才能进步。

(7) 分析、判断能力：对工作中出现的问题和员工的工作表现，根据事实能做出客观的分析、判断与评价。有自己的思想与判断能力，不人云亦云，也不优柔寡断，更不参与传播道听途说的小道消息。

(8) 责任心：工作中勇于负责，对上级、下属、客人、公司抱有高度责任心。特别是工作中出现失误时，能勇于承担责任，不推卸责任，并积极寻找原因，及时改正，防止类似事情的再次发生。员工最看不起，也最不喜欢的是他的上司在碰到问题或需要承担责任时，总是千方百计寻找借口，推脱自己的责任，这样的管理人员毫无威信可言。

(9) 沟通、协调能力：这里的沟通包括内部沟通与外部沟通。内部沟通即与上层领导之间的沟通(上级)、与其他横向相关人员之间的协调(平级)和与下属员工之间的沟通(下级)。外部沟通主要是指与客人之间的沟通，作为基层管理人员与客人之间的沟通一般主要是服务方面的沟通，如了解客人的需求，征询客人对服务的满意度，处理客人的不满等方面。

(10) 语言能力：这里的语言包括形体语言和口头语言。形体语言主要体现在和上司沟通与下属的交流中能使用正确的形体语言，如目光的接触等方面。口头语言主要是指在管理和服务语言中不能使用生硬的命令、训斥、讥讽、谩骂、威胁或是乞求等之类的语言。很多时候管理人员都犯有一些管理过程中使用不恰当的语句的错误，给员工造成极大的心理压力，让员工觉得反感，甚至是开始抵触。

2) 方法与工具

方法与工具包括以下方面。

(1) 建设单位和所有参与单位的管理的方法与工具。

(2) 所有参与单位的生产的方法与工具(设计和施工的方法与工具等)。

控制项目目标的主要措施包括组织措施、管理措施、经济措施和技术措施，其中组织措施是最重要的措施。如果对一个建设工程的项目管理进行诊断，首先应分析其组织方面存在的问题。

技术措施(technical measures)是在一定时期内为改进生产技术和完善生产管理而制

订的方案及其实施办法。

它的任务是在技术进步的前提下,通过更新和改造原有的生产工艺与技术装备,采用新技术、新工艺、新设备、新材料,以及推行先进的生产管理方法,达到增加产量,增加品种,提高质量,节约原材料和能源,提高经济效益的目的。它是实现技术改造和技术革新计划的具体方法与步骤,是实现内涵扩大再生产的重要途径。

在中国,技术措施一般是利用国家更新改造措施预算拨款、科研费用拨款、企业基本折旧基金和自有资金,以及国内外贷款等,由企业、事业单位自行组织实施。技术措施一般具有投资少、见效快、针对性强等特点。它对于克服生产上的薄弱环节,保证完成和超额完成国家计划,巩固和实现科技研究的成果,提高企业的生产技术水平等具有重大作用。

3.1.3 组织论和组织工具

组织论是一门学科,它主要研究系统的组织结构模式、组织分工和工作流程组织,它是与项目管理学相关的一门非常重要的基础理论学科。其中,组织结构模式分为职能组织结构、线性组织结构和矩阵组织结构。组织分工分为工作任务分工和管理职能分工。工作流程组织分为管理工作流程组织、信息处理工作流程组织和物质流程组织(图3.2)。

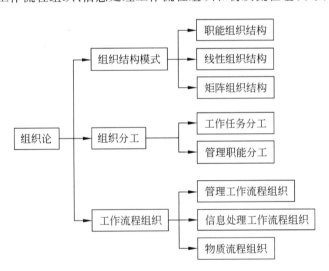

图3.2 组织论的基本内容

组织结构模式反映了一个组织系统中各子系统之间或各元素(各工作部门或各管理人员)之间的指令关系。指令关系是指哪一个工作部门或哪一名管理人员可以对某个工作部门或某名管理人员下达工作指令。

组织分工反映了一个组织系统中各子系统或各元素的工作任务分工和管理职能分工。组织结构模式和组织分工都是一种相对静态的组织关系。

工作流程组织则可反映一个组织系统中各项工作之间的逻辑关系,是一种动态关系。图3.2所示的物质流程组织对于建设工程项目而言,是指项目实施任务的工作流程组织,如设计的工作流程组织可以是方案设计、初步设计、技术设计、施工图设计,也可以是方案设计、初步设计(扩大初步设计)、施工图设计;施工作业也有多个可能的工作流程。

组织工具是组织论的应用手段,用图或表等形式表示各种组织关系,它包括以下方面。

(1) 项目结构图。

(2) 组织结构图(管理组织结构图)。

(3) 工作任务分工表。

(4) 管理职能分工表。

(5) 工作流程图等。

3.2 项目结构分析在项目管理中的应用

3.2.1 项目结构图

项目结构图(project diagram,或称 work breakdown structure,WBS)是一个组织工具,它通过树状图(图3.3)的方式对一个项目的结构进行逐层分解,以反映组成该项目的所有工作任务。项目结构图中,矩形表示工作任务(或第一层、第二层子项目等),矩形框之间的连接用连线表示。

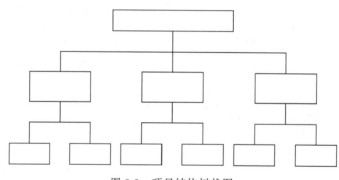

图 3.3 项目结构树状图

1. 项目结构图示例

如图3.4所示是某软件园的项目结构图的一个示例,它是一个群体项目,可按照功能区进行第一层次的分解。

(1) 软件研发、生产功能区。

(2) 硬件研发、生产功能区。

(3) 公共服务功能区。

(4) 园区管理功能区。

(5) 生活功能区。

如对其进行第一层次的分解,其中软件研发、生产功能区包括软件研发生产大楼和独立式软件研发生产基地。其他功能区也可再分解。某些第二层次的项目组成部分(如独立式软件研发生产基地)还可再分解。

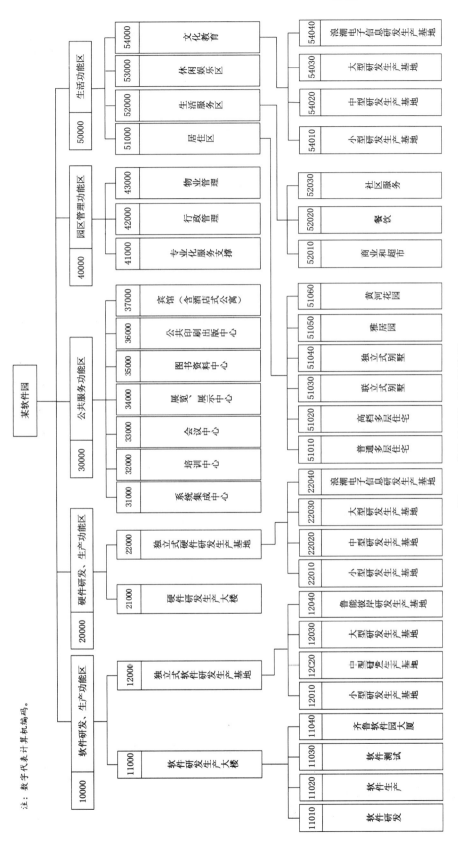

图 3.4 某软件园的项目结构图

一些居住建筑开发项目,可根据建设的时间对项目的结构进行逐层分解,如第一期工程、第二期工程和第三期工程等。而一些工业建设项目往往按其生产子系统的构成对项目的结构进行逐层分解。

2. 同一个建设项目不同的项目结构分解方法

同一个建设工程项目可有不同的项目结构的分解方法,项目结构的分解应与整个工程实施的部署相结合,并与将采用的合同结构相结合,如地铁工程主要有两种不同的合同分解方案,其对应的项目结构不同。

方案1:地铁车站(一个或多个)和区间隧道(一段或多段)分别发包(图3.5)。

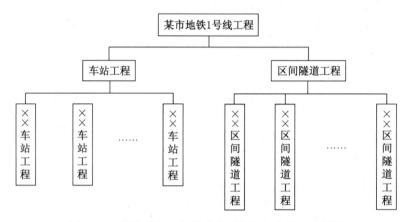

图3.5 地铁车站和区间隧道分别发包相应的项目结构

方案2:一个地铁车站和一段区间隧道,或几个地铁车站和几段区间隧道作为一个标段发包(图3.6)。

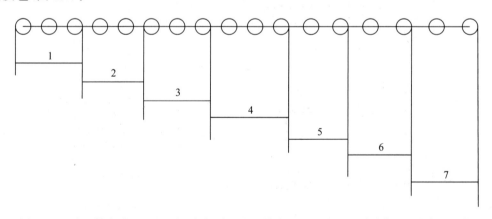

图3.6 一个地铁车站和一段区间隧道,或几个地铁车站和几段区间隧道作为一个标段发包

由于图3.5所示的项目结构在施工时交界面较多,对工程的组织与管理可能不利,因此国际上较多的地铁工程则采用图3.6的方式,如图3.7所示进行项目结构分解。

3. 项目结构分解的参考原则

综上所述,项目结构分解并没有统一的模式,但应结合项目的特点参考以下原则进行。

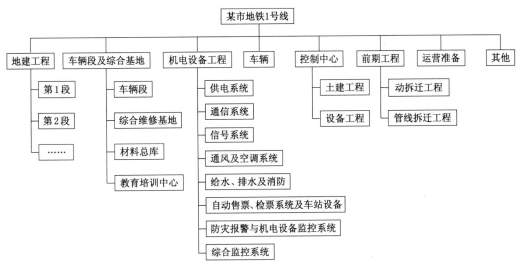

图 3.7 某市地铁 1 号线工程的项目结构

(1) 考虑项目进展的总体部署。
(2) 考虑项目的组成。
(3) 有利于项目实施任务(设计、施工和物资采购)的发包和有利于项目实施任务的进行,并结合合同结构。
(4) 有利于项目目标的控制。
(5) 结合项目管理的组织结构等。

4. 单体工程的项目结构分解

以上所列举的都是群体工程的项目结构分解,单体工程如有必要(如投资控制、进度控制和质量控制的需要)也应进行项目结构分解,如一栋高层办公大楼可分解为以下 8 个。

(1) 地下工程。
(2) 裙房结构工程。
(3) 高层主体结构工程。
(4) 建筑装饰工程。
(5) 幕墙工程。
(6) 建筑设备工程(不包括弱电工程)。
(7) 弱电工程。
(8) 室外总体工程等。

3.2.2 项目结构的编码

在计算机硬件中,编码(coding)是指用代码来表示各组数据资料,使其成为可利用计算机进行处理和分析的信息。代码是用来表示事物的记号,它可以用数字、字母、特殊的符号或它们之间的组合来表示。

将数据转换为代码或编码字符,并能译为原数据形式,是计算机书写指令的过程,也是程序设计中的一部分。在地图自动制图中,是按一定规则用数字与字母表示地图内容的过程,可通过编码,使计算机能识别地图的各地理要素。

n 位二进制数可以组合成 2^n 个不同的信息,给每个信息规定一个具体码组,这种过程也称编码。

数字系统中常用的编码有两类,一类是二进制编码;另一类是十进制编码。

每个人的身份证都有编码,最新版编码由 18 位数字组成,其中的几个字段分别表示地域、出生年月日和性别等。交通车辆也有编码,表示城市、购买顺序和车辆的分类等。编码由一系列符号(如文字)和数字组成,编码工作是信息处理的一项重要的基础工作。

1. 建设工程项目信息编码

一个建设工程项目有不同类型和不同用途的信息,为了有组织地存储信息、方便信息的检索和信息的加工整理,必须对项目的信息进行编码。

(1) 项目的结构编码。

(2) 项目管理组织结构编码。

(3) 项目的政府主管部门和各参与单位编码(组织编码)。

(4) 项目实施的工作项编码(项目实施的工作过程的编码)。

(5) 项目的投资项编码(业主方)/成本项编码(施工方)。

(6) 项目的进度项(进度计划的工作项)编码。

(7) 项目进展报告和各类报表编码。

(8) 合同编码。

(9) 函件编码。

(10) 工程档案编码等。

以上这些编码是因不同的用途而编制的,如投资项编码(业主方)/成本项编码(施工方)服务于投资控制工作/成本控制工作;进度项编码服务于进度控制工作。

2. 项目编码示例

项目结构的编码依据项目结构图,对项目结构的每一层的每一个组成部分进行编码,如图 3.8 所示。项目结构的编码和用于投资控制、进度控制、质量控制、合同管理和信息管理等管理工作的编码有紧密的有机联系,但它们之间又有区别。项目结构图和项目结构的编码是编制上述其他编码的基础。

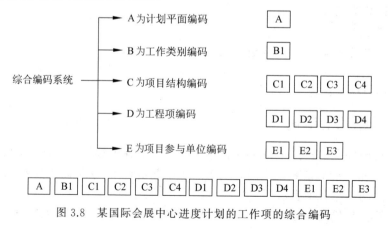

图 3.8 某国际会展中心进度计划的工作项的综合编码

图 3.8 所示的某国际会展中心进度计划的工作项的综合编码由 5 个部分(5 段)组成,其中第 3 段有 4 个字符(C1、C2、C3、C4),是项目结构编码。一个工作项的综合编码由 13 个字符构成。

(1) 计划平面编码为 1 个字符,如 A1 表示总进度计划平面的工作,A2 表示第 2 进度计划平面的工作等。

(2) 工作类别编码为 1 个字符,如 B1 表示设计工作,B2 表示施工工作等。

(3) 项目结构编码为 4 个字符。

(4) 工程项编码为 4 个字符。

(5) 项目参与单位编码为 3 个字符,如 001 表示甲设计单位,002 表示乙设计单位,003 表示丙施工单位等。

3.3 组织结构在项目管理中的应用

3.3.1 基本的组织结构模式

组织结构模式可用组织结构图来描述。组织结构图(图 3.9)也是一个重要的组织工具,反映一个组织系统中各组成部门(组成元素)之间的组织关系(指令关系)。在组织结构图中,矩形框表示工作部门,上级工作部门对其直接下属工作部门的指令关系用单向箭线表示。

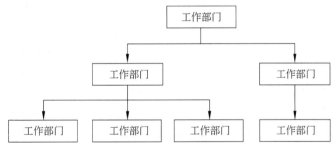

图 3.9 组织结构图

组织论中用到的三个重要的组织工具为项目结构图、组织结构图和合同结构图(图 3.10),它们之间的区别见表 3.1。

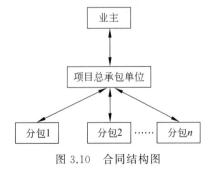

图 3.10 合同结构图

表 3.1 项目结构图、组织结构图和合同结构图的区别

类　　别	表达的含义	图中矩形框的含义	矩形框连接的表达
项目结构图	对一个项目的结构进行逐层分解,以反映组成该项目的所有工作任务(该项目的组成部分)	一个项目的组成部分	直线
组织结构图	反映一个组织系统中各组成部门(组成元素)之间的组织关系(指令关系)	一个组织系统中的组成部分(工作部门)	单向箭线
合同结构图	反映一个建设项目参与单位之间的合同关系	一个建设项目的参与单位	双向箭线

常用的组织结构模式包括职能组织结构、线性组织结构和矩阵组织结构等,这几种常用的组织结构模式既可以在企业管理中运用,也可以在建设项目管理中运用。

在一个建设工程项目实施过程中,其管理工作的流程、信息处理的流程,以及设计工作、物资采购和施工的流程的组织,都属于工作流程组织的范畴。

1. 职能组织结构的特点及其应用

在人类历史发展过程中,当手工业作坊发展到一定的规模时,一个企业内需要设置对人、财、物和产、供、销管理的职能部门,这样就产生了初级的职能组织结构,因此,职能组织结构是一种传统的组织结构模式。在职能组织结构中,每一个职能部门可根据它的管理职能对其直接和非直接的下属工作部门下达工作指令,因此,每一个工作部门可能得到其直接和非直接的上级工作部门下达的工作指令,它就会有多个矛盾的指令源。一个工作部门的多个矛盾的指令源会影响该企业管理机制的运行。

在一般的工业企业中,设有人、财、物和产、供、销管理的职能部门,另有生产车间和后勤保障机构等。虽然生产车间和后勤保障机构并不一定是职能部门的直接下属部门,但是,职能管理部门可以在其管理的职能范围内对生产车间和后勤保障机构下达工作指令,这是典型的职能组织结构。在高等院校中,设有人事、财务、教学、科研和基本建设等管理的职能部门(处室),另有学院、系和研究中心等教学和科研的机构,其组织结构模式也是职能组织结构,人事处和教务处等都可对学院和系下达其分管范围内的工作指令。我国多数的企业、学校、事业单位目前还沿用这种传统的组织结构模式。许多建设项目也还用这种传统的组织结构模式,在工作中常出现交叉和矛盾的工作指令关系,严重影响了项目管理机制的运行和项目目标的实现。

在如图 3.11 所示的职能组织结构中,A、B1、B2、B3、C5 和 C6 都是工作部门,A 可以对 B1、B2、B3 下达指令;B1、B2、B3 都可以在其管理的职能范围内对 C5 和 C6 下达指令;因此 C5 和 C6 有多个指令源,其中有些指令可能是矛盾的。

2. 线性组织结构的特点及其应用

在军事组织系统中,组织纪律非常严谨,军、师、旅、团、营、连、排和班的组织关系是指令按逐级下达,一级指挥一级和一级对一级负责。线性组织结构就是来自这种十分严谨的军事组织系统。在线性组织结构中,每一个工作部门只能对其直接的下属部门下达工作指令,每一个工作部门也只有一个直接的上级部门,因此,每一个工作部门只有唯一的指令源,避免了由于矛盾的指令而影响组织系统的运行。

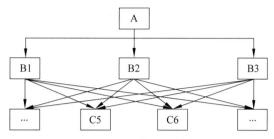

图 3.11 职能组织结构

在国际上,线性组织结构是建设项目管理组织系统的一种常用模式,因为一个建设项目的参与单位很多,少则数十,多则数百。大型项目的参与单位将数以千计。在项目实施过程中矛盾的指令会给工程项目目标的实现造成很大的影响,而线性组织结构模式可确保工作指令的唯一性。但在一个特大的组织系统中,由于线性组织结构模式的指令路径过长,有可能会造成组织系统在一定程度上运行的困难。图 3.12 所示的线性组织结构中:

(1) A 可以对其直接的下属部门 B1、B2、B3 下达指令。

(2) B2 可以对其直接的下属部门 C21、C22、C23 下达指令。

(3) 虽然 B1 和 B3 比 C21、C22、C23 高一个组织层次,但是,B1 和 B3 并不是 C21、C22、C23 的直接上级部门,它们不允许对 C21、C22、C23 下达指令。

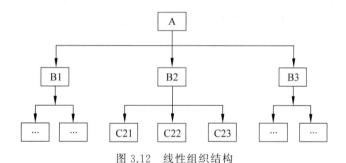

图 3.12 线性组织结构

在该组织结构中,每一个工作部门的指令源都是唯一的。

3. 矩阵组织结构的特点及其应用

矩阵组织结构在组织结构上,它是把职能划分的部门和按产品(项目)划分的小组结合起来组成一个矩阵,一名管理人员既同原职能部门保持组织与业务上的联系,又参加项目小组的工作。职能部门是固定的组织,项目小组是临时性组织,完成任务以后就自动解散,其成员回原部门工作。

矩阵组织结构是一种较新型的组织结构模式。在矩阵组织结构最高指挥者(部门)下设纵向和横向两种不同类型的工作部门。纵向工作部门如人、财、物、产、供、销的职能管理部门,横向工作部门如生产车间等。一个施工企业,如采用矩阵组织结构模式,则纵向工作部门可以是计划管理、技术管理、合同管理、财务管理和人事管理部门等,而横向工作部门可以是项目部(图 3.13)。

一个大型建设项目如采用矩阵组织结构模式,则纵向工作部门可以是投资控制、进度

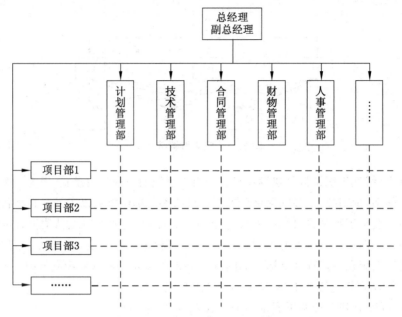

图3.13 施工企业矩阵组织结构模式的示例

控制、质量控制、合同管理、信息管理、人事管理、财务管理和物资管理等部门,而横向工作部门可以是各子项目的项目管理部(图3.14)。矩阵组织结构适用于大的组织系统,在上海地铁和广州地铁1号线建设时都采用了矩阵组织结构模式。

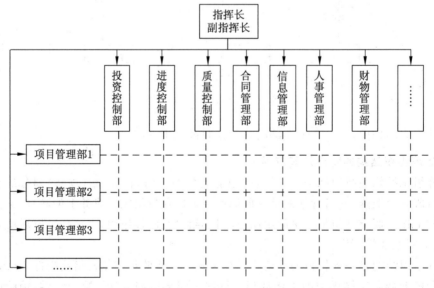

图3.14 一个大型建设项目采用矩阵组织结构模式的示例

在矩阵组织结构中,每一项纵向和横向交汇的工作(如图3.14所示的项目管理部1涉及的投资问题),指令来自纵向和横向两个工作部门,因此其指令源为两个。当纵向和横向工作部门的指令发生矛盾时,由该组织系统的最高指挥者(部门),即如图 3.15(a)所示的 A 进行协调或决策。

在矩阵组织结构中为避免纵向和横向工作部门指令矛盾对工作的影响,可以采用以纵向工作部门指令为主[图 3.15(b)]或以横向工作部门指令为主[图 3.15(c)]的矩阵组织结构模式,这样也可减轻该组织系统的最高指挥者(部门),如图 3.15(b)和图 3.15(c)所示中 A 的协调工作量。

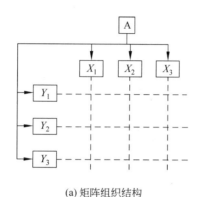

(a) 矩阵组织结构

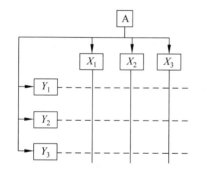 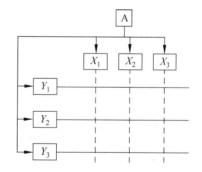

(b) 以纵向工作部门指令为主的矩阵组织结构　　(c) 以横向工作部门指令为主的矩阵组织结构

图 3.15　矩阵组织结构

矩阵组织结构是为了改进直线组织结构横向联系差,缺乏弹性的缺点而形成的一种组织形式。它的特点表现在围绕某项专门任务成立跨职能部门的专门机构上。例如,组成一个专门的产品(项目)小组去从事新产品开发工作,在研究、设计、试验、制造各个不同阶段,由有关部门派人参加,力图做到条块结合,以协调有关部门的活动,保证任务的完成。

这种组织结构模式是固定的,人员却是变动的,需要谁,谁就来,任务完成后就可以离开。项目小组和负责人也是临时组织和委任的。任务完成后就解散,有关人员回原单位工作。因此,这种组织结构非常适用于横向协作和攻关项目。

矩阵组织结构优点如下。

(1) 将企业的横向与纵向关系相结合,有利于协作生产。

(2) 针对特定的任务进行人员配置有利于发挥个体优势,集众家之长,提高项目完成的质量,提高劳动生产率。

(3) 各部门人员不定期的组合有利于信息交流,增加相互学习机会,提高专业管理水平。

3.3.2 项目管理的组织结构图

对一个项目的组织结构进行分解,并用图的方式表示,就形成项目组织结构图(diagram of organizational breakdown structure,OBS),或称为项目管理组织结构图。项目组织结构图反映一个组织系统(如项目管理班子)中各子系统之间和各组织元素(如各工作部门)之间的组织关系,反映的是各工作单位、各工作部门和各工作人员之间的组织关系。而项目结构图描述的则是组成该项目的所有工作任务。对一个稍大一些的项目的组织结构应该进行编码,它不同于项目结构编码,但两者之间也会有一定的联系。如图 3.16 所示(虚线表示建议性部门)是项目组织结构图的示例,它属于职能组织结构。

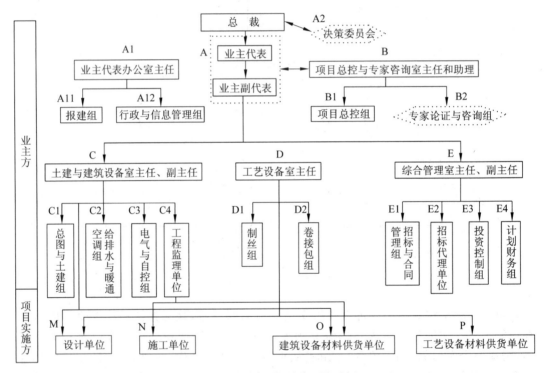

图 3.16 项目组织结构图的示例

一个建设工程项目的实施除了业主方外,还有许多单位参加,如设计单位、施工单位、供货单位和工程管理咨询单位以及有关的政府行政管理部门等,项目组织结构图应尽可能表达业主方以及项目的参与单位有关的各工作部门之间的组织关系。

业主方、设计方、施工方、供货方和工程管理咨询方的项目管理的组织结构都可用各自的项目组织结构图予以描述。项目组织结构图应反映项目经理和费用(投资或成本)控制、进度控制、质量控制、合同管理、信息管理与组织和协调等主管工作部门或主管人员之间的组织关系。

图 3.17 所示是一个线性组织结构的项目组织结构图示例,在线性组织结构中每一个工作部门只有唯一的上级工作部门,其指令源是唯一的。在图 3.17 中表示了总经理不允许对项目经理、设计方直接下达指令,总经理必须通过业主代表下达指令;而业主代表也不允许对设计方等直接下达指令,他必须通过项目经理下达指令,否则就会出现矛盾的指令。项目的实施方(如图 3.17 中的设计方、施工方和甲供物资方)的唯一指令源是业主方的项目经理,这有利于项目的顺利进行。

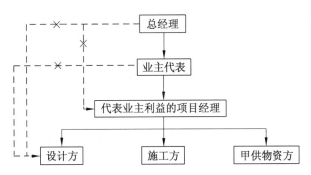

图 3.17 在线性组织结构中不允许出现多重指令

3.4 工作任务分工在项目管理中的应用

业主方和项目各参与方,如设计单位、施工单位、供货单位和工程管理咨询单位等都有各自的项目管理的任务,上述各方都应该编制各自的项目管理任务分工表。

为了编制项目管理任务分工表,首先应对项目实施各阶段的费用(投资或成本)控制、进度控制、质量控制、合同管理、信息管理与组织和协调等管理任务进行详细分解,在项目管理任务分解的基础上定义项目经理和费用(投资或成本)控制、进度控制、质量控制、合同管理、信息管理与组织和协调等主管工作部门或主管人员的工作任务。

3.4.1 工作任务分工

每一个建设项目都应编制项目管理任务分工表,这是一个项目的组织设计文件的一部分。在编制项目管理任务分工表前,应结合项目的特点,对项目实施各阶段的费用(投资或成本)控制、进度控制、质量控制、合同管理、信息管理与组织和协调等管理任务进行详细分解。以前述某居住小区工程业主在设计阶段的项目管理任务,分解示例见表 3.2。

表 3.2 任务分工表

2. 设计阶段项目管理的任务		备注
2.1 设计阶段的投资控制		
2101	在可行性研究的基础上,进行项目总投资目标的分析、论证	
2102	根据方案设计,审核项目总估算,供业主方确定投资目标参考,并基于优化方案协助业主对估算做出调整	

2. 设计阶段项目管理的任务		备注
⋮		
2110	控制设计变更,注意检查变更设计的结构性、经济性、建筑造型和使用功能是否满足业主的要求	
2.2 设计阶段的进度控制		
2201	参与编制项目总进度计划,有关施工进度与施工监理单位协商讨论	
2202	审核设计方提出的详细的设计进度计划和出图计划,并控制其执行,避免发生因设计单位推迟进度而造成施工单位要求索赔	
⋮		
2207	协调室内外装修设计计划、专业设备设计与主设计的关系,使专业设计进度能满足施工进度的要求	
2.3 设计阶段的质量控制		
2301	协助业主确定项目质量的要求和标准,满足设计质监部门质量评定标准要求,并作为质量控制目标值。参与分析和评估建筑物使用功能、面积分配、建筑设计标准等。根据业主的要求,编制详细的设计要求文件,作为方案设计优化任务书的一部分	
2302	研究图纸、技术说明和计划书等设计文件,发现问题,及时向设计单位提出;对设计变更进行技术经济合理性分析,并按照规定的程序办理设计变更手续。凡对投资及进度带来影响的变更,需会同业主核签	
⋮		
2311	会同有关部门对设计文件进行审核,必要时组织会议或专家论证	
2.4 设计阶段的合同管理		
2401	协助业主确定设计合同结构	
⋮		
2407	向业主确定设计合同结构	
2.5 设计阶段的信息管理		
⋮		

3.4.2 工作任务分工表

在项目管理任务分解的基础上,明确项目经理和费用(投资或成本)控制、进度控制、质量控制、合同管理、信息管理和组织与协调等主管工作部门或主管人员的工作任务,从而编制工作任务分工表(表 3.3)。

表 3.3 工作任务分工表

工作任务	项目经理部	投资控制部	进度控制部	质量控制部	合同管理部	信息管理部

某大型公共建筑属国家重点工程,在项目实施的初期,项目管理咨询公司建议把工作任务划分成 26 个大块,针对这 26 个大块任务编制了工作任务分工表(表 3.4)。随着工程的进展,工作任务分工表还将不断深化和细化,该表有以下特点。

(1) 工作任务分工表主要明确哪项任务由哪个工作部门(机构)负责主办,另明确协办部门和配合部门,主办、协办和配合在表中分别用三个不同的符号表示。

(2) 在工作任务分工表的一行中,即每一个任务,都有至少一个主办工作部门。

(3) 运营部和物业开发部参与整个项目实施过程,而不是在工程竣工前才介入工作。

表 3.4 某大型公共建筑的工作任务分工表

序号	工作项目	经理室、指挥部	技术委员会	专家顾问组	办公室	总工程师室	综合部	财务部	计划部	工程部	设备部	运营部	物业开发部
1	人事	☆					△						
2	重大技术审查决策	☆	△	○	○	△	○	○	○	○	○	○	○
3	设计管理			○		☆				○	△		
4	技术标准			○		☆					△	△	○
5	科研管理			○		☆							
⋮	⋮												
21	设备材料采购						○	○	△	△			☆
22	安装工程项目管理			○				○	△	☆	○		
23	运营准备			○		○			△			☆	
24	开通、调试、验收			○		△				△	☆	△	
25	系统交接			○		○				☆	☆	☆	
26	物业开发						○	○	○	○	○		☆

注:☆——主办;△——协办;○——配合。

3.5 管理职能分工在项目管理中的应用

管理是由 5 个环节组成的过程(图 3.18)。

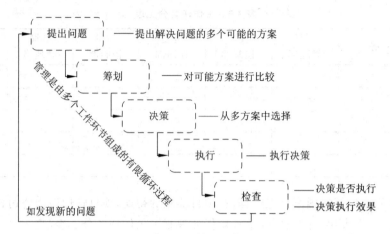

图 3.18 管理职能

1. 提出问题

选择课题,分析现状,找出问题。

强调的是对现状的把握和发现问题的意识、能力,发现问题是解决问题的第一步,是分析问题的条件。

新产品设计开发所选择的课题范围是以满足市场需求为前提,以企业获利为目标的。同时也需要根据企业的资源、技术等能力来确定开发方向。

课题是本次研究活动的切入点,课题的选择很重要,如果不进行市场调研,论证课题的可行性,就可能带来决策上的失误,有可能在投入大量人力、物力后造成设计开发的失败。比如,一个企业如果对市场发展动态信息缺少灵敏性,可能花大力气开发的新产品,在另一个企业已经是普通产品,就会造成人力、物力、财力的浪费。选择一个合理的项目课题可以减少研发的失败率,降低新产品投资的风险。选择课题时可以使用调查表、排列图、水平对比等方法,使头脑风暴能够结构化呈现较直观的信息,从而做出合理决策。

2. 筹划

1) 确定目标,分析产生问题的原因

找准问题后分析产生问题的原因至关重要,运用头脑风暴法等多种集思广益的科学方法,把导致问题产生的所有原因全部找出来。

明确了研究活动的主题后,需要设定一个活动目标,也就是规定活动所要做到的内容和达到的标准。目标可以是"定性+定量化"的,能够用数量来表示的指标要尽可能量化,不能用数量来表示的指标也要明确。目标是用来衡量实验效果的指标,所以设定应该有依据,要通过充分的现状调查和比较来获得。例如,一种新药的开发必须掌握了解政府部门所制定的新药审批政策和标准。制定目标时可以使用关联图、因果图来系统化地揭示各种可能之间的联系,同时使用甘特图来制订计划时间表,从而可以确定研究进度并进行有效的控制。

2) 制订解决问题的各种方案,区分主因和次因是最有效解决问题的关键

创新并非单纯是指发明创造的创新产品,还可以包括产品革新、产品改进和产品仿制等。其过程就是设立假说,然后去验证假说,目的是从影响产品特性的一些因素中去寻找

出好的原料搭配、好的工艺参数搭配和工艺路线。然而,现实条件中不可能把所有想到的实验方案都实施,所以提出各种方案后优选并确定出最佳的方案是较有效率的方法。

3）制订对策和计划

有了好的方案,其中的细节也不能忽视,计划的内容如何完成好,需要将方案步骤具体化,逐一制订对策,明确回答出方案中的5W1H,即为什么制订该措施(Why)、达到什么目标(What)、在何处执行(Where)、由谁负责完成(Who)、什么时间完成(When)、如何完成(How)。使用过程决策程序图或流程图,方案的具体实施步骤将会得到分解。

3. 决策

筛选出所需要的最佳方案,统计质量工具能够发挥较好的作用。

4. 执行

执行即按照预定的计划、标准,根据已知的内外部信息,设计出具体的行动方法、方案,进行布局。再根据设计方案和布局进行具体操作,努力实现预期目标的过程。

设计出具体的行动方法、方案,进行布局,采取有效的行动；产品的质量、能耗等是设计出来的,通过对组织内外部信息的利用和处理,做出设计和决策,是当代组织最重要的核心能力。设计和决策水平决定了组织执行力。

完成对策制订后,就进入了实验、验证阶段,也就是做的阶段。在这一阶段除了按计划和方案实施外,还必须对过程进行测量,确保工作能够按计划进度实施；同时建立起数据采集,收集起过程的原始记录和数据等项目文档。

5. 检查

1）确认实施方案是否达到了目标

方案是否有效、目标是否完成,需要进行效果检查后才能得出结论。将采取的对策进行确认后,对采集到的证据进行总结分析,把完成情况同目标值进行比较,看是否达到了预定的目标。如果没有出现预期的结果时,应该确认是否严格按照计划实施对策。如果严格按照计划实施,就意味着对策失败,那就要重新进行最佳方案的确定。

2）问题总结,处理遗留问题

所有问题不可能在一个循环中全部解决,遗留的问题会自动转进下一个循环,如此周而复始。

对已被证明的有成效的措施,要进行标准化,制定成工作标准,以便以后的执行和推广。标准化是维持企业治理现状不下滑,积累、沉淀经验的最好方法,也是企业治理水平不断提升的基础。可以说标准化是企业治理系统的动力,没有标准化,企业就不会进步,甚至下滑。

这些组成管理的环节就是管理的职能。管理的职能在一些文献中也有不同的表述,但其内涵是类似的。

下面以一个管理职能示例来解释管理职能的含义。

（1）管理职能示例。

① 提出问题——通过进度计划值和实际值的比较,发现进度推迟了。

② 筹划——加快进度有多种可能的方案,如改一班工作制为两班工作制,增加夜班作业,增加施工设备和改变施工方法,应对这三个方案进行比较。

③ 决策——从上述三个可能的方案中选择一个将被执行的方案,即增加夜班作业。

④ 执行——落实夜班施工的条件,组织夜班施工。

⑤ 检查——检查增加夜班施工的决策有否被执行,如已执行,则检查执行的效果如何。

如通过增加夜班施工,工程进度的问题解决了,但发现新的问题,施工成本增加了,这样就进入了管理的一个新的循环:提出问题、筹划、决策、执行和检查。整个施工过程中,管理工作就是不断地发现问题和不断解决问题的过程。

(2) 管理职能的承担部门。以上不同的管理职能可由不同的职能部门承担,如:

① 进度控制部门负责跟踪和提出有关进度的问题。

② 施工协调部门对进度问题进行分析,提出三个可能的方案,并对其进行比较。

③ 项目经理在三个可供选择的方案中,决定采用第一方案,即增加夜班作业。

④ 施工协调部门负责执行项目经理的决策,组织夜班施工。

⑤ 项目经理助理检查夜班施工后的效果。

业主方和项目各参与方,如设计单位、施工单位、供货单位和工程管理咨询单位等都有各自的项目管理的任务和其管理职能分工。上述各方都应该编制各自的项目管理职能分工表。

管理职能分工表是用表的形式反映项目管理班子内部项目经理、各工作部门和各工作岗位对各项工作任务的项目管理职能分工(表 3.5)。表中用英文字母表示管理职能。管理职能分工表也可用于企业管理。

表 3.5 管理职能分工表

工作任务	工作部门					
	项目经理	投资控制部	进度控制部	质量控制部	合同管理部	信息管理部

每一个方块表示管理职能

表 3.6 是苏黎世机场建设工作的管理职能分工表,它将管理职能分成 7 个,即决策准备、决策、执行、检查、信息、顾问和了解。决策准备与筹划的含义基本相同。从表 3.6 可以看出,每项任务都有工作部门或个人负责决策准备、决策、执行和检查。我国多数企业和建设项目的指挥或管理机构,习惯用岗位责任制的岗位责任描述书来描述每一个工作部门的工作任务(包括责任、权利和任务等)。工业发达国家在建设项目管理中广泛应用管理职能分工表,以使管理职能的分工更清晰、更严谨,并会暴露仅用岗位责任描述书时所掩盖的矛盾。如使用管理职能分工表还不足以明确每个工作部门的管理职能,则可辅以使用管理职能分工描述书。

表 3.6 苏黎世机场建设工作的管理职能分工表

编号	工作任务	项目建设委员会	项目建设委员会成员	机场经理会	机场经理会成员	机场各部门负责人	工程项目协调部门	工程项目协调工程师	工程项目协调组
1	总体规划的目的/工期/投资	E	BK_o	K_e	K	K	—	—	—
2	组织方面的负责	E	BK_o	K_e	K	K	—	—	—
3	总体经营管理	E	E	K_e	K_e	PK_e	—	—	—
⋮	⋮	⋮	⋮	⋮	⋮	⋮	⋮	⋮	⋮
18	设计监督	K_e	K_e	K_o	K_o	K_e	BK_e	BK_e	—
19	在工程项目管理组织内部信息	—	—	K_o	D	D	D	D	—

注:P——决策准备;K_o——检查;B——顾问;D——执行;I——信息;E——决策;K_e——了解。

为了区分业主方和代表业主利益的项目管理方和工程建设监理方等的管理职能,也可以用管理职能分工表来表示,表 3.7 所示的是某项目的一个示例。表中用英文字母表示管理职能。

表 3.7 某项目管理职能分工表示例

阶段	序号	任务		业主方	项目管理方	工程监理方
设计阶段	1	审批	获得政府有关部门的各项审批	E		
	2		确定投资目标、进度目标、质量目标	DC	PC	PE
	3	发包与合同管理	确定设计发包模式	D	PE	
	4		选择总包设计单位	DE	P	
	5		选择分包设计单位	DC	PEC	PC
	6		确定施工发包模式	D	PE	PE
	7	进度	设计进度目标规划	DC	PE	
	8		设计进度目标控制	DC	PEC	
	9	投资	投资目标分解	DC	PE	
	10		设计阶段投资控制	DC	PE	
	11	质量	设计质量控制	DC	PE	
	12		设计认可与批准	DE	PC	

续表

阶段	序号	任务		业主方	项目管理方	工程监理方
投标阶段	13	发包	招标、评标	DC	PE	PE
	14		选择施工总包单位	DE	PE	PEC
	15		选择施工分包单位	D	PE	PEC
	16		签订合同	DE	P	P
	17	进度	施工进度目标规划	DC	PC	PE
	18		项目采购进度规划	DC	PC	PE
	19		项目材料采购进度控制	DC	PEC	PEC
	20	投资	招标阶段投资控制	DC	PEC	
	21	质量	制定材料设备质量标准	D	PC	PEC

注：P——筹划；D——决策；E——执行；C——检查。

工作任务分工与管理职能分工既有联系又有区别。工作任务分工是把管理任务分工，落实到人，反映工作任务与人之间的关系，应该说明每项任务的主办、协办、配合部门；管理职能分工强调职能，工作任务范围内谁负责筹划，谁负责决策，谁负责执行，谁负责检查。对于每一个工作任务分工(如进度管理)都需要经过筹划、决策、执行、检查等管理过程，也就是每一个工作任务，也都会对应管理职能。

3.6 工作流程组织在项目管理中的应用

工作流程组织反映一个组织系统中各项工作之间的逻辑关系，是一种动态关系。

工作流程组织包括以下方面。

(1) 管理工作流程组织，如投资控制、进度控制、合同管理、付款和设计变更等流程。

(2) 信息处理工作流程组织，如与生成月度进度报告有关的数据处理流程。

(3) 物质流程组织，如钢结构深化设计工作流程、弱电工程物资采购工作流程、外立面施工工作流程等。

3.6.1 工作流程组织的任务

工作流程组织包括以下方面。

(1) 设计准备工作的流程。

(2) 设计工作的流程。

(3) 施工招标工作的流程。

(4) 物资采购工作的流程。

(5) 施工作业的流程。

（6）各项管理工作（投资控制、进度控制、质量控制、合同管理和信息管理等）的流程。

（7）与工程管理有关的信息处理的流程。

这也就是工作流程组织的任务，即定义工作的流程。

工作流程图应视需要逐层细化，如投资控制工作流程可细化为初步设计阶段投资控制工作流程图、施工图阶段投资控制工作流程图和施工阶段投资控制工作流程图等。

业主方和项目各参与方，如工程管理咨询单位、设计单位、施工单位和供货单位等都有各自的工作流程组织的任务。

3.6.2 工作流程图

工作流程图用图的形式反映一个组织系统中各项工作之间的逻辑关系，它可用以描述工作流程组织。工作流程图是一个重要的组织工具，如图 3.19 所示。工作流程图用矩形框表示工作，如图 3.19（a）所示，箭线表示工作之间的逻辑关系，菱形框表示判别条件。也可用图 3.19（b）所示的方式表示工作和工作的执行者。下面以几个工作流程图的示例进一步解释工作流程图的含义和图的表达方式。

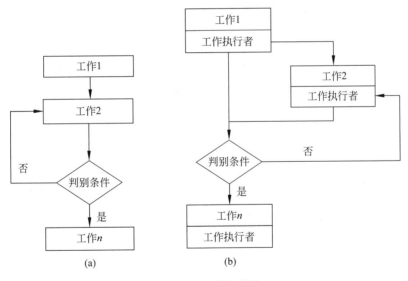

图 3.19 工作流程图

设计变更在工程实施过程中时有发生，设计变更可能由业主方提出，也可能由施工方或设计方提出。一般设计变更的处理涉及监理工程师、总监理工程师、设计单位、施工单位和业主方。图 3.20 所示是某工程设计变更的工作流程图，反映了上述的工作顺序关系。

某软件园的策划工作由工程管理咨询（顾问）公司承担（以下简称策划方），规划工作由规划设计方承担，开发方对策划和规划的阶段性成果将表达其意见，政府对规划的阶段性成果要履行审批职能。策划方、规划设计方、开发方和政府有关部门的工作按一定的顺序进行，相互之间也有一定的交叉。用工作流程图可清晰地表达有关的逻辑关系（图 3.20）。

如图 3.21 所示(大黑点表示下一项工作要在该节点所连接的上面的所有工作都完成后才能继续进行)将图面纵向地划分为 4 个条块,可以非常清楚地识别哪些工作由哪方承担。

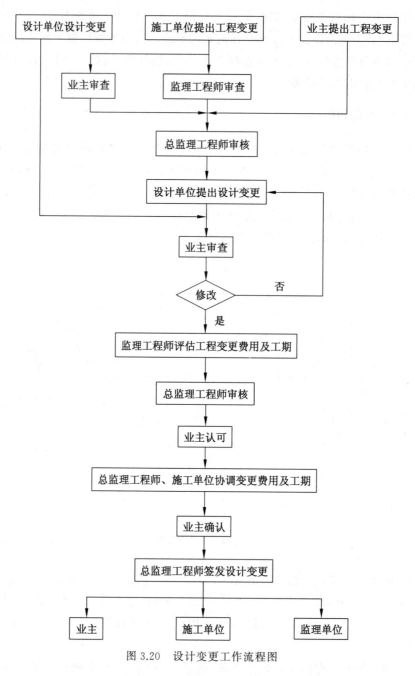

图 3.20　设计变更工作流程图

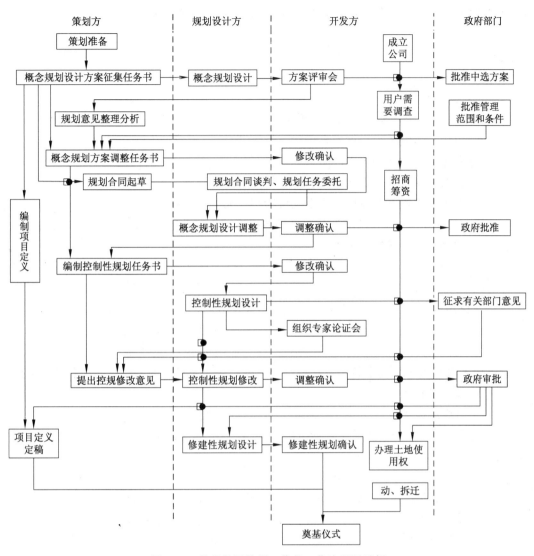

图 3.21 某软件园策划工作的工作流程图示例

3.7 合同结构在项目管理中的应用

合同是民事主体之间设立、变更、终止民事法律关系的协议。可从字面意思对"合同"一词的由来进行解释：将各方的意见集"合"起来进行协商，若达成一致，都同意了，由此形成"合同"。合同可以口头或书面形式出现。

合同结构图反映了业主方和项目各参与方之间，以及项目各参与方之间的合同关系。通过合同结构图可以非常清晰地了解一个项目有哪些，或将有哪些合同，以及了解项目各参与方的合同组织关系。

如果两个单位之间有合同关系，在合同结构图中用双向箭线联系。在项目管理的组织结构图中,如果两个单位之间有管理指令关系,则用单向箭线联系。

习题

一、单项选择题

1. 关于影响系统目标实现因素的说法,正确的是(　　)。【2015年】
   A. 组织是影响系统目标实现的决定性因素
   B. 系统组织决定了系统目标
   C. 增加人员数量一定会有助于系统目标的实现
   D. 生产方法和工具的选择与系统目标实现无关

2. 下列组织工具中,可以用来对项目的结构进行逐层分解,以反映组成该项目的所有工作任务的是(　　)。【2016年】
   A. 组织结构图　　　　　　　　B. 工作任务分工表
   C. 项目结构图　　　　　　　　D. 管理职能分工表

3. 项目结构信息编码的依据是(　　)。【2016年】
   A. 项目管理结构图　　　　　　B. 项目组织结构图
   C. 项目结构图　　　　　　　　D. 系统组织结构图

4. 用于表示组织系统中各子系统或各元素间指令关系的工具是(　　)。【2011年】
   A. 项目结构图　　　　　　　　B. 工程流程图
   C. 组织结构图　　　　　　　　D. 职能分工表

5. 控制项目目标的主要措施包括组织措施、管理措施、经济措施和技术措施,其中最重要的是(　　)措施。
   A. 组织　　　B. 管理　　　C. 经济　　　D. 技术

6. 设计工作中的方案设计、初步设计、技术设计、施工图设计之间的关系属于(　　)。
   A. 组织分工　　　　　　　　　B. 组织结构模式
   C. 工作流程组织　　　　　　　D. 任务分工

7. 建设工程项目结构图描述的是(　　)。
   A. 工作任务之间的关系　　　　B. 组织系统中各部门的职责分工
   C. 项目各参与方之间的关系　　D. 组织系统中各子系统之间的关系

8. 关于合同结构图的说法,正确的是(　　)。
   A. 合同结构图只反映业主和项目各参与方之间的合同关系
   B. 在合同结构图中,如果两个单位之间有合同关系,在合同结构图用直线表示
   C. 合同结构图反映项目参与各方之间的合同关系
   D. 合同结构图也可以反映管理指令关系

9. 反映一个组织系统中各工作部门或各管理人员之间的指令关系的是(　　)。
   A. 组织结构模式　B. 组织分工　　C. 管理职能分工　D. 工作流程

10. 在常用的组织结构模式中,会产生多个矛盾的指令源的是(　　)组织结构。

A. 线性　　　　B. 职能　　　　C. 矩阵　　　　D. 混合

11. 关于组织工具的说法,正确的是(　　)。
    A. 组织结构模式反映一个组织系统中的工作任务分工和管理职能的分工
    B. 管理职能分工反映的是一种动态的关系
    C. 工作流程图是项目管理中的一个重要的技术工具
    D. 组织结构模式和组织分工反映的都是相对静态的组织关系

12. 工作流程组织反映一个组织系统中各项工作之间的(　　)关系。
    A. 静态组织　　B. 动态组织　　C. 工艺　　　　D. 从属

13. 组织结构图中矩形框表示一个组织系统中的组成部分,矩形框之间的连接采用(　　)。
    A. 折线　　　　B. 双向箭线　　C. 单向箭线　　D. 直线

14. 关于线性组织结构的特点的说法,正确的是(　　)。
    A. 线性组织结构适用于大的系统
    B. 线性组织结构中,每一个工作部门只有一个上级部门和一个下级部门
    C. 线性组织机构中可以对非直接的下属部门下达工作指令
    D. 线性组织机构中不允许越级下达指令

15. 线性组织结构的特点是(　　)。
    A. 每一个工作部门只有一个直接的下级部门
    B. 每一个工作部门只有一个直接的上级部门
    C. 谁的级别高,就听谁的指令
    D. 可以越级指挥或请示

16. 属于矩阵组织结构横向工作部门的是(　　)。
    A. 计划管理部　B. 技术管理部　C. 合同管理部　D. 项目部

17. 指令源分别来自纵向和横向工作部门的组织结构是(　　)。
    A. 职能组织结构　　　　　　B. 矩阵组织结构
    C. 事业部　　　　　　　　　D. 复合式组织结构

18. 编制项目管理工作任务分工表,首先要做的工作是(　　)。【2011年】
    A. 进行项目管理任务的详细分解　　B. 绘制工作流程图
    C. 明确项目管理部门的工作任务　　D. 确定项目组织结构

19. 关于管理职能分工表的说法,错误的是(　　)。【2016年】
    A. 用表的形式反映项目管理班子内部项目经理、各工作部门和各工作岗位对各项工作任务的项目管理职能分工
    B. 可辅以管理职能分工描述书来明确每个工作部门的管理职能
    C. 管理职能分工表无法暴露仅用岗位责任描述书时所掩盖的矛盾
    D. 可以用管理职能分工表来区分业主方和代表业主利益的项目管理方和工程建设监理等的管理职能

20. 业主确定的工程项目设计变更工作流程,属于工作流程组织中的(　　)。
    A. 管理工作流程　　　　　　B. 物质流程

  C. 信息处理工作流程   D. 设计工作流程

21. 为表现施工过程中支模、绑扎钢筋、混凝土浇筑等工作之间的逻辑关系,应当编制（　　）。

  A. 任务分工表   B. 组织结构图
  C. 管理职能分工表   D. 工作流程图

22. 在项目管理的组织结构图中,两个单位之间的管理指令关系用（　　）联系。

  A. 单向箭线   B. 双向箭线   C. 矩形框   D. 菱形框

二、多项选择题

1. 关于组织结构模式、组织分工和工作流程组织的说法,正确的有（　　）。【2015 年】

  A. 组织结构模式反映指令关系
  B. 工作流程组织反映工作间逻辑关系
  C. 组织分工是指工作任务分工
  D. 组织分工和工作流程组织都是动态组织关系
  E. 组织结构模式和组织分工是一种相对静态的组织关系

2. 关于管理职能分工的说法,正确的有（　　）。【2011 年】

  A. 编制管理职能分工表只针对质量控制进行编制
  B. 管理职能实际上就是管理过程的多个工作环节
  C. 编制管理职能分工表时,施工质检员只有"执行"职能
  D. 业主方和项目各参与方都应编制各自的项目管理职能分工表
  E. 在一个项目施工全过程中,项目管理班子的职能分工应该保持不变

3. 下列工作流程组织中,属于管理工作流程组织的有（　　）。【2020 年】

  A. 基坑开挖施工流程   B. 设计变更工作流程
  C. 投资控制工作流程   D. 房屋装修施工流程
  E. 装配式构件深化设计流程

4. 控制项目目标的主要措施包括（　　）。

  A. 组织措施   B. 管理措施   C. 经济措施   D. 技术措施
  E. 生产措施

5. 组织论是一门学科,它主要研究系统的（　　）。

  A. 组织结构模式   B. 组织的方法和工具
  C. 组织分工   D. 参与方的管理
  E. 工作流程组织

6. 项目结构分解并没有统一的模式,项目结构分解时应参考的原则包括（　　）。

  A. 考虑项目的合同结构   B. 考虑项目的性质
  C. 考虑有利于项目的目标控制   D. 考虑有利于项目的后评价
  E. 考虑项目管理的组织结构

7. 常用的组织结构模式有（　　）组织结构。

  A. 职能   B. 线性   C. 矩阵   D. 网格   E. 交叉

8. 组织分工反映了一个组织系统中各子系统或各元素的( )。
   A. 指令关系   B. 工作任务
   C. 管理职能分工   D. 静态组织关系
   E. 动态组织关系

9. 关于常见组织结构模式的说法,正确的有( )。
   A. 包括职能组织结构、线性组织结构、矩阵组织结构
   B. 职能组织结构是传统的组织结构模式
   C. 职能组织结构只有唯一的指令源
   D. 线性组织结构模式是建设项目管理组织系统的一种常用模式
   E. 矩阵组织结构可能会产生纵横向交叉的指令矛盾

10. 关于线性组织结构模式的说法,正确的有( )。
    A. 指令路径较短   B. 指令源是唯一的
    C. 不能跨部门下达指令   D. 只适用于大型工程项目
    E. 允许越级指挥

11. 矩阵组织结构的特点包括( )。
    A. 适用于大系统
    B. 有横向纵向两个指令源
    C. 国际上常用
    D. 职能部门可以对其非直接的下属下达工作指令
    E. 每个部门只有唯一的下属

12. 关于项目管理组织结构模式说法正确的有( )。【2011年】
    A. 矩阵组织适用于大型组织系统
    B. 线性组织结构中可以跨部门下达指令
    C. 大型线性组织系统中的指令路径太长
    D. 矩阵组织系统中有横向和纵向两个指令源
    E. 职能组织结构中每一个工作部门只有一个指令源

13. 工作流程组织的任务中,各项管理工作的流程包括( )。
    A. 投资控制   B. 进度控制   C. 质量控制   D. 合同管理
    E. 设计变更

14. 每个建设项目根据其特点,应确定的工作流程有( )。【2016年】
    A. 设计准备工作的流程   B. 工作任务分工的流程
    C. 施工招标工作的流程   D. 施工作业的流程
    E. 信息处理的流程

15. 关于合同结构图的说法,正确的有( )。
    A. 在合同结构图中,有合同关系的两个单位之间,用双向箭线联系
    B. 从合同结构图可以清晰地了解一个项目有哪些或将有哪些合同
    C. 在合同结构图中,可以反映出两个单位之间的管理指令关系
    D. 反映业主方和项目各参与方之间及项目各参与方之间的合同

E. 可以反映出一个组织系统中各项工作之间的逻辑

三、简答题

1. 建设工程项目作为一个系统,它与一般的系统相比有哪些明显的特征?
2. 影响一个系统目标实现的主要因素有哪些?
3. 组织工具包括哪些方面?
4. 举例说明项目结构图。
5. 为什么要对项目的信息进行编码?
6. 简述项目结构图、组织结构图和合同结构图的区别。
7. 什么是管理职能分工表?
8. 管理职能分工表与工作任务分工表有哪些区别?

第4章

建设工程项目策划

建设工程项目策划是指通过调查研究和收集资料，在充分占有信息的基础上，针对建设工程项目的决策和实施，或决策和实施中的某个问题，进行组织、管理、经济和技术等方面的科学分析和论证。

4.1 建设工程项目策划概述

4.1.1 策划

策划(planning)是一种策略、筹划、谋划或者计划、打算。它是个人、企业、组织结构为了达到一定的目的，在充分调查市场环境及相关联的环境的基础之上，遵循一定的方法或者规则，对未来即将发生的事情进行系统、周密、科学地预测并制订科学的可行性方案。在现代生活中，常用于形容做一件事的计划，或是一种职位的名称。

"策划"一词最早出现在《后汉书》。"策"最主要的意思是指计谋、谋略，"划"是指设计、筹划、谋划。选题中应用创造性思维独辟蹊径地考虑选题就是选题策划。

日本策划家和田创认为，策划是通过实践活动获取更佳效果的智慧，它是一种智慧创造行为；美国哈佛企业管理丛书认为，策划是一种程序，在本质上是一种运用脑力的理性行为；更多人说策划是一种对未来采取的行为做决定的准备过程，是一种构思或理性思维程序。

4.1.2 项目的组织策划

项目的组织策划是指由某一特定的个人或群体按照一定的工作规则，组织各类相关人员，为实现某一项目目标而进行的，体现一定功利性、社会性、创造性、时效性的活动。

1. 内容

1) 组织结构策划

如前所述，项目管理的组织结构可分为三种基本模式，即线型组织模式、职能型组织模式和矩阵型组织模式。项目管理组织结构策划就是以这三种基本模式为基础，根据项目实际环境情况分析，应用其中一种基本组织模式或多种基本组织模式组合设计而成。

对于一般项目,确定组织结构的方法:首先确定项目总体目标;其次将目标分解成为实现该目标所需要完成的各项任务;最后根据各项不同的任务,选定合适的组织结构形式。对于项目建设组织来说,应根据项目建设的规模和复杂程度等各种因素,在分析现有的组织结构模式的基础上,设置与具体项目相适应的组织层次。

2) 任务分工策划

在组织结构策划完成后,应对各单位部门或个体的主要职责进行分工。项目管理任务分工是对项目组织结构的说明和补充,将组织结构中各单位部门或个体的职责进行细化扩展,它也是项目管理组织策划的重要内容。项目管理任务分工体现组织结构中各单位部门或个体的职责任务范围,从而为各单位部门或个体指出工作的方向,将多方向的参与力量整合到同一个有利于项目开展的合力方向。

3) 管理职能分工策划

管理职能分工与任务分工一样也是组织结构的补充和说明,体现在对于一项工作任务,组织中各任务承担者管理职能上的分工,与任务分工一起统称为组织分工,是组织结构策划的又一项重要内容。

对于一般的管理过程,其管理工作即管理职能都可分为策划(planning)、决策(decision)、执行(implement)、检查(check)这四种基本职能。管理职能分工表就是记录对于一项工作任务,组织中各任务承担者之间这四种基本职能分配的形象工具。它以工作任务为中心,规定任务相关部门对于此任务承担何种管理职能。

组织结构图、任务分工表、管理职能分工表是组织结构策划的三个形象工具。其中组织结构图从总体上规定了组织结构框架,体现了部门划分;任务分工表和管理职能分工表作为组织结构图的说明补充,详细描绘了各部门成员的组织分工。这三个基本工具从三个不同角度规定了组织结构的策划内容。

4) 工作流程策划

项目管理涉及众多工作,其中就必然产生数量庞大的工作流程,依据建设项目管理的任务,项目管理工作流程可分为投资控制、进度控制、质量控制、合同与招投标管理工作流程等,每一流程组又可随工程实际情况细化成众多子流程。

(1) 投资控制工作流程。主要包括以下方面。

① 投资控制整体流程。

② 投资计划、分析、控制流程。

③ 工程合同进度款付款流程。

④ 变更投资控制流程。

⑤ 建筑安装工程结算流程等。

(2) 进度控制工作流程。主要包括以下方面。

① 里程碑节点、总进度规划编制与审批流程。

② 项目实施计划编制与审批流程。

③ 月度计划编制与审批流程。

④ 周计划编制与审批流程。

⑤ 项目计划的实施、检查与分析控制流程。

⑥ 月度计划的实施、检查与分析控制流程。
⑦ 周计划的实施、检查与分析控制流程等。

(3) 质量控制工作流程。包括以下方面。

① 施工质量控制流程。
② 变更处理流程。
③ 施工工艺流程。
④ 竣工验收流程等。

(4) 合同与招投标管理工作流程。包括以下方面。

① 标段划分和审定流程。
② 招标公告的拟定、审批和发布流程。
③ 资格审查、考察及入围确定流程。
④ 招标书编制审定流程。
⑤ 招标答疑流程。
⑥ 评标流程。
⑦ 特殊条款谈判流程。
⑧ 合同签订流程等。

2. 过程

项目组织策划是项目管理的一项重要工作,其大致过程如下。

(1) 项目组织策划前,应进行项目的总目标分析,完成相应阶段的技术设计和结构分解工作,这是项目组织策划的基础工作。

(2) 确定项目的实施组织策略,即确定项目实施组织和项目管理模式总的指导思想,包括如何实施该项目;业主如何管理项目,控制到什么程度;哪些工作由企业组织内部完成,哪些工作由承包商或管理公司完成;业主准备面对多少承包商;业主准备投入多少管理力量;采用什么样的材料和设备供应方式等。

(3) 项目实施任务的委托及相关的组织工作,包括项目分标策划以及招标和合同策划工作。

(4) 项目管理任务的组织工作,具体包括以下方面。

① 项目管理模式的确定,即业主所采用的项目管理模式,如设计管理模式、施工管理模式、业主自己派人管理或采用监理制度。

② 项目管理组织设置,即业主委派项目经理(或业主代表)或委托监理单位,并构建项目管理组织体系,绘制项目管理组织图,选配具有相应能力的人员以适应项目的需求。

③ 项目管理工作流程分析。

④ 项目组织职能分解,即应将整个项目管理工作在业主自己委派的人员、委托的项目管理单位(如监理单位)和承包商之间进行分配,清楚划分各自的工作范围,分配职责,授予权力,确定协调范围。

(5) 组织策划的结果通常由招标文件和合同文件、项目组织结构图、项目管理规范和组织责任矩阵图、项目手册等定义。

3. 原则

1) 利益性原则

利益性原则即无利不谋。利益是每个人、每个社会集团,乃至阶级、阶层、国家追求的目标,行为活动的动力。策划的优劣,利益大小是评价的主要根据。

2) 整体性原则

整体性原则要求在策划过程中,要从全局着眼,局部要服从全局,以全局带动局部;要立足眼前,放眼未来,通盘考虑眼前利益与长远利益的关系。

3) 客观性原则

客观性原则是指策划者的主观意志自觉能动地符合客观实际情况。从大的方面说,就是要顺应历史潮流,合乎民意,把握社会或行业的大趋势,不可逆道而策。具体而言,就是要以策划主体的现实状况为基础,做到据实策划。

4) 可行性原则

可行性原则是指策划方案可被实施并取得科学有效的效果。具体要求:进行可行性分析;进行可行性实验;具有运行性和有效性。

5) 机变性原则

机变性原则就是随机应变。它是指在策划过程中及时准确地掌握相关信息,以对项目本身发展的方向和规律的调研预测为依据,调整策划目标、修正方案,做到与时俱进。

6) 创新性原则

策划贵在创新,创新是策划的本源。策划的最大价值,不是克隆已有的东西,而是采用超常规的战略思维,找到一条新的通向目标的最佳路径。

7) 时效性原则

时效是指时机和效果及两者之间的关系。时效性原则要求在策划过程中把握好时机,重视整体效果,尤其是处理好时机与效果的关系。

8) 群体作为原则

在策划中采取群体方式,集众人智慧,是实现科学策划的重要条件和保证。群体策划要求把有关方面的专家组织起来,针对具体的项目和问题进行系统的策划工作。

4.1.3 项目经济策划

项目经济策划是在项目定义与功能策划的基础上,进行整个项目投资估算,并且进行融资方案的设计以及项目经济评价。项目经济策划的任务是依据项目功能策划确定的项目功能、规模和标准,明确项目的总体投资目标、投融资方案并对总投资目标的可行性进行经济分析。

1. 内容

1) 项目总投资估算

项目经济策划的首要工作是进行项目总投资估算。就建设项目而言,项目总投资估算包括了项目的前期费用、公建配套费、建安工程费等。

项目总投资估算一般分以下五个步骤。

(1) 根据项目组成对工程总投资进行结构分解,即进行投资切块分析并进行编码,确定各项投资与费用的组成,其关键是不能有漏项。

(2) 根据项目规模分析各项投资分解项的工程量,由于此时尚无设计图纸,因此要求估算师具有丰富的经验,并对工程内容做出许多假设。

(3) 根据项目标准估算各项投资分解项的单价,此时尚不能套用概预算定额,要求估算师拥有大量的经验数据及丰富的估算经验。

(4) 根据工程量和单价计算投资合价。有了每一项投资分解分项的投资合价以后,即可以进行逐层汇总。每一个分项投资合价都是子项各投资合价汇总之和,最终得出项目投资总估算,并形成估算汇总表和明细表。

(5) 对估算所做的各项假设和计算方法进行说明,编制投资估算说明书。

项目总投资估算要求估算师具有丰富的实践经验,了解大量同类项目或类似项目的经验数据,掌握投资估算的计算方法,因此投资估算是一项专业性较强的工作。项目总投资估算主要是用来论证投资规划的可行性以及为项目财务分析和财务评价提供基础,进而论证项目建设的可行性。一旦项目实施,项目投资估算也是投资控制的重要依据。

总投资估算在项目前期往往要进行多次的调整、优化,并进行论证,最终确定总投资规划文件。

2) 融资方案

项目融资方案策划主要包括融资组织与融资方式策划、项目开发融资模式策划和项目经济可行性评价系统。

(1) 融资组织与融资方式策划。融资组织与融资方式策划主要包括规定项目融资的主体以及融资的具体方式。不同项目的融资主体应有所不同,需要根据实际情况进行最佳组合和选择。

(2) 项目开发融资模式策划。项目融资主体确定以后,需要对项目开发时具体的融资模式进行策划。

3) 项目经济可行性评价系统

项目经济可行性评价系统包括项目的国民经济评价、财务评价和社会评价三部分,这三部分分别从三个不同方面对项目经济可行性进行分析。国民经济评价和社会评价从国家、社会宏观角度出发考察项目的可行性,而财务评价则是从项目本身出发,考察其在经济上的可行性。虽然这三个方面最终的目的都是判断项目是否可行,但是它们各有不同的侧重点。在实际进行项目可行性研究时,由于客观条件的限制,并不是所有的项目都进行国民经济评价和社会评价,只有那些对国家和社会影响重大的项目才在企业财务评价的基础上进行国民经济评价或社会评价。

所谓财务评价,是根据国家现行的财税制度和价格体系,分析、计算项目直接发生的财务效益和费用,编制财务报表,计算评价指标,考察项目的盈利能力和清偿能力等,据此判断项目的可行性。财务评价主要包括以下内容。

(1) 财务评价基础数据与参数选取。

(2) 收支预测。

(3) 投资盈利能力及主要财务指标分析。

(4) 财务清偿能力分析。

(5) 敏感性分析。

(6) 最终得出财务评价结论及财务评价报告等。

2. 思路

项目经济策划可以从以下 11 个方面对项目总投资目标、投资方案的经济可行性进行分析。

(1) 估算建筑面积。

(2) 投资分解结构。

(3) 估算汇总及明细表。

(4) 融资组织与融资方式策划。

(5) 项目开发融资模式策划。

(6) 财务评价基础数据与参数选取。

(7) 收支预测。

(8) 投资盈利能力及主要财务指标分析。

(9) 财务清偿能力分析。

(10) 敏感性分析。

(11) 最终得出财务评价结论及财务评价报告。

4.1.4 建设工程项目策划的作用

1. 建设工程项目策划的增值作用

建设工程项目策划旨在为项目建设的决策和实施增值,其增值主要反映在以下几个方面。

(1) 有利于人类生活和工作的环境保护。

(2) 有利于建筑环境的改善。

(3) 有利于项目的使用功能和建设质量的提高。

(4) 有利于合理地平衡建设工程项目建设成本和运营成本的关系。

(5) 有利于提高社会效益和经济效益。

(6) 有利于实现合理的建设周期。

(7) 有利于建设过程的组织和协调等。

建设工程项目策划的过程是专家知识的组织和集成,以及信息的组织和集成的过程,其实质是知识管理的过程,即通过知识的获取,经过知识的编写、组合和整理,而形成新的知识。

知识管理的定义为在组织中构建一个量化与质化的知识系统,让组织中的资讯与知识,通过获得、创造、分享、整合、记录、存取、更新、创新等过程,不断地回馈到知识系统内,形成永不间断的累积个人与组织的知识成为组织智慧的循环,在企业组织中成为管理与应用的智慧资本,有助于企业做出正确的决策,以适应市场的变迁。一句话概括为知识管理是对知识、知识创造过程和知识的应用进行规划与管理的活动。

21 世纪施工企业的成功越来越依赖于企业所拥有知识的质量,利用企业所拥有的知识为企业创造竞争优势和持续竞争优势,对建筑施工企业来说始终是一个挑战。

2. 建设工程项目策划需整合多方面专家的知识

建设工程项目策划是一个开放性的工作过程,它需整合多方面专家的知识,如组织知识、管理知识、经济知识、技术知识、设计经验、施工经验、项目管理经验、项目策划经验等。

在如今的建设工程领域中,各种先进的评审、评议方法被广泛运用到项目评审中。其中,由同行组成的专家组模式(专家库)已被世界上众多国家普遍应用,越来越成为提高工程项目管理、策划、实施方案的可行性,推进建设工程管理的科学化和民主化的一种重要辅助手段。按照"依靠专家,发扬民主,择优支持,公正合理"的原则,采取同行专家定量与定性相结合的书面评议的方式进行建设项目过程中的评审工作。一个专业齐全、结构合理、可操作性强的专家库直接关系到评审的结论与为此做出的决策,对工程建设本身起着指导性作用。

如2021年,某施工企业针对本单位承建的地下人防、影视基地、花园小区三个工程项目的深基坑支护降水安全专项方案组织了一次专家评审会,参加会议的多名专家均来自本企业"专家库"成员,几位专家从不同的专业角度对三个项目的方案提出了专业见解,严格把关,确保了项目顺利通过评审,为后续现场施工提供了技术支撑和安全保障。

4.2 项目决策阶段策划的工作内容

项目决策过程就是拟建项目的设计任务书的编制和审批过程,设计任务书经审批后,项目随之成立,也就是项目的最终决策。决策必须遵循的原则:①坚持先论证后决策的程序。②微观效益与宏观效益相结合,以国家利益为最高标准。③与相关建设同步建设的原则。一个具有现代先进水平的建设项目,都有一系列与之相关的配套建设项目,只有与这些项目的前后左右、上下之间平衡和衔接,才能发挥整体的投资效益。④决策的法制性,决策者要承担决策责任的原则。

建设工程项目决策阶段策划的主要任务是定义(是指严格地确定)项目开发或建设的任务和意义。建设工程项目决策阶段策划的基本内容如下。

1. 项目决策的环境和条件的调查与分析

环境和条件包括自然环境、宏观经济环境、建设政策环境、建筑市场环境、建设环境(能源、基础设施等)等。

2. 项目定义和项目目标论证

1) 项目定义

项目定义具有独特的过程,有开始日期和结束日期,由一系列相互协调和受控的活动组成。过程的实施是为了达到规定的目标,包括满足时间、费用和资源等约束条件。

项目主要工作内容包括以下方面。

(1) 确定项目建设的目的、宗旨和指导思想。

(2) 项目的规模、组成、功能和标准的定义。

(3) 项目总投资规划和论证。

(4) 建设周期规划和论证。

2)项目目标论证

项目目标论证是一个连续的过程,它包括提出问题;制定目标,拟订方案,分析评价,最后从多种可行的方案中选出一种比较理想的最佳方案供投资者决策时参考。具体地讲,一般有以下七个主要步骤。

(1) 明确项目范围和业主目标。
(2) 收集并分析相关资料。
(3) 拟订多种可行的能够相互替代的实施方案。
(4) 多方案分析、比较。
(5) 选择最优方案进一步详细全面地论证。
(6) 编制项目论证报告、环境影响报告书和施工、采购方式审批报告。
(7) 编制资金筹措计划和项目实施进度计划。

3. 项目决策的组织策划

其主要工作内容包括以下方面。
(1) 决策期的组织结构。
(2) 决策期任务分工。
(3) 决策期的管理职能分工。
(4) 决策期的工作流程。
(5) 实施期的组织总体方案。
(6) 项目编码体系分析。

4. 项目决策的管理策划

其主要工作内容包括以下方面。
(1) 项目实施期管理总体方案。
(2) 生产运营期设施管理总体方案。
(3) 生产运营期经营管理总体方案。

5. 项目决策的合同策划

其主要工作内容包括以下方面。
(1) 决策期的合同结构。
(2) 决策期的合同内容和文本。
(3) 实施期的合同结构总体方案。

6. 项目决策的经济策划

其主要工作内容包括以下方面。
(1) 项目建设成本分析。
(2) 项目效益分析。
(3) 融资方案。
(4) 编制资金需求量计划。

7. 项目决策的技术策划

其主要工作内容包括以下方面。
(1) 技术方案分析和论证。

(2) 关键技术分析和论证。
(3) 技术标准、规范的应用和制定。

4.3 项目实施阶段策划的工作内容

建设工程项目实施阶段策划是在建设项目立项之后,为了把项目决策付诸实施而形成的指导性的项目实施方案。建设工程项目实施阶段策划的内容涉及的范围和深度在理论上与工程实践中并没有统一的规定,应视项目的特点而定。

工程项目实施阶段策划的主要任务是确定如何组织该项目的开发或建设。

项目存在于每个组织大量的运作活动中,虽然项目的性质、规模、投资大小以及使用的技术要求千差万别,从工程浩大的水利工程,到延续几天的小型工程设备安装项目,从管理的角度分析,项目运作本身又都有其共性,都经历项目启动、项目计划、项目实施(包括项目执行、项目监控)和项目收尾过程,所涉及的管理技术都包括项目范围管理、时间管理、费用管理、质量管理、风险管理、人力资源管理、采购管理、沟通管理和项目整体管理问题。组织有意或无意都会将管理理论用于所运作的项目中,这也就是项目管理在组织中的具体应用。项目管理首先是一种组织行为而非个人行为,项目过程活动是一种团队行为。从项目的角度看项目管理和从组织的角度看项目管理的结果是不同的。从项目的角度看是如何管理好项目,即要做好项目管理;从组织的角度看是如何管理好一批项目,则是应该如何建立一个项目管理体系。组织不仅仅要重视项目管理技术,更应该注重组织项目管理体系的建设。

建设工程项目实施阶段策划的基本内容如下。

1. 项目实施的环境和条件的调查与分析

环境和条件包括自然环境、建设政策环境、建筑市场环境、建设环境(能源、基础设施等)、建筑环境(民用建筑的风格和主色调等)等。

2. 项目目标的分析和再论证

其主要工作内容包括以下方面。
(1) 投资目标的分解和论证。
(2) 编制项目投资总体规划。

提示:规划就是个人或组织制订的比较全面长远的发展计划,是对未来整体性、长期性、基本性问题的思考和考量,设计未来整套行动的方案。规划与计划概念有点相似,不同之处在于:规划具有长远性、全局性、战略性、方向性、概括性和鼓动性。

① 规划的基本意义由"规"(法则、章程、标准、谋划,即战略层面)和"划"(合算、刻画,即战术层面)两部分组成,"规"是起,"划"是落。从时间尺度来说,规划侧重于长远;从内容角度来说,侧重(规)战略层面,重指导性或原则性。

② 计划的基本意义为合算、刻画,一般指办事前所拟定的具体内容、步骤和方法。从时间尺度来说,计划侧重于短期;从内容角度来说,侧重(划)战术层面,重执行性和操作性。

③ 计划是规划的延伸与展开,规划与计划是一个全集与子集的关系,即"规划"里面包含着若干个"计划",它们的关系既不是交集的关系,也不是并集的关系,更不是补集的关系。

项目投资规划书是企业融资的一个重要工具,用最简单明了的规划书介绍你的项目,让投资人投资。项目投资规划书一方面是为了获得项目融资;另一方面也是可行性研究的重要组成部分,它包括技术评价、经济评价和社会评价三个部分。

(3) 进度目标的分解和论证。

(4) 编制项目建设总进度规划。

(5) 项目功能分解。

提示:项目功能分解从广义的角度可以理解成一种工作分解结构,而工作分解结构跟因数分解是一个原理,就是把一个项目,按一定的原则分解成任务,再把任务分解成一项项工作,然后把一项项工作分配到每个人的日常活动中,直到分解不下去为止,即项目→任务→工作→日常活动。工作分解结构以可交付成果为导向,对项目要素进行分组,它归纳和定义了项目的整个工作范围,每下降一层,代表对项目工作的更详细定义。项目功能分解是一个树状结构,以实现项目最终成果所需进行的工作为分解对象,依次逐级分解,形成越来越详细的若干级别(层次)、类别,并以编码标识的若干大小不同的项目单元。图 4.1 所示为某集团公司隶属的某会展中心工程的项目功能分解图。

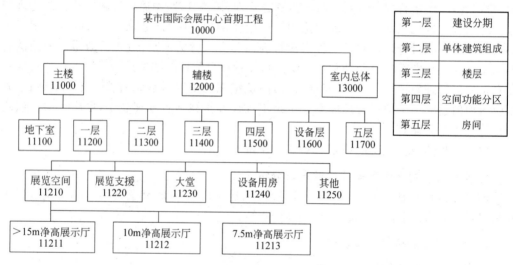

注:数字为计算机编号。

图 4.1 某集团公司隶属的某会展中心工程的项目功能分解图

(6) 建筑面积分配。

(7) 确定项目质量目标。

3. 项目实施的组织策划

其主要工作内容包括以下方面。

(1) 业主方项目管理的组织结构。

(2) 任务分工和管理职能分工。

(3) 项目管理工作流程。

(4) 建立编码体系。

4. 项目实施的管理策划

其主要工作内容包括以下方面。

(1) 项目实施各阶段项目管理的工作内容。
(2) 项目风险管理与工程保险方案。

5. 项目实施的合同策划

其主要工作内容包括以下方面。

(1) 方案设计竞赛的组织。方案设计竞赛就是建设方通过招标、比选、竞争性谈判等方式,选择工程设计单位的做法。因为设计单位提供的产品是智力成果,无法量化考核。项目技术复杂程度高的尤其如此。说得通俗一点,就是好的设计单位不容易通过招标评分表那样的打分来选择,所以就采取两个阶段招标。第一阶段:让符合资格审查条件的设计单位按照业主方对项目的使用要求、投资额度以及其他限制性条件设计总体方案;第二阶段:由业主方邀请专家(或委托最负盛名的设计单位、科研单位)对各个方案进行综合评价。

(2) 项目管理委托、设计、施工、物资采购的合同结构方案。

(3) 合同文本。

6. 项目实施的经济策划

其主要工作内容包括以下方面。

(1) 资金需求量计划。
(2) 融资方案的深化分析。

7. 项目实施的技术策划

其主要工作内容包括以下方面。

(1) 技术方案的深化分析和论证。
(2) 关键技术的深化分析和论证。
(3) 技术标准和规范的应用和制定等。

8. 项目实施的风险策划等

其主要工作内容包括以下方面。

(1) 风险识别,即确认有可能会影响项目进展的风险,并记录每个风险所具有的特点。

(2) 风险量化,即评估风险和风险之间的相互作用,以便评定项目可能产出结果的范围。

(3) 风险对策研究,即确定对机会进行选择及对危险进行应对的步骤。
(4) 风险对策实施控制,即对项目进程中风险所产生的变化做出反应。

习题

一、单项选择题

1. 关于建设工程项目策划的说法,正确的是( )。【2014 年】
   A. 工程项目策划只针对建设工程项目的决策和实施
   B. 旨在为项目建设的决策和实施增值
   C. 工程项目策划是一个封闭性的工作过程
   D. 其实质就是知识组合的过程

2. 建设工程项目决策阶段策划的主要任务是(　　)。【2009年】
   A. 定义如何组织项目建设　　　　B. 定义项目开发或建设的任务和意义
   C. 定义如何组织项目开发　　　　D. 定义项目开发的程序和内容

3. 下列项目策划的工作内容中属于项目决策阶段合同策划的是(　　)。【2016年】
   A. 项目管理委托的合同结构方案　　B. 方案设计竞赛的组织
   C. 实施期合同结构总体方案　　　　D. 项目物资采购的合同结构方案

4. 下列工程项目策划工作中,属于决策阶段经济策划的是(　　)。【2019年】
   A. 项目总投资规划　　　　　　　B. 项目总投资目标的分解
   C. 项目建设成本分析　　　　　　D. 技术方案分析和论证

5. 下列建设工程项目决策阶段的工作内容中,属于组织策划的是(　　)。【2013年】
   A. 业主方项目管理的组织结构　　B. 实施期组织总体方案
   C. 运营期的经营管理总体方案　　D. 项目编码体系的建立

6. 下列策划内容中,属于建设工程项目实施阶段策划的是(　　)。【2017年】
   A. 编制项目实施合同期合同结构总体方案
   B. 确立项目实施期管理总体方案
   C. 确定关键技术分析和论证
   D. 进行项目目标的分析和再论证

7. 下列建设工程项目策划工作中,属于实施阶段策划的是(　　)。【2016年】
   A. 编制项目实施期组织总体方案　　B. 编制项目实施期管理总体方案
   C. 编制项目实施期合同结构总体方案　D. 编制项目风险管理与工程保险方案

8. 关于项目实施阶段策划的说法,正确的是(　　)。【2011年】
   A. 策划是一个封闭性、专业性较强的工作过程
   B. 项目目标的分析和再论证是其基本内容之一
   C. 实施阶段策划的范围和深度有明确的统一规定
   D. 项目实施阶段策划的主要任务是进行项目实施的管理策划

9. 项目建设成本分析属于建设工程项目(　　)阶段的主要任务。
   A. 决策　　　　B. 设计　　　　C. 动工前准备　　　　D. 施工

10. 建设工程项目决策阶段经济策划的主要任务不包括(　　)。
    A. 项目建设成本分析　　　　　　B. 生产运营期经营管理总体方案
    C. 项目效益分析　　　　　　　　D. 编制资金需求量计划

11. 建设工程项目实施阶段策划的主要任务是确定(　　)。【2011年】
    A. 如何组织项目的建设　　　　　B. 如何实现项目的目标
    C. 项目建设的指导思想　　　　　D. 项目建设的总目标

12. 建设工程项目实施阶段组织策划的主要工作内容不包括(　　)。
    A. 方案设计竞赛的组织　　　　　B. 建立编码体系
    C. 项目管理工作流程　　　　　　D. 任务分工和管理职能分工

13. 建设工程项目实施阶段组织策划的主要工作内容包括(　　)。
    A. 实施期组织总体方案　　　　　B. 项目编码体系分析

C. 建立编码体系　　　　　　　　D. 确定项目质量目标

二、多项选择题

1. 关于工程项目策划的说法，正确的有（　　）。
   A. 需整合多方面专家的知识
   B. 是一个封闭性的工作过程
   C. 旨在为项目建设的决策和实施增值
   D. 其过程的实质是知识组合的过程
   E. 其过程的实质是知识管理的过程

2. 项目决策阶段管理策划的主要工作内容包括（　　）。
   A. 项目实施期管理总体方案
   B. 生产运营期设施管理总体方案
   C. 生产运营期经营管理总体方案
   D. 项目风险管理与工程保险方案
   E. 业主方项目管理的组织结构

3. 在建设工程项目实施阶段策划工作中，对项目目标的分析和论证的主要工作内容包括（　　）。
   A. 项目的功能分解　　　　　　　B. 项目总投资规划和论证
   C. 编制项目建设总进度规划　　　D. 建立编码体系
   E. 确定建设规模和标准

三、简答题

1. 什么是项目组织策划？
2. 建设工程项目策划为项目建设的决策和实施增值表现在哪些方面？
3. 简述建设工程项目决策阶段策划的基本内容。
4. 简述建设工程项目实施阶段策划的基本内容。

第 5 章

建设工程项目采购的模式

工程项目采购是项目实施过程中的一个重要环节,采购工作的结果将直接表现为选择哪些单位参与项目的实施,以及对设计、施工和采购等具体实施任务的分工和落实。因此,采购工作的结果将直接影响工程项目的投资控制、进度控制和质量控制,采购管理是工程项目管理工作的一个重要内容。

5.1 工程项目采购的概念

工程项目采购有广义和狭义之分。狭义的采购是指购买工程实施所需要的材料、设备等物资;而广义的采购则包括委托设计单位、委托咨询服务单位、工程施工任务的发包等。本节所要讲的是广义的工程项目采购,是指采购人通过购买、租赁、委托或雇用等方式获取工程、货物或服务的行为。

首先,工程项目采购的对象可能是工程、货物或咨询服务。工程是指各类房屋和土木工程建造、设备安装、管道线路敷设、装饰装修等建设以及附带的服务;货物是指各种各样的物品,包括原材料、产品、设备和固态、液态或气态物体和电力,以及货物供应的附带服务;咨询服务是指除工程和货物以外的任何采购对象,如勘察、设计、工程咨询、工程监理等服务。

5.2 项目管理委托的模式

在国际上,项目管理咨询公司(咨询事务所,或称顾问公司)可以接受业主方、设计方、施工方、供货方和建设项目工程总承包方的委托,提供代表委托方利益的项目管理服务。项目管理咨询公司所提供的这类服务的工作性质属于工程咨询(工程顾问)服务。

在国际上业主方项目管理的方式主要有以下三种。
(1) 业主方自行项目管理。
(2) 业主方委托项目管理咨询公司承担全部业主方项目管理的任务。
(3) 业主方委托项目管理咨询公司与业主方人员共同进行项目管理,业主方从事项目管理的人在项目管理咨询公司委派的项目经理的领导下工作。

5.2.1 业主方自行项目管理

业主方自行项目管理即业主自行组建项目管理班子,自己编制设计任务要求,直接组织设计、施工,采购材料和设备,完成项目管理的所有工作,包括项目实施全过程中的投资控制、进度控制、质量控制、安全控制、合同管理、信息管理以及组织和协调工作。

业主方自行项目管理的特点主要有以下几个方面。

(1) 业主对工程建设和管理具有较强的主动权与控制权。

(2) 业主方的项目管理班子人数多,规模大,特别是对于某些大型工程项目,由于工程项目的规模大、技术复杂、工期长等因素,业主方自行项目管理往往需要配备大量的项目管理人员。如某地铁工程建设,建设指挥部的管理人员最多时超过千人,这么多人参与项目管理,不但业主方自身的人力资源管理有困难,而且项目建设完成后人员解散,人员的安置会有许多困难和矛盾。

(3) 许多工程项目中,业主管理班子的人员多数属于临时招聘,其能力、经验和水平在短时间内很难体现出来,如果中途发现问题再更换人员,则会对工程项目造成影响。即使所有的人员都非常有能力胜任管理工作,但众多人员之间的合作也需要一个磨合过程。

(4) 在工程项目的实施期往往需要大量项目管理人员,而项目建成后又解散,因此往往只有一次教训,既不利于积累经验,也不利于形成专业管理队伍。

有些业主已经形成了完善的专业化项目管理机构,具有丰富的项目管理经验,自己完全有能力进行项目管理,因此不必委托其他单位进行项目管理。

对于有些工程项目,尽管业主没有同类工程项目的建设经验,社会上同样也缺乏对同类工程项目具有丰富经验的项目管理咨询单位,故可以采取业主自行管理方式。但业主应该组建比较强的管理队伍,并聘请有关技术和管理等专家作为顾问,参与并协助项目管理,在共同的参与中使业主人员得到培养、锻炼和提高。如大亚湾核电站和岭澳核电站的建设,业主都采取了自行项目管理模式,项目取得了很大成功。

在国内的工程实践中,多数建设单位都采取自行项目管理模式,即使根据有关规定和要求,在施工阶段委托工程监理单位进行现场监督管理,但在设计阶段、招投标阶段、施工阶段、安装调试和保修阶段的主要项目管理任务都是由建设单位自己组织完成的。

过去,我国对大型工程项目广泛采用工程建设指挥部形式来组织和管理,这是自行项目管理的典型模式。目前推行的建设项目法人负责制中,多数建设项目法人也采取自行组建项目管理班子进行项目管理的方式。

5.2.2 业主方委托项目管理

所谓业主方委托项目管理,即业主将工程项目管理的所有任务全部委托给项目管理咨询公司承担,俗称 PMC 模式,即项目承包(project management contractor)模式。就是业主聘请专业的项目管理咨询公司,代表业主对工程项目的组织实施进行全过程或若干阶段的管理和服务。由于 PMC 承包商在项目的设计、采购、施工、调试等阶段的参与程度和职责范围不同,因此 PMC 模式具有较大的灵活性。总体而言,PMC 有以下三种基本应用模式。

(1) 业主选择设计单位、施工承包商、供货商,并与之签订设计合同、施工合同和供货合同,委托 PMC 承包商进行工程项目管理。

(2) 业主与 PMC 承包商签订项目管理合同,业主通过指定或招标方式选择设计单位、施工承包商、供货商(或其中的部分),但不签订合同,由 PMC 承包商与之分别签订设计合同、施工合同和供货合同。

(3) 业主与 PMC 承包商签订项目管理合同,由 PMC 承包商自主选择施工承包商和供货商并签订施工合同与供货合同,但不负责设计工作。

某集团公司隶属的某医院医疗综合楼工程,建筑面积为 30 200m^2,涉及土建、通风、空调、消防、手术室净化、室内装修、玻璃幕墙、石材幕墙、太阳能、电梯、智能化弱点系统等多个专业,工程较为复杂。业主方自身没有一套能够承担起项目管理任务的专业团队,不具备实施项目管理的条件,需要委托项目管理咨询公司承担项目管理任务。欲接受委托的项目管理咨询公司在全面了解建设任务的基础上,向医院提交了项目管理建议书,经双方磋商并报集团公司同意后,医院决定将本工程的项目管理任务委托给项目管理咨询公司,再由集团公司委派职能部门对本项目进行宏观管理。

需要说明的是,在委托项目管理模式中,业主并不是甩手不管,什么都不做,业主仍然要有相应的项目管理部门和人员。这种模式与自行项目管理模式的不同点主要是,业主将项目管理的任务全部委托给了项目管理咨询公司,由项目管理咨询公司负责组建项目管理班子,对工程项目的投资控制、进度控制、质量控制、合同管理、信息管理、组织和协调等进行全面管理。业主不参与具体的项目管理工作,主要进行决策和确认,提供各种条件。业主的部门可以相应简单化,人员也可以大幅度精减。

5.3 设计任务委托的模式

工业发达国家设计单位的组织体制与中国有所区别,他们多数设计单位是专业设计事务所,而不是综合设计院,如建筑师事务所、结构工程师事务所和各种建筑设备专业工程师事务所等。设计事务所的规模多数也较小,因此其设计任务委托的模式与我国不相同。对工业与民用建筑工程而言,在国际上,建筑师事务所往往起着主导作用,其他专业设计事务所则配合建筑师事务所从事相应的设计工作。

我国业主方主要通过设计招标的方式选择设计方案和设计单位。工程设计招标是指招标单位就拟建工程的设计任务发布招标公告,以吸引设计单位参加竞争,经招标单位审查符合投标资格的设计单位按照招标文件的要求,在规定的时间内向招标单位填报投标文件,招标单位从而择优确定中标设计单位来完成工程设计任务的活动称为工程设计招标。设计招标的特点表现为承包任务是投标人通过自己的智力劳动,将招标人对建设项目的设想变为可实施的蓝图,是投标人按设计的明确要求完成的规定的物质生产劳动。而在国际上不少国家有设计竞赛条例,设计竞赛与设计任务的委托没有直接的联系。设计竞赛的范围可宽也可窄,如设计理念、设计方案、某一个设计问题的设计竞赛。设计竞赛的结果只限于对设计竞赛成果的评奖,业主方综合分析和研究设计竞赛的成果后再决定设计任务的委托。

设计任务的委托主要有以下两种模式。

(1) 业主委托一个设计单位或由多个设计单位组成的设计联合体或设计合作体作为设计总负责单位,设计总负责单位视需要再委托其他设计单位配合设计。

(2) 业主方不委托设计总负责单位,而平行委托多个设计单位进行设计。

5.3.1 设计总负责

在国际上,设计是一种咨询服务而不是承包,所以通常叫作设计总负责单位。许多工业与民用建筑普遍采用设计总负责模式,通常是由某个建筑师事务所承接设计任务,而将有关结构设计、机电设计、景观设计等再委托给其他专业设计事务所配合进行专业设计,建筑师事务所作为设计总负责单位统一组织协调,对业主负责。在我国,一般设计院都是综合性的设计单位,设计单位内部专业齐全,许多工业与民用建筑都是由一个设计单位独立完成的,承接设计任务的单位一般不需要分包。

5.3.2 设计平行委托

有些大型或复杂工程项目由于项目组成内容多,设计工作量大,很难由一个设计单位独立完成设计任务,可以采用设计平行委托模式。如某新建大型机场工程项目,项目的组成中由航站楼工程、飞行区工程、货运区工程、空管工程、供油工程、航空食品工程、某航空公司基地工程、综合配套工程等,除了总体设计单位以外,业主又同时委托多家设计单位分别承担不同的单项工程设计,各个设计单位分别与业主签订设计合同。

有些工程项目尽管规模不是很大,但对其中的某些专业工程(如办公大楼的外立面工程、智能化工程、精装修工程等)仍然可以采用设计平行委托模式。

5.4 项目总承包的模式

业主方把建设工程项目的设计任务和施工任务进行综合委托的模式可称为建设项目总承包或工程总承包。

5.4.1 项目总承包的产生

传统的工程建设实施模式中,设计与施工往往是分离的,即业主通过签订设计合同,委托专门的设计单位进行工程设计,委托施工单位进行施工,设计和施工是由不同的组织来实施的。

设计和施工的分离是专业化分工的结果,是生产力发展以及社会进步到一定阶段的必然产物。由于建筑形式不断创新,建设高度不断刷新,工业建设项目中的工艺越来越复杂,技术越来越先进,客观上要求工程设计专业化、设备制造专业化、施工专业化。

专业化为建设规模更大、技术更复杂、更先进的工程项目提供了可能。但同时,设计与施工的分离也导致了许多问题,主要有以下几个方面。

(1) 设计工作是影响建设工程项目经济性的决定因素,但是设计单位有时会忽视设计的经济性,而且我国目前的设计费是根据投资额的百分比来计算的,投资越高反而对设计单位越有利。

(2) 设计单位较少了解施工，有时也较少考虑可施工性，就会影响施工的有效进行。

(3) 在设计时还不能确定将由谁施工，因而不能结合施工单位的特点和能力进行设计，但在确定了施工单位以后，又可能会引起设计修改。

(4) 施工单位"按图施工"，基本上处于被动地位，在一定程度上影响了其积极性的发挥。

(5) 若施工图完成以后再进行施工任务的发包，项目建设周期长。

(6) 建设单位项目目标的控制有困难，主要是不利于投资控制和进度控制。

(7) 建设单位的组织、协调工作量大。

(8) 主体工程与配套工程施工也往往分离，导致主体工程结束后至项目启用的间隔时间长。

建设项目总承包模式起源于欧洲，是为了解决设计与施工分离的弊端而产生的一种模式。实行建设项目总承包模式，可以在很大程度上解决上述问题。

5.4.2 项目总承包的内涵

建筑工程的发包单位既可以将建筑工程的勘察、设计、采购、施工一并发包给一个工程总承包单位，也可以将建筑工程勘察、设计、采购、施工的一项或者多项发包给一个工程总承包单位。但是，不得将应当由一个承包单位完成的建筑工程肢解成若干部分并分包给几个承包单位。

工程总承包企业受业主委托，按照合同约定对工程建设项目的勘察、设计、采购、施工、试运行等实行全过程或若干阶段的承包。

工程总承包企业按照合同约定对工程项目的质量、工期、造价等向业主负责。工程总承包企业可依法将所承包工程中的部分工作发包给具有相应资质的分包企业；分包企业按照分包合同的约定对总承包企业负责。

建设项目工程总承包主要有以下两种模式。

1. 设计—施工总承包

设计—施工总承包（design-build）是指工程总承包企业按照合同约定，承担工程项目设计和施工，并对承包工程的质量、安全、工期、造价全面负责。

实行建设项目总承包（设计＋施工）模式具有许多优点，对于业主来说，可以加快进度，有利于控制投资，有利于合同管理，有利于组织与协调。

(1) 有利于投资控制，能够降低工程造价。由于投标者把设计和施工作为一个整体来考虑，既要满足业主的功能要求，设计方案要有竞争性，又要保证投标价低，因此要从设计方案着手降低工程造价，不仅仅是让利的问题，而是从根源上去挖掘潜力，因此有利于降低工程造价。国外的经验证明，实行建设项目总承包（D＋B）模式，平均可以降低造价10%左右。另外，设计—施工总承包模式常实行总价合同（常常是可变总价合同），在签订建设项目总承包合同时就将合同总价明确下来，可以及时明确投资目标，使业主尽早安排资金计划，并使项目总承包单位不超过计划投资，有利于投资控制。

(2) 有利于进度控制，并缩短工期。由于在方案设计阶段就可以根据项目总承包单位的施工经验、所拥有的施工机械、熟练工人和技术人员等情况考虑结构形式和施工方法,与采用常规发包模式相比,可以使工程项目提前竣工。

(3) 有利于合同管理。业主只需签订一个建设项目总承包合同,不需要管理很多合同,因而合同管理工作量比较小。

(4) 有利于组织和协调。在所有的实施单位中,业主只需与项目总承包单位进行联系与协调,反而大大简化了协调工作,也减少了协调费用。

(5) 对于质量控制,因具体情况而有差异,关键是看功能描述书的质量。一般情况下,在建设项目总承包模式中,由于实行功能招标方法,不同于一般的构造招标,其招标、评标和项目管理工作都不同于传统模式,因此,业主一般都要委托社会上有经验的项目管理公司协助其起草功能描述书,帮助其招标、评标等。有了强有力的支持,工程项目的质量也是可以得到控制的。

总之,对业主而言,实行建设项目总承包,有利于工程项目的系统管理和综合控制,可大大减轻业主的管理负担;有利于充分利用项目总承包企业的管理资源,最大限度地降低工程项目风险;也符合国际惯例和国际承包市场的运行规则。

对施工企业而言,其优点为建筑施工企业一开始就参与设计阶段工作,能将其在建筑材料、施工方法、结构形式、价格和市场等方面的丰富知识和经验充分地融于设计中,从而对建设工程项目的经济性产生积极的影响。另外,采用这种模式还可以促进施工企业自身的生产发展,促进建筑工业化,提高劳动生产率。

对于设计单位的优点在于:从一开始就与施工企业合作,参加项目总承包的施工企业往往拥有自己的设计力量,能够迅速地编制相应的施工图设计文件,从而使设计单位减少工作量。另外,作为施工企业的伙伴,在建设工程项目结束后可以参与利润的分配。

2. 设计采购施工总承包

设计采购施工总承包(engineering procurement construction,EPC)是指工程总承包企业按照合同约定,承担工程项目的设计、采购、施工、试运行服务等工作,并对承包工程的质量、安全、工期、造价全面负责。设计采购施工总承包已在我国石油和石化等工业建设项目中得到成功的应用。

工程总承包和工程项目管理是国际通行的工程建设项目组织实施方式。积极推行工程总承包和工程项目管理,是深化我国工程建设项目组织实施方式改革,提高工程建设管理水平,保证工程质量和投资效益,规范建筑市场秩序的重要措施;是勘察、设计、施工、监理企业调整经营结构,增强综合实力,加快与国际工程承包和管理方式接轨,适应社会主义市场经济发展和加入世界贸易组织后新形势的必然要求;是贯彻国家"走出去"的发展战略,积极开拓国际承包市场,带动我国技术、机电设备及工程材料的出口,促进劳务输出,提高我国企业国际竞争力的有效途径。

建设项目工程总承包的基本出发点是借鉴工业生产组织的经验,实现建设生产过程的组织集成化,以克服由于设计与施工的分离致使投资增加,以及克服由于设计和施工的不协调而影响建设进度等弊病。

组织集成是指将具有不同功能的组织要素集成为一个有机组织体的行为过程,其目的是使组织体的功能发生质的突变,整体效益得到极大提高。组织集成是一种形态,是指通过人主动的集成行为之后,这种组织表现为一种集成化组织。这种集成是从整体及战略角度出发,综合应用各种先进的组织理论、方法和技术,将组织的各种要素有机地整合在一起,形成与产品开发系统有关的人、技术及组织三者之间的最佳整合的有机整体。在产品创新中,集成化组织的表现形式是多种多样,如多功能团队、虚拟组织等。

建设项目工程总承包的主要意义并不在于总价包干和"交钥匙",其核心是通过设计与施工过程的组织集成,促进设计与施工的紧密结合,以达到为项目建设增值的目的。应该指出,即使采用总价包干的方式,稍大一些的项目也难以用固定总价包干,而多数采用变动总价合同。

5.4.3 国际项目总承包的组织

国际项目总承包的组织有以下几种可能的模式。

(1) 一个组织(企业)既具有设计力量,又具有施工力量,由它独立地承担建设项目工程总承包的任务(在美国这种模式较为常用)。

(2) 由设计单位和施工单位为一个特定的项目组成联合体或合作体,以承担项目总承包的任务(在德国和一些其他欧洲国家这种模式较为常用,特别是民用建筑项目的工程总承包往往由设计单位和施工单位组成的项目联合体或合作体承担。待项目结束后项目联合体或合作体就解散)。

(3) 由施工单位承接项目总承包的任务,而设计单位受施工单位的委托承担其中的设计任务。

(4) 由设计单位承接项目总承包的任务,而施工单位作为其分包承担其中的施工任务。

5.4.4 项目总承包基本工作程序

工业建设项目、民用建筑项目和基础设施项目的项目总承包各有其特点,但其从招标开始至确定合同价的基本工作程序是类似的,以下工作步骤仅供参考。

1. 业主方自行编制或委托顾问工程师编制项目建设及设计纲要

这是项目总承包方编制项目设计建议书的依据。

项目建设纲要或设计纲要包括以下内容。

(1) 项目定义。

(2) 设计原则和设计要求。

(3) 项目实施的技术大纲和技术要求。

(4) 材料和设施的技术要求等。

2. 项目总承包方编制项目设计建议书和报价文件

项目设计建议书发生在设计前的准备阶段,为项目的实施阶段。项目设计建议书是项目立项后的项目实施阶段的一项基础工作,是根据经审定的项目可行性研究报告和批复的项目计划来编制项目初步设计,是项目实施的依据。项目设计建议书是为项目实施做准备,重点是如何把项目计划落实到具体工程措施上,只有编制了项目设计建议书才能进行初步设计或实施方案,项目计划才有可操作性。这是项目实施的基础,所以要根据项目建设纲要进行编制。

3. 设计评审

设计评审是指在设计的适当阶段,由各有关职能部门的代表评价设计要求及设计能力是否满足设计要求并找出问题,提出解决方案,并对文件、图样进行审查,解决设计中的不足之处,这是设计验证的一种方式。

4. 合同洽谈,包括确定合同价

合同价是指在工程招投标阶段,承发包双方根据合同条款及有关规定,并通过签订工程承包合同所计算和确定的拟建工程造价总额。一般有三种确认方式:通过招标,选定中标人决定合同价;采用文本;以施工图预算为基础,协商决定合同价。

在国际上,民用项目总承包的招标多数采用项目功能描述的方式,一般不采用项目构造描述的方式,因为项目构造描述的招标依据是设计文件,而项目总承包招标时业主方还不可能提供具体的设计文件。

5.4.5 项目总承包方的工作程序

项目总承包方的工作程序如下。

(1) 项目启动:在工程总承包合同条件下,任命项目经理,组建项目部。

(2) 项目初始阶段:进行项目策划,编制项目计划,召开开工会议;发表项目协调程序,发表设计基础数据;编制计划,包括采购计划、施工计划、试运行计划、财务计划和安全管理计划,确定项目控制基准等。

(3) 设计阶段:编制初步设计或基础工程设计文件,进行设计审查,编制施工图设计或详细工程设计文件。

(4) 采购阶段:进行采买、催交、检验、运输,并与施工方办理交接手续。

(5) 施工阶段:做好施工开工前的准备工作;现场施工;竣工试验;移交工程资料;办理管理权移交;进行竣工决算。

(6) 试运行阶段:对试运行进行指导和服务。

(7) 合同收尾:取得合同目标考核证书,办理决算手续,清理各种债权债务;缺陷通知期限满后取得履约证书。

(8) 工程决算:由建设单位编制的反映建设项目实际造价和投资效果的文件,是对所完成的各类大小工程在竣工验收后的最后经济审核,包括各类工料、机械设备及管理费用等。其内容应包括从项目策划到竣工投产全过程的全部实际费用。

(9) 项目管理收尾:办理项目资料归档;进行项目总结;对项目部人员进行考核评价;解散项目部。

5.5 施工任务委托的模式

施工任务委托主要有以下几种模式。

（1）业主方委托一个施工单位或由多个施工单位组成的施工联合体或施工合作体作为施工总承包单位，施工总承包单位视需要再委托其他施工单位作为分包单位配合施工。

（2）业主方委托一个施工单位或由多个施工单位组成的施工联合体或施工合作体作为施工总承包管理单位，业主方另委托其他施工单位作为分包单位进行施工。

（3）业主方既不委托施工总承包单位，也不委托施工总承包管理单位，而平行委托多个施工单位进行施工。

5.5.1 施工总承包

业主方委托一个施工单位或由多个施工单位组成的施工联合体或施工合作体作为施工总包单位，经业主同意，施工总承包单位可以根据需要将施工任务的一部分分包给其他符合资质的分包人。建设项目施工总承包的合同结构如图5.1所示。

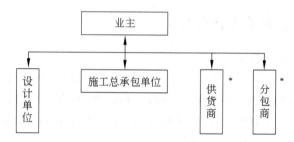

注：*为业主自行采购和分包的部分。

图5.1 建设项目施工总承包的合同结构

施工总承包模式有以下五方面的特点。

1. 投资控制方面

（1）一般以施工图设计为投标报价的基础，投标人的投标报价较有依据。施工图设计为工程设计的一个阶段，在初步设计、技术设计两阶段之后。这一阶段主要通过图纸，把设计者的意图和全部设计结果表达出来，作为施工制作的依据，它是设计和施工工作的桥梁。工程施工图设计应形成所有专业的设计图纸：含图纸目录，说明和必要的设备、材料表，并按照要求编制工程预算书。

（2）在开工前就有较明确的合同价，有利于业主的总投资控制。业主的投资控制是指业主将拟建项目投资额控制在计划范围之内，是实现项目建设业主投资效益的关键。

（3）若在施工过程中发生设计变更，可能会引发索赔。建设工程对索赔的定义是在合同履行过程中，合同一方因对方不履行或未能履行合同所规定的义务或者未能实践承诺的合同条件实现而遭受损失后，向对方提出索赔要求。

2. 进度控制方面

由于一般要等施工图设计全部结束后，业主才进行施工总承包的招标，因此，开工日期不可能太早，建设周期会较长。这是施工总承包模式的最大缺点，限制了其在建设周期紧迫的建设工程项目上的应用。

建设周期是全国、部门或地区已铺开的建设项目全部建成投产所需要的平均时间。建设总规模指已经铺开的所有建设项目全部建成所需要的总投资；年度建设规模是计划年度内正在兴建项目的投资总额。其计算方法有两种：一是用全年所有施工项目全部建成投产的计划总投资除以计划年度投资完成额求得；二是用全年施工项目个数除以全年建成投资项目个数求得。与建设周期性质相同的反映建设速度的经济指标还有建设工期、施工周期和施工工期等。

3. 质量控制方面

建设工程项目质量的好坏在很大程度上取决于施工总承包单位的管理水平和技术水平。

建筑施工技术水平的高低对于工程的施工质量有着直接的影响，可以说保证施工质量的一个很重要的基础就是施工技术，它决定着建筑工程整体质量的好与坏。通过施工技术管理，强化工程测量、放线工作，强化施工过程中材料的监控、强化施工技术问题解决能力、强化施工技术参数控制，能够有效地保障工程质量。例如，向施工队进行技术交底，能促进各工种之间配合协作和有序施工，有利于保证施工人员完全理解施工图纸和工序，能够熟练地掌握施工工艺、作业的程序和新技术、新材料的特性及使用，进而提高施工水平、减少操作失误、保证工程质量。此外，在施工过程中所采用的施工工艺、施工方法、技术方案、组织措施、检测手段、施工组织设计等对整个工程的施工进度、安全生产、建筑成本和质量都有着直接的影响。

4. 合同管理方面

（1）业主只需进行一次招标，与施工总承包商签约，因此招标及合同管理工作量将会减小。

（2）在很多工程实践中，采用的并不是真正意义上的施工总承包，而是采用所谓的"费率招标"。"费率招标"实质上是开口合同，对业主方的合同管理和投资控制十分不利。

5. 组织和协调方面

由于业主只负责对施工总承包单位的管理及组织协调，其组织和协调的工作量比平行发包会大大减少，这对业主有利。

5.5.2 施工总承包管理

施工总承包管理模式（managing contractor）的内涵：业主方委托一个施工单位或由多个施工单位组成的施工联合体或施工合作体作为施工总承包管理单位，业主方另委托其他施工单位作为分包单位进行施工。一般情况下，施工总承包管理单位不参与具体工程的施工，但如施工总承包管理单位也想承担部分工程的施工，它也可以参加该部分工程的投标，通过竞争取得施工任务。

1. 施工总承包管理模式的特点

1) 投资控制方面

(1) 一部分施工图完成后,业主就可单独或与施工总承包管理单位共同进行该部分工程的招标,分包合同的投标报价和合同价以施工图为依据。

(2) 在进行对施工总承包管理单位的招标时,只确定施工总承包管理费,而不确定工程总造价,这可能成为业主控制总投资的风险。

(3) 多数情况下,由业主方与分包人直接签约,这样有可能增加业主方的风险。

2) 进度控制方面

不需要等待施工图设计完成后再进行施工总承包管理的招标,分包合同的招标也可以提前,这样就有利于提前开工,有利于缩短建设周期。

建设周期有实际建设周期与合理建设周期之分。实际建设周期是实际铺开的在建投资规模与实际年度投资规模的比值,是完成在建投资规模实际需要的时间。合理建设周期是所有在建项目都能够按合理工期组织施工,按合理工期竣工的建设周期。实际建设周期不一定等于合理建设周期,因为在建投资规模未必总能保持合理水平,年度投资规模也未必经常适度。实际建设周期是一个被决定的量,用数学语言讲,是个因变量。实际在建投资规模和实际年度投资规模则是自变量,这种关系用公式表示为

$$实际建设周期 = \frac{实际在建投资规模}{实际年度投资规模}$$

合理建设周期既是一个因变量,也是一个自变量。相对于合理在建投资规模,它是个自变量,合理在建投资规模则是由合理建设周期与合理年度投资规模共同决定的因变量。但是,当我们要研究合理建设周期的变化趋势时,就必须把它看作因变量,进一步寻找决定它的因素。实践证明,项目建设周期的延长,将导致固定资产交付使用率下降,固定资本形成系数降低。也就是说,项目建设周期的手段是直接影响投资效率高低的主要因素,要提高投资效率就必须争取缩短项目建设周期。

3) 质量控制方面

(1) 对分包人的质量控制由施工总承包管理单位进行。

(2) 分包工程任务符合质量控制的"他人控制"原则,对质量控制有利。

(3) 各分包之间的关系可由施工总承包管理单位负责,这样就可减轻业主方管理的工作量。

4) 合同管理方面

(1) 一般情况下,所有分包合同的招投标、合同谈判以及签约工作均由业主负责,业主方的招标及合同管理工作量较大。

(2) 对分包人的工程款支付可由施工总承包管理单位支付或由业主直接支付,前者有利于施工总承包管理单位对分包人的管理。

5) 组织和协调方面

由施工总承包管理单位负责对所有分包人的管理及组织协调,这样就可以大大减轻业主方的工作。这是采用施工总承包管理模式的基本出发点。

2. 施工总承包模式与施工总承包管理模式的比较

1) 工作开展程序不同

施工总承包模式的工作程序：先进行建设项目的设计，待施工图设计结束后再进行施工总承包招投标，然后进行施工，如图 5.2(a)所示。而如果采用施工总承包管理模式，施工总承包管理单位的招标可以不依赖完整的施工图，当完成一部分施工图时就可对其进行招标，如图 5.2(b)所示。由图可以看出，施工总承包管理模式可以在很大程度上缩短建设周期。

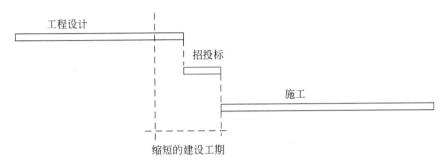

(a) 建设项目施工总承包模式下的项目开展顺序

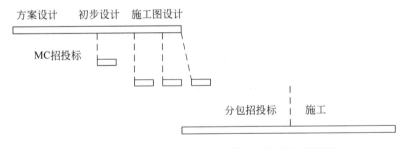

(b) 建设项目施工总承包管理模式下的项目开展顺序

图 5.2　施工总承包管理与施工总承包模式的比较

2) 合同关系

正如前述，施工总承包管理模式的合同关系有两种可能，即业主与分包单位直接签订合同或者由施工总承包管理单位与分包单位签订合同，其合同结构分别如图 5.3 和图 5.4 所示。而当采用施工总承包模式时，由施工总承包单位与分包单位直接签订合同。

3) 分包单位的选择和认可

分包是指从事工程总承包的单位将所承包的建设工程的一部分依法发包给具有相应资质的承包单位的行为，该总承包人并不退出承包关系，其与第三人就第三人完成的工作成果向发包人承担连带责任。

一般情况下，当采用施工总承包管理模式时，分包合同由业主与分包单位直接签订，但每一个分包人的选择和每一个分包合同的签订都要经过施工总承包管理单位的认可，因为施工总承包管理单位要承担施工总体管理和目标控制的任务与责任。如果施工总承包管理单位认为业主选定的某个分包人确实没有能力完成分包任务，而业主执意不肯更

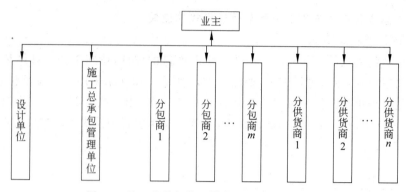

图 5.3 施工总承包管理模式下的合同结构(1)

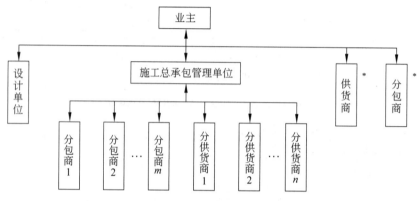

注：*为业主自行采购和分包的部分。

图 5.4 施工总承包管理模式下的合同结构(2)

换分包人,施工总承包管理单位也可以拒绝认可该分包合同,并且不承担该分包人所负责工程的管理责任。当采用施工总承包模式时,分包单位由施工总承包单位选择,由业主方认可。

4) 对分包单位的付款

对各个分包单位的工程款项既可以通过施工总承包管理单位支付,也可以由业主直接支付;如果由业主直接支付,需要经过施工总承包管理单位的认可;当采用施工总承包模式时,对各个分包单位的工程款项,一般由施工总承包单位负责支付。

5) 对分包单位的管理和服务

施工总承包管理单位和施工总承包单位一样,既要负责对现场施工的总体管理和协调,也要负责向分包人提供相应的配合施工的服务。如果遇到工程工期紧,涉及专业多,施工队伍多,施工要求高等情况时,施工总承包单位应对整个工程进行协调管理,对整个建筑物的施工质量、进度、安全,文明施工,和谐施工与绿色施工负有协调管理的责任。为此,施工总承包单位对所有的分包单位都加强管理协调,使项目利益成为参建单位的共同利益。对于施工总承包管理单位或施工总承包单位提供的某些设施和条件,如搭设的脚手架、临时用房等,如果分包人需要使用,则应由双方协商所支付的费用。

6）施工总承包管理的合同价格

施工总承包管理合同中一般只确定施工总承包管理费（通常是按工程建筑安装工程造价的一定百分比计取），而不需要确定建筑安装工程造价，这也是施工总承包管理模式的招标可以不依赖于施工图纸出齐的原因之一。分包合同一般采用单价合同或总价合同。施工总承包管理模式与施工总承包模式相比在合同价格方面有以下优点。

（1）合同总价不是一次确定，某一部分施工图设计完成以后，再进行该部分施工招标，确定该部分合同价格，因此整个建设项目的合同总额的确定较有依据。

（2）所有分包都通过招标获得有竞争力的投标报价，对业主方节约投资有利。

（3）在施工总承包管理模式下，分包合同价格对业主是透明的。

在国内，对施工总承包管理模式存在不少误解，误认为施工总承包管理单位仅仅做管理与协调工作，而对建设项目目标控制不承担责任。实际上，每一个分包合同都要经过施工总承包管理单位的确认，施工总承包管理单位有责任对分包人的质量和进度进行控制，并负责审核和控制分包合同的费用支付，负责协调各个分包的关系，负责各个分包合同的管理。因此，在组织结构和人员配备上，施工总承包管理单位仍然要有安全管理、费用控制、进度控制、质量控制、合同管理、信息管理，以及进行组织、协调的机构和人员。

5.5.3 施工平行承发包

1. 施工平行承发包的定义

所谓平行承发包，是指业主将建设工程的设计、施工以及材料设备采购的任务经过分解分别发包给若干个设计单位、施工单位和材料设备供应单位，并分别与各方签订合同。各设计单位之间的关系是平行的，各施工单位之间的关系也是平行的，各材料设备供应单位之间的关系也是平行的。施工平行承发包又称分别承发包，是指发包方根据建设工程项目特点、项目进展情况和控制的目标要求等因素，将建设工程项目按照一定的原则分解，将其施工任务分别发包给不同的施工单位，各个施工单位分别与发包方签订施工承包合同的形式。

2. 模式运用

采用施工平行承发包这种模式首先应合理地进行工程建设任务的分解，然后进行分类综合，确定每个合同的发包内容，以便选择适当的承建单位。

进行任务分解与确定合同数量、内容时应考虑以下因素。

（1）工程情况。建设工程的性质、规模、结构等是决定合同数量和内容的重要因素。建设工程实施时间的长短、计划的安排也对合同数量有影响。

（2）市场情况。首先，由于各类承建单位的专业性质、规模大小在不同市场的分布状况不同，建设工程的分解发包应力求使其与市场结构相适应；其次，合同任务和内容对市场具有吸引力，中小合同对中小型承建单位有吸引力，又不妨碍大型承建单位参与竞争。另外，还应按市场惯例做法、市场范围和有关规定来确定合同内容和大小。

（3）贷款协议要求。对两个以上贷款人的情况，可能贷款人对贷款使用范围、承包人资格等有不同要求，因此，需要在确定合同结构时予以考虑。

3. 施工平行承发包的特点

1) 优点

(1) 有利于缩短工期。设计阶段与施工阶段有可能形成搭接关系,从而缩短整个建设工程工期。

(2) 有利于质量控制。整个工程经过分解分别发包给各承建单位,合同约束与相互制约使每一部分能够较好地实现质量要求。

(3) 有利于业主选择承建单位。大多数国家的建筑市场中,专业性强、规模小的承建单位一般占较大的比例。这种模式的合同内容比较单一、合同价值小、风险小,使它们有可能参与竞争。因此,无论大型承建单位还是中小型承建单位都有机会竞争。业主可在很大范围内选择承建单位,提高择优性。

(4) 费用控制方面,发包以施工图设计为基础,工程的不确定性低,通过招标选择施工单位,对降低工程造价有利。

2) 缺点

(1) 合同数量多,会造成合同管理困难。合同关系复杂,使建设工程系统内结合部位数量增加,组织协调工作量大。加强合同管理的力度,加强各承建单位之间的横向协调工作。

(2) 投资控制难度大。这主要表现在:一是总合同价格不易确定,影响投资控制实施;二是工程招标任务量大,需控制多项合同价格,增加了投资控制难度;三是在施工过程中设计变更和修改较多,导致投资增加。

5.6 物资采购的模式

工程建设物资是指建筑材料、建筑构配件和设备。在国际上业主方工程建设物资采购有多种模式。

1. 业主方自行采购

自行采购来源于《中华人民共和国政府采购法》第十八条:"采购未纳入集中采购目录的政府采购项目,可以自行采购。属于本单位有特殊要求的项目,经省级以上人民政府批准,可以自行采购。"为了更好地控制成本和保证质量要求,现在也被广泛应用到业主方采购中。

2. 与承包商约定某些物资为指定供货商

通过招投标等方式,综合考虑产品质量、价格和售后服务等因素,择优确定一家或几家指定供应商,同指定供应商签署采购协议,由指定供应商根据协议在指定期限内提供有关产品。其特点是工作量较轻,一次采购,长期供货和服务,容易操作。采购效率较高,支付也比较方便。劣势是市场竞争力较差,不容易控制价格的浮动,供应商容易受利益驱动,一旦中标,不再争取好的价格和好的服务,仅停留在招标时的水平上。

3. 承包商采购等

《中华人民共和国建筑法》对物资采购有这样的规定:"按照合同约定,建筑材料、建筑构配件和设备由工程承包单位采购的,发包单位不得指定承包单位购入用于工程的建筑材料、建筑构配件和设备或者指定生产厂、供应商。"

物资采购工作应符合有关合同和设计文件所规定的数量、技术要求与质量标准,并符合工程进度、安全、环境和成本管理等要求。采购管理应遵循下列程序。

（1）明确采购产品或服务的基本要求、采购分工及有关责任。
（2）进行采购策划,编制采购计划。
（3）进行市场调查,选择合格的产品供应或服务单位,建立单位名录。
（4）采用招标或协商等方式实施评审工作,确定供应或服务单位。
（5）签订采购合同。
（6）运输、验证、移交采购产品或服务。
（7）处置不合格产品或不符合要求的服务。
（8）采购资料归档。

习题

一、单项选择题

1. 按国际工程惯例,对于工业与民用建筑工程的设计任务委托而言,下列专业设计事务所中,通常起主导作用的是（　　）事务所。【2012年】
   A. 测量师　　　B. 结构工程师　　　C. 建筑师　　　D. 水电工程师

2. 我国建设工程的业主方选择设计方案和设计单位的主要方式是（　　）。【2011年】
   A. 设计竞赛　　　　　　　　B. 设计招标
   C. 直接委托　　　　　　　　D. 设计竞赛和设计招标相结合

3. 某建设工程项目业主委托工程咨询单位为其提供全过程项目管理服务,并委托工程监理单位实施监理,若采用建设工程项目总承包模式,则设计阶段项目质量目标的决策者应是（　　）。【2006年】
   A. 工程咨询单位　　　　　　B. 工程监理单位
   C. 项目总承包单位　　　　　D. 业主

4. 建设工程项目总承包的基本出发点是借鉴工业生产组织的经验,实现建设生产过程的（　　）。
   A. 组织柔性化　　　B. 组织集成化　　　C. 组织扁平化　　　D. 组织高效化

5. 建设项目工程总承包方编制项目设计建议书的依据是（　　）。
   A. 可行性研究报告　　　　　B. 项目建议书
   C. 项目建设纲要　　　　　　D. 项目管理规划

6. 在建设项目工程总承包方的工作中,竣工验收、移交工程资料、办理管理权移交、进行竣工决算,属于（　　）的工作。
   A. 施工阶段　　　B. 合同收尾　　　C. 试运行阶段　　　D. 项目管理收尾

7. 业主方委托一个施工单位或由多个施工单位组成的施工联合体或施工合作体作为

施工总承包单位,施工总承包单位需要再委托其他施工单位作为分包单位配合施工,这种施工任务委托模式是( )。

  A. 施工总承包   B. 施工总承包管理
  C. 平行承发包   D. 建设工程项目总承包

8. 施工总承包模式的最大缺点是( )。
  A. 容易引发索赔   B. 建设周期较长
  C. 不利于投资控制   D. 业主组织协调工作量较大

9. 施工总承包模式下,投标报价的基础为( )。
  A. 企业定额   B. 预算定额   C. 工程量清单   D. 施工图设计

10. 属于施工总承包在质量控制方面的特点的是( )。
  A. 质量的好坏在很大程度上取决于施工总承包单位的管理水平和技术水平
  B. 质量的好坏在很大程度上取决于分包单位的管理水平和技术水平
  C. 质量的好坏在很大程度上取决于业主方的管理水平和技术水平
  D. 分包工程任务符合质量"他人控制"原则,对质量控制有利

11. 采用施工总承包管理模式时对各个分包单位的工程款项,一般由( )负责支付。
  A. 施工总承包单位   B. 施工总承包管理单位
  C. 业主方   D. 施工总承包管理单位或业主方

12. 关于施工总承包模式和施工总承包管理模式的说法,正确的是( )。
  A. 施工总承包模式如果采用费率招标,对投资控制有利
  B. 施工总承包管理模式,业主方招标和合同管理的工作量较小
  C. 施工总承包管理模式一般要等到施工图全部设计完成才能进行招标
  D. 施工总承包管理模式有利于压缩工期

13. 一般情况下,当采用施工总承包管理模式时,分包合同由( )签订。
  A. 业主与分包单位
  B. 施工总承包管理单位与分包单位
  C. 施工总承包单位与分包单位
  D. 工程总承包单位与分包单位

14. 施工总承包模式与施工总承包管理模式的相同之处在于( )。
  A. 项目建设周期
  B. 总承包单位对分包单位的管理责任
  C. 业主对分包单位的付款方式
  D. 业主对分包单位的选择和认可权限

15. 在施工总承包管理模式下,施工项目总体管理和目标控制的责任由( )承担。
  A. 业主   B. 分包单位
  C. 施工总承包管理单位   D. 施工总承包单位

16. 根据《中华人民共和国建筑法》,合同约定由工程承包单位采购的工程建设物资,建设单位可以( )。
  A. 指定生产厂   B. 指定供应商

C. 提出质量要求　　　　　　　　D. 指定具体品牌
17. 在物资采购管理工作中,编制完成采购计划后进行的工作是( )。
　　A. 进行采购合同谈判,签订采购合同
　　B. 明确采购产品的基本要求、采购分工和有关责任
　　C. 选择材料、设备的采购单位
　　D. 进行市场调查,选择合格产品供应单位,建立单位名录

二、多项选择题
1. 根据《建设项目工程总承包管理规范》,工程总承包方在项目管理收尾阶段的工作有( )。【2020年】
　　A. 办理决算手续　　　　　　　　B. 办理项目资料归档
　　C. 清理各种债权债务　　　　　　D. 进行项目总结
　　E. 考核评价项目部人员
2. 关于项目施工总承包模式特点的说法,正确的有( )。【2018年】
　　A. 项目质量好坏取决于总承包单位的管理水平和技术水平
　　B. 开工日期不可能太早,建设周期会较长
　　C. 有利于业主方的总投资控制
　　D. 与平行发包模式相比,业主组织与管理的工作量大大减少
　　E. 业主择优选择承包方范围小
3. 关于施工总承包管理模式的说法,正确的有( )。【2019年】
　　A. 施工总承包管理模式下、分包合同价对业主是透明的
　　B. 施工总承包管理的招标可以不依赖完整的施工图
　　C. 施工总承包管理单位负责对分包单位的质量、进度进行控制
　　D. 施工总承包管理单位应自行完成主体结构工程的施工
　　E. 一般情况下,由施工总承包管理单位与分包单位签订分包合同
4. 国际上,业主方项目管理的方式主要有( )。
　　A. 业主方自行进行项目管理
　　B. 业主方委托施工方承担全部业主方项目管理任务
　　C. 业主方委托项目管理咨询公司承担全部业主方项目管理任务
　　D. 业主方委托项目管理咨询公司与业主方工作人员共同进行项目管理
　　E. 业主方委托施工方与业主方人员共同进行项目管理
5. 建设工程项目总承包企业受业主委托,按照合同约定对工程建设项目的( )等实行全过程或若干阶段的承包。
　　A. 设计　　　　　　　　　　　　B. 采购
　　C. 施工　　　　　　　　　　　　D. 竣工验收
　　E. 试运行
6. 建设工程项目总承包的基本工作程序包括( )。
　　A. 编制设计纲要　　　　　　　　B. 编制项目设计建议书
　　C. 设计评审　　　　　　　　　　D. 确定合同价格
　　E. 签订合同

7. 建设工程项目总承包方在合同收尾时的工作包括( )。
   A. 取得合同目标考核证书　　　　　　B. 办理决算手续
   C. 办理项目资料归档　　　　　　　　D. 清理各种债权债务
   E. 进行项目总结

8. 施工总承包模式从投资控制方面来看其特点有( )。
   A. 限制了在建设周期紧迫的建设工程项目上的应用
   B. 在开工前就有较明确的合同价格,有利于业主的总投资控制
   C. 一般以施工图设计为投标报价的基础,投标人的投标报价较有依据
   D. 缩短建设周期,节约资金成本
   E. 若在施工过程中发生设计变更,可能会引发索赔

9. 施工总承包管理模式与施工总承包模式的区别主要体现在( )。
   A. 施工图设计、施工招标和施工等工作开展程序不同
   B. 与分包单位的合同关系有可能不同
   C. 分包单位的选择和认可程序不同
   D. 施工总承包管理单位和施工总承包单位的组织结构与人员配备不同
   E. 对分包单位的管理和服务不同

10. 施工总承包管理模式与施工总承包模式相比,具有的优点有( )。
    A. 整个工程项目的合同总额的确定较有依据
    B. 对业主方节约投资较为有利
    C. 缩短建设周期,有利于进度控制
    D. 能为分包单位提供更好的管理和服务
    E. 有利于施工现场的总体管理与协调

11. 在国际上业主方工程建设物资采购模式有( )。【2013年】
    A. 业主方自行采购
    B. 承包商采购
    C. 业主方指定供货商
    D. 业主方指定承包商购入用于工程的建设物资
    E. 与承包商约定某些物资为指定供货商

三、简答题

1. 工程项目采购的广义和狭义解释各是什么?
2. 什么是业主方自行项目管理?简述业主方自行项目管理的特点。
3. 什么是业主方委托项目管理?
4. 设计任务的委托主要有哪两种模式?
5. 什么是设计平行委托?
6. 什么是建设项目总承包?
7. 简述项目总承包方的工作程序。
8. 施工总承包模式有哪些特点?
9. 什么是施工平行承发包?
10. 国际上业主方工程建设物资采购有哪些模式?

第6章

建设工程项目管理规划的内容和编制方法

建设工程项目管理规划涉及项目整个实施阶段,它属于业主方项目管理的范畴。如果采用建设工程项目总承包的模式,业主方也可以委托建设工程项目总承包方编制建设工程项目管理规划,因为建设工程项目总承包的工作涉及项目整个实施阶段。建设工程项目的其他参与单位,如设计单位、施工单位和供货单位等,为进行其项目管理也需要编制项目管理规划,但它只涉及项目实施的一个方面,并体现这一个方面的利益,可称为设计方项目管理规划、施工方项目管理规划和供货方项目管理规划。

业主方是指具有独立法人资格的建设项目的出资方和使用方,并在建设工程项目中具体从事建设管理,对建设项目全面负责,包括享有权益和承担风险,并起主导作用的机构和组织。

6.1 概述

6.1.1 项目管理规划大纲

1. 简介

项目管理规划大纲是由企业管理层在投标之前编制的,旨在作为投标依据,满足招标文件要求及签订合同要求的文件。

在土木工程中,项目管理规划大纲应由项目管理层依据招标文件及发包人对招标文件的解释、企业管理层对招标文件的分析研究结果、工程现场情况、发包人提供的信息和资料、有关市场信息以及企业法定代表人的投标决策意见编写。

2. 编制依据

(1)招标文件及发包人对招标文件的解释。
(2)企业对招标文件的分析研究结果。
(3)工程现场情况。
(4)发包人提供的工程信息和资料。
(5)有关竞争对手、市场资源的信息。
(6)企业决策层的投标决策意见。

3. 内容

（1）项目概况。主要包括根据投标文件提供的情况对项目产品的构成、工程特征、使用功能、建设规模、投资规模、建设意义的综合描述。

（2）项目实施条件分析。主要包括发包人条件、相关市场、自然条件和社会条件、现场条件的分析。

（3）项目投标活动及签订合同的策略。主要包括投标和签订合同的总体策略、工作原则、投标小组组成、签订合同谈判组成员、谈判安排、投标和签订合同的总体计划安排。

（4）项目管理目标。主要包括施工合同要求的目标，承包人自己对项目的规划目标。

（5）项目组织结构及其职责。主要包括拟选派的项目经理，拟建立的项目经理部部门设置及主要成员等。

（6）质量目标和施工方案。主要包括招标文件（或发包人）要求的质量目标及其分解，保证质量目标实现的主要技术组织措施，工程施工程序，重点单位工程或重点分部工程的施工方案，拟采用的施工方法、新技术和新工艺及拟选用的主要施工机械。

（7）工期目标和施工总进度计划。主要包括招标文件（或发包人）的总工期目标及其分解，主要的里程碑事件及主要施工活动的进度计划安排，施工进度计划表，保证进度目标实现的措施。

（8）成本目标及管理措施。主要包括总成本目标和总造价目标，主要成本项目及成本目标分解，人工及主要材料用量，保证成本目标实现的技术措施。

（9）项目风险预测、安全目标及措施。主要包括根据工程实际情况对施工项目的主要风险因素做出预测，并采取相应措施。专业性较强的施工项目，应当编制安全施工组织设计及采取的安全技术措施。

（10）项目现场管理和施工平面图。主要包括施工现场情况描述、施工现场平面特点、施工现场平面布置的原则、施工现场管理目标和管理原则、施工现场管理的主要技术组织措施、施工平面图及其说明。

（11）绿色施工及环境保护。

6.1.2 项目管理实施规划

项目管理实施规划是在项目开工之前由项目经理主持编制的，目的在于指导施工项目实施阶段的管理的文件。项目管理实施规划是项目实施过程的管理依据。它既对整个项目管理过程提出管理目标，又为实现目标做出管理规划，对项目管理取得成功有重要意义。

1. 简述

项目管理实施规划具有实施性。实施性是指它可以作为实施阶段项目管理实际操作的依据和工作目标。项目管理实施规划追求管理效率和良好效果。项目管理实施规划可以起到提高管理效率的作用。因为管理过程中，事先有策划，过程中有办法及制度，目标明确，安排得当，措施得力，必然会提高效率。

2. 性质

项目管理实施规划应以项目管理规划大纲的总体构想和决策意图为指导，具体规定各项管理业务的目标要求、职责分工和管理方法,把履行合同和落实项目管理目标责任书的任务,贯彻在项目管理实施规划中。它是项目管理人员的行为指南,是项目管理规划大纲的细化,应具有操作性,应由项目经理组织编制。

3. 程序

1) 编制项目管理实施规划应遵循的程序

(1) 了解项目相关各方的要求。

(2) 分析项目条件和环境。

(3) 熟悉相关的法规和文件。

(4) 组织编制。

(5) 履行报批手续。

2) 编制项目管理实施规划的具体步骤

(1) 工程施工合同和施工条件分析。

(2) 确定项目管理实施规划的目录及框架。

(3) 分工编写。项目管理实施规划必须按照专业和管理职能分别由项目管理部的各部门(或各职能人员)编写,有时需要企业管理层的一些职能部门参与。

(4) 汇总协调。由项目经理协调上述各部门(或各职能人员)的编写工作,给他们以指导,最后由项目经理指定人员汇总编写内容,形成初稿。

(5) 统一审查。组织管理层进行审查,并在执行过程中进行监督和跟踪。

(6) 修改定稿。由原编写人修改,由汇总人定稿。

(7) 报批。由项目经理部报给组织的领导批准施工项目管理实施规划。

4. 编制依据

项目管理实施规划的编制依据包括项目管理规划大纲、项目条件和环境分析资料、工程合同及相关文件、同类项目的相关资料等。

(1) 项目管理规划大纲。项目管理实施规划是项目管理规划大纲的细化和具体化。要为指导项目的实施而具体规定各项目管理目标的要求、职责分工和管理方法,并为履行任务做出精细安排。

(2) 项目条件和环境分析资料。项目条件和环境分析资料越清晰、可靠,编制的项目管理实施规划越有指导价值。因此应广泛收集与调查项目条件和环境分析资料,并对这些资料进行科学分析。

(3) 工程合同及相关文件。合同中规定了项目管理工作的任务和目标,具有强制性。相关文件包括设计文件、法规文件、定额文件、政策文件、指令文件等。

(4) 同类项目的相关资料。同类项目积累下来的经验、数据等是快速编制项目管理实施规划的有效参考依据。

5. 内容

项目管理实施规划应包括以下内容。

1) 项目概况

项目概况应在项目管理规划大纲的基础上根据项目实施的需要进一步细化。一般包括工程特点、建设地点及环境特征、施工条件、工程管理特点、工程管理总体要求以及施工项目工作目录等。

2）总体工作计划

总体工作计划应将项目管理目标、项目实施的总时间和阶段进行具体明确的划分,对各种资源的总投入做出安排,提出技术路线、组织路线和管理路线。一般包括以下六个方面。

(1) 项目的质量、进度、成本及安全目标。

(2) 拟投入的劳动力人数(包括高峰人数、平均人数)。

(3) 资源计划(包括劳动力使用计划、材料设备供应计划、机械设备供应计划)。

(4) 分包计划。

(5) 区段划分与施工程序。

(6) 项目管理总体安排(包括施工项目经理部组织机构、施工项目经理部主要管理人员、施工项目经理部工作总流程、施工项目经理部工作分解和责任矩阵,以及施工项目管理过程中的控制、协调、总结、考核工作过程的规定)。

3）组织方案

组织方案应编制出项目的项目结构图、组织结构图、合同结构图、编码结构图、重点工作流程图、任务分工表、职能分工表,并进行必要的说明。

4）技术方案

技术方案主要是技术性或专业性的实施方案,应辅以构造图、流程图和各种表格。

5）各种管理计划

进度计划应编制出能反映工艺关系和组织关系,可反映时间计划、相应进程的资源(人力、材料、机械设备、大型工具和器具等)需用量计划及相应的说明。为了满足项目实施的需求,应尽量细化,尽可能利用图表表示。

6）项目现场平面布置图

(1) 应说明施工现场情况、施工现场平面的特点、施工现场平面布置的原则。

(2) 确定现场管理的目标、现场管理的原则、现场管理的主要措施、施工现场平面图及其说明。

(3) 在施工现场平面图布置和施工现场管理规划中必须符合环境保护法、劳动法、城市管理规定、工程施工规范、现场文明标准等。

7）项目目标控制措施

项目目标控制措施应针对目标需要进行制定,具体包括技术措施、经济措施、组织措施及合同措施等。

8）技术经济指标

技术经济指标应根据项目的特点选定有代表性的指标,且应突出实施难点和对策,以满足分析评价和持续改进的需要。

每个项目的项目管理实施规划执行完成以后,都应当按照管理的策划、实施、检查、处置(PDCA)循环原理进行认真总结,形成文字资料,并同其他档案资料一并归档保存,为项目管理规划的持续改进积累管理资源。

6. 要求

项目管理实施规划应符合以下要求。

（1）项目经理签字后报组织管理层审批。

（2）与各相关组织的工作协调一致。

（3）进行跟踪检查和必要的调整。

（4）项目结束后,形成总结文件。

6.1.3 建设工程项目管理规划

建设工程项目管理规划（国际上常用的术语为 project brief, project implementation plan, project management plan）是指导项目管理工作的纲领性文件,它从总体上和宏观上对以下几个方面进行分析与描述。

（1）为什么要进行项目管理。

（2）项目管理需要做什么工作。项目管理的主要工作内容包括编制项目管理规划大纲和项目管理实施规划,进行项目的进度、质量、安全、成本、环境、采购、合同、资源、信息、风险、沟通和结束阶段等方面的管理。

（3）怎样进行项目管理。对项目进行前期调查、收集整理相关资料；对项目进行分析和需求策划；制订项目各项管理目标和计划；根据已知的信息、具体的方法进行具体运作,实现计划中的内容；总结执行计划的结果；对总结检查的结果进行处理；对成功的经验加以肯定,并予以标准化；对失败的教训也要总结,以便引起重视。

（4）谁做项目管理的哪一方面的工作。

（5）什么时候做哪些项目管理工作。

（6）项目总投资。项目总投资是指拟建项目全部建成、投入营运所需的费用总和。项目投入总资金由建设投资、建设期利息和流动资金三部分组成。其具体内容包括建筑工程费、设备及工器具购置费、安装工程费、工程建设其他费用、基本预备费、涨价预备费、建设期利息、流动资金。

（7）项目总进度。项目总进度是指拟建项目全部建成、投入营运所需的时间总和,是以项目为对象,对整个项目的所有施工活动在时间进度上的安排。

在《建设工程项目管理规范》（GB/T 50326—2017）中,把项目管理规划分成两个类型：项目管理规划大纲和项目管理实施规划。

6.2 项目管理规划的内容

6.2.1 建设工程项目管理规划的内容

1. 建设工程项目管理规划包括的具体内容

（1）项目概述。

（2）项目的目标分析和论证。其主要工作内容包括以下方面。

① 投资目标的分解和论证。

② 编制项目投资总体规划。
③ 进度目标的分解和论证。
④ 编制项目建设总进度规划。
⑤ 项目功能分解。
⑥ 建筑面积分配。
⑦ 确定项目质量目标。

(3) 项目管理的组织。项目管理组织结构的基本形式分为直线型组织结构、功能型组织结构和矩阵型组织结构。三种组织结构各有特点，因此在选择的时候要根据实际情况慎重选择。

(4) 项目采购和合同结构分析。

(5) 投资控制的方法和手段。

(6) 进度控制的方法和手段。

(7) 质量控制的方法和手段。

(8) 安全、健康与环境管理的策略。

(9) 信息管理的方法和手段。信息管理是指在整个管理过程中，人们收集、加工和输入、输出的信息的总称。信息管理的过程包括信息收集、信息传输、信息加工和信息储存。信息收集就是对原始信息的获取。

信息管理的主要工作方法如下。

① 建立工程项目的信息管理体系。如现场条件允许，在现场安装计算机，进行计算机辅助管理，并和公司联网，以便公司更有效地指导、控制现场监理工作的运行。

② 负责工程项目各类信息的收集、整理和保存。

③ 对工程项目的投资控制、进度控制、质量控制和合同管理的情况，现场监理部将以月报形式，每月向业主呈报一次。

④ 建立工程会议制度，整理各类会议记录。

⑤ 督促设计、施工、材料和设备供应单位及时整理工程技术、经济资料，并督促其在竣工验收前完成全部竣工文件。

⑥ 在工程项目开工前，完成合同工程项目编码的划分和编码系统编制。

⑦ 在工程项目开工前，建立信息文件目录，完善工程信息、文件的传递流程及各项信息管理制度。

⑧ 补充和完善工程管理报表的格式。

⑨ 建立或完善信息存储、检索、统计、分析等计算机管理系统。

⑩ 采集、整理工程施工中关于施工进度、工程质量、合同支付、目标控制，以及合同商务和工程进展过程信息，并向有关方反馈。

⑪ 督促施工单位按工程施工合同文件规定和监理机构要求，及时编制并向监理机构报送工程报表和工程信息文件。

⑫ 工程信息文件和工程报表的编发。

⑬ 工程信息管理工作的检查、指导、监督、协调、调整与完善。

(10) 技术路线和关键技术的分析。

(11) 设计过程的管理。
(12) 施工过程的管理。
(13) 价值工程的应用。
(14) 风险管理的策略等。

建设工程项目管理规划内容涉及的范围和深度,在理论上和工程实践中并没有统一的规定,应视项目的特点而定。由于项目实施过程中主客观条件的变化是绝对的,不变则是相对的;在项目进展过程中平衡是暂时的,不平衡则是永恒的,因此,建设工程项目管理规划必须随着情况的变化而进行动态调整。

2. 建设工程项目管理规划内容示例

例如,举行迎接香港回归庆典的香港会展中心在建设开始时,于1994年编制了建设工程项目管理规划(project implementation plan),其主要内容如下。

(1) 项目建设的任务。
(2) 委托的项目管理咨询(顾问)公司。
(3) 项目管理班子的组织。
(4) 合同的策略。
(5) 设计管理。
(6) 投资管理。
(7) 进度管理。
(8) 招标和发包的工作程序。
(9) 有关的政府部门。
(10) 工程报告系统。
(11) 质量保证系统和质量控制。
(12) 竣工验收事务。
(13) 项目进展工作程序。
(14) 风险管理。
(15) 信息管理。
(16) 价值工程。
(17) 安全。
(18) 环境管理。
(19) 不可预见事件管理。

6.2.2 项目管理规划大纲和项目管理实施规划内容

《建设工程项目管理规范》(GB/T 50326—2017)对项目管理规划大纲和项目管理实施规划内容有以下规定。

1. 建设工程项目管理规划大纲的内容

项目管理规划大纲可包括下列内容,组织应根据需要选定。
(1) 项目概况。

(2) 项目范围管理。
(3) 项目管理目标。
(4) 项目管理组织。
(5) 项目采购与投标管理。
(6) 项目进度管理。
(7) 项目质量管理。
(8) 项目成本管理。
(9) 项目安全生产管理。
(10) 绿色建造与环境管理。
(11) 项目资源管理。
(12) 项目信息管理。
(13) 项目沟通与相关方管理。
(14) 项目风险管理。
(15) 项目收尾管理。

2. 建设工程项目管理实施规划的内容

项目管理实施规划应包括下列内容。
(1) 项目概况。
(2) 总体工作安排。
(3) 组织方案。
(4) 设计与技术措施。
(5) 进度计划。
(6) 质量计划。
(7) 成本计划。
(8) 安全生产计划。
(9) 资源需求计划。
(10) 绿色建造与环境管理计划。
(11) 信息管理计划。
(12) 沟通管理计划。
(13) 风险管理计划。
(14) 项目收尾计划。
(15) 项目现场平面布置图。
(16) 项目目标控制计划。
(17) 技术经济指标。

提示：如果在《建设工程项目管理规范》关于项目管理规划大纲和项目管理实施规划内容的规定中对以下内容适当加以补充或深化，则将更有利于项目的实施。
① 关于项目实施过程与有关政府主管部门的关系处理。
② 关于安全管理计划。
③ 关于合同的策略。

④ 关于设计管理的任务与方法。
⑤ 关于项目进展工作程序。
⑥ 关于招标和发包的工作程序。
⑦ 关于工程报告系统（各类报表和报告的内容、填报和编写人员、填报和编写时间、报表和报告的审阅人员等）。
⑧ 关于价值工程的应用。
⑨ 不可预见事件的管理。

由于设计费仅占建设总投资很小的比率，业主方往往忽视对设计过程的管理，这是项目管理的一个误区。应指出，设计阶段的项目管理是建设工程项目管理的一个非常重要的部分，设计的质量直接影响项目实施的投资（或成本）、进度和质量；设计的进度也直接影响工程的进展。

6.2.3 价值工程

价值工程（value engineering，VE）也称价值分析（value analysis，VA），是指以产品或作业的功能分析为核心，以提高产品或作业的价值为目的，力求以最低寿命周期成本实现产品或作业使用所要求的必要功能的一项有组织的创造性活动，有些人也称其为功能成本分析。

价值工程涉及价值、功能和寿命周期成本三个基本要素。价值工程是一门工程技术理论，其基本思想是以最少的费用换取所需要的功能。这门学科以提高工业企业的经济效益为主要目标，以促进老产品的改进和新产品的开发为核心内容。

1. 起源

美国通用电气公司工程师 L. D. 迈尔斯在第二次世界大战后首先提出了购买的不是产品本身而是产品功能的概念，实现了同功能的不同材料之间的代用，进而发展成在保证产品功能前提下降低成本的技术经济分析方法。1947 年他出版了《价值分析》一书，标志着这门学科的正式诞生。

2. 发展

1954 年，美国海军应用了这一方法，并改成为价值工程。由于它是节约资源、提高效用、降低成本的有效方法，因而引起了世界各国的普遍重视，20 世纪 50 年代日本和联邦德国学习与引进了这一方法。1965 年前后，日本开始广泛应用。中国于 1979 年引进，现已在机械、电气、化工、纺织、建材、冶金、物资等多种行业中应用。

以后，价值工程在工程设计和施工、产品研究开发、工业生产、企业管理等方面取得了长足的发展，产生了巨大的经济效益和社会效益。世界各国先后引进和应用推广，开展培训、教学和研究。

3. 内容简介

价值工程中所说的"价值"有其特定的含义，与哲学、政治经济学、经济学等学科关于价值的概念有所不同。价值工程中的"价值"就是一种"评价事物有益程度的尺度"。价值高说明该事物的有益程度高、效益大、好处多；价值低则说明该事物的有益程度低、效益小、好处少。例如,人们在购买商品时,总是希望"物美而价廉",即花费最少的代价换取最多、最好的商品。价值工程中的价值(V)是指对象具有的必要功能与取得该功能的总成本的比例,即效用或功能与成本之比。

《价值工程第一部分:基本术语》(GB/T 8223.1—2009)对价值工程作以下定义:价值工程是"通过各相关领域的协作,对研究对象的功能与费用进行系统分析,持续创新,旨在提高研究对象价值的一种管理思想和管理技术",其中价值是研究对象的功能与费用(成本)的比值,即

$$V = \frac{F}{C}$$

式中,F 是指产品或劳务的性能或用途,即所承担的职能,其实质是产品的使用价值;C 是指产品或劳务在全寿命周期内所花费的全部费用,是生产费用与使用费用之和。

1) 功能概念

价值工程认为,功能对于不同的对象有着不同的含义:对于物品来说,功能就是它的用途或效用;对于作业或方法来说,功能就是它所起的作用或要达到的目的;对于人来说,功能就是他应该完成的任务;对于企业来说,功能就是它应为社会提供的产品和效用。总之,功能是对象满足某种需求的一种属性。认真分析一下价值工程所阐述的"功能"内涵,实际上等同于使用价值的内涵,也就是说,功能是使用价值的具体表现形式。任何功能无论是针对机器还是针对工程,都是针对人类主体的一定需求目的,都是为了人类主体的生存与发展服务,因而最终将体现为相应使用价值。因此,价值工程所谓的"功能"实际上就是使用价值的产出量。

2) 成本概念

价值工程所谓的成本,是指人力、物力和财力资源的耗费。其中,人力资源实际上就是劳动价值的表现形式,物力资源和财力资源就是使用价值的表现形式,因此价值工程所谓的"成本"实际上就是价值资源(劳动价值或使用价值)的投入量。

3) 基本流程

价值工程活动的全过程,实际上是技术经济决策的过程,其基本程序如下。

(1) 选择价值工程对象。选择的具体原则如下。

① 从产品构造方面看,选择复杂、笨重、性能差的产品。

② 从制造方面看,选择产量大、消耗高、工艺复杂、成品率低以及占用关键设备多的产品。

③ 从成本方面看,选择占成本比重大和单位成本高的产品。

④ 从销售方面看,选择用户意见大、竞争能力差、利润低的产品。

⑤ 从产品发展方面看,选择正在研制将要投放市场的产品。

选择的具体方法有重点选择法、百分比法、产品寿命周期法等。

(2) 收集有关情报。收集的情报资料包括该企业经营目标、经营方针、生产规模、经营效果的资料,以及各种经济资料和历史性资料,最后进行系统的整理,去粗取精,加以利用,寻找评价和分析的依据。

(3) 进行功能分析。功能分析是对产品的部件、组件、零件或是对一项工程的细目,

系统地分析它们的功能,计算它们的价值,以便进一步确定价值工程活动的方向、重点和目标。功能分析是价值工程的核心和重要手段,主要包括以下几方面。

① 明确对分析对象的要求。

② 明确分析对象应具备的功能。

③ 进行功能分类,并进一步把功能明确化和具体化。

④ 确定功能系统,绘制功能系统图,把功能之间的关系确定下来。

⑤ 进行功能评价,以便确定价值工程活动的重点、顺序和目标(即成本降低的期待值)等。

(4) 提出改进设想,拟订改进方案。

(5) 分析与评价方案。常用的评价方案方法有优缺点列举法、打分评价法、成本分析法、综合选择法等。

(6) 可行性试验。一方面验证方案选择过程中的准确性,发现可能发生的误差,以便进一步修正方案;另一方面从性能上、工艺上、经济上证明方案实际可行的程度。

(7) 检查实施情况,评价价值工程活动的成果。

4) 工作原则

(1) 分析问题要避免一般化、概念化,要做具体分析。

(2) 收集一切可用的成本资料。

(3) 使用最好、最可靠的情报。

(4) 打破现有框框,进行创新和提高。

(5) 发挥真正的独创性。

(6) 找出障碍,克服障碍。

(7) 充分利用有关专家,扩大专业知识面。

(8) 对于重要的公差,要换算成加工费用来认真考虑。

(9) 尽量采用专业化工厂的现成产品。

(10) 利用和购买专业化工厂的生产技术。

(11) 采用专门生产工艺。

(12) 尽量采用标准。

(13) 以"我是否这样花自己的钱"作为判断标准。

5) 价值提高途径

以企业生产的产品为例,产品的价值是产品功能与其寿命周期费用的比值。其中,产品功能是指满足要求的能力,即使用价值;寿命周期费用是指产品设计、制造、储存、销售、使用、维修、报废处理等全部费用,或称总费用。

因此,提高产品价值的途径有以下几种。

(1) 在不改变产品功能的情况下降低寿命周期费用。

(2) 在保持产品原有寿命周期费用的情况下提高产品功能。

(3) 既提高产品功能,又降低产品寿命周期费用。

(4) 产品寿命周期费用有所提高,但产品功能有更大幅度的提高。

(5) 产品功能虽有降低,但产品寿命周期费用有更大的降低。

6) 基本特点

(1) 以使用者的功能需求为出发点。

(2) 对功能进行分析。

(3) 系统研究功能与成本之间的关系。

(4) 努力方向是提高价值。

(5) 需要由多方协作,有组织、有计划、按程序地进行。

7) 应用领域

(1) 组织经营管理。价值工程是一门显著降低成本、提高效率、提升价值的资源节约型管理技术。价值工程从技术和经济相结合的角度,以独有的多学科团队工作方式,注重功能分析和评价,通过持续创新活动优化方案,降低项目、产品或服务的全寿命周期费用,提升各利益相关方的价值。

价值工程可以为建设节约型社会以及企业持续创新提供新的思路和科学方法,可广泛应用在国民经济建设的很多方面。

(2) 工程项目成本管理。价值工程是一种敢于挑战项目中的一切问题并包括产品或者项目的存在必要性等的基本科学方法,包括产品或者项目的存在的必要性等。项目的成本受设计和说明要求的影响。在完成最后设计之前,建筑师或者工程师应该仔细考虑在建设项目汇总可能采用的方法和设备,应该拒绝那些会增加成本,但不会产生相当效益的要求。对于建筑师或者工程师的最后决定,应该结合施工方法和成本进行合理理解。

例如,在一些项目中证明,在炎热干燥的气候条件中使用 $5.4m^3$ 的运输搅拌机为一个项目运输混凝土,要比使用 $2.3m^3$ 的运输搅拌机运输两倍距离花费更多成本。填筑要求涉及用高密度钢筋建造细混凝土圆柱和墙体,这样可以减少填筑比例。在现有条件装载量为 $5.4m^3$ 的混凝土装载卡车在完全卸载之前,因为高温、低湿,以及从加水到混合物中到最后以特定形式放置到指定位置为止,要 3 个小时的时间跨度,混凝土在运输途中就需要搅拌。长途运输路线以及缓慢的倾倒条件通常是这样做的原因,因此频繁发生拒绝 $5.4m^3$ 运输搅拌机的事情。

(3) 非工程类社会系统。事实上,许多非工程类社会系统同样希望以最少的代价来取得最大的功能效应,同样可以进行价值分析。以最少的代价获取最大的功能不仅是价值工程的基本思想,也是许多学科的基本思想。SAVE(美国价值工程师协会)在 1996 年 6 月 9 日的芝加哥年会上,更名为 SAVE International(美国国际价值工程师协会),提出的口号是价值的协会(The Value Society)。新会号和新口号旨在面向世界、面向所有学科的价值领域,与所有以提高价值为目的的组织或个人团结协作,这标志着价值工程开始全面走向世界、全面走向其他学科领域。

8) 理论缺陷

(1) 缺乏"时间"维度。价值工程所谓的"价值"实际上就是产出的价值量与投入的价值量的比值,这就是人们常说的"价值效益"。不难发现,与价值率(单位时间内系统的产出价值量与投入价值量之比)的概念相比,价值工程所谓的"价值"可以看作一种不考虑时间因素的价值率。价值工程把"功能与耗费的比值"确定为判断工程价值的客观标准。这种判断标准实际上就是工程类事物的发展特性判断的标准,只是还没有把时间因素考虑进去。随着社会生产力的不断发展,时间所间接赋予的价值内涵(虽然时间本身并没有直接的价值)越来越巨大,它对事物的发展特性的影响就越来越巨大。理论证明,决定事物生存与发展的根本前途的决定性因素是该事物的价值率,决定人对于事物的根本态度的决定性因素也是该事物的价值率,而不是"功能与耗费的比值",因此计算和比较不同工程类事物的价值特性的参量应该是"价值率",而不是"功能与耗费的比值"。

(2) 理论深度不够。价值工程作为一门现代管理技术,具有很强的实用性和可操作性,但在更高层次上则研究不足,理论深度不够,思维空间狭窄;同时,面对各种不同的复杂事物,数学模式单一,不利于更好、更有力地发挥它在促进社会生产力中的作用。

(3) 限制于经济领域。价值工程所谓"功能"的内涵仅限于物理意义而没有涉及人的精神意义,仅限于社会的经济方面,而没有涉及政治方面和文化方面。

9) 研究方向

(1) 发展思路。价值工程要取得重大发展,必须突破原有的理论框架和思维空间,以更宽阔的视野和更一般的意义来研究价值工程问题,可以从以下四个方面来拓展价值工程的理论框架和思维空间。

① 丰富"功能"的内涵,扩展"功能"的外延,对不同形式的功能进行辩证分析和统一度量。

② 丰富"成本"的内涵,扩展"成本"的形式,对所有形式的成本能够进行辩证分析和统一度量。

③ 丰富"价值"的内涵,把时间因素纳入价值的内涵之中,对众多的事物或系统的价值进行辩证分析和统一度量。

④ 丰富"工程"的内涵,扩展"工程"的外延,对不同社会领域的"工程"系统进行辩证分析和统一度量。

(2) 拓展手段。

① 开阔新的研究视野。使人们了解到许多纷繁复杂而且彼此相关的价值信息,如哲学价值论的新动态、经济学价值论的新潮流、自然科学"负熵"理论的新发展等,使价值工程发展成为一门新型的现代科学。

② 开辟新的研究领域。使价值工程面向更多的学科领域,特别是人文学科领域,并扩大研究和应用的范围,使之发展成为一门开放性的科学。

③ 引入新的研究思路和先进的研究手段。努力吸收社会科学与自然科学的优秀成果,使价值工程发展成为一门先进性的科学。

④ 促进价值理论的"大统一"以及自然科学与自然科学的大融合。使价值工程发展成为一门具有较高普适性、统摄性、客观性和精确性的科学。

⑤ 团结和吸收广大非工程类学术界人士。建立广泛的价值理论统一战线,不断扩大影响面,让更多的人关心和参与价值工程的研究工作与实践活动,以形成强大的理论研究和社会实践的合力,使价值工程发展成为一门大众性的科学。这不仅是价值工程界的一件幸事,也是整个价值理论界的一件幸事。

为充分发挥价值工程对工程建设增值的作用,在编制项目管理规划大纲和项目管理实施规划时应重视价值工程的应用。

10) 建设工程项目价值不高的原因

建设工程项目价值不高的原因有以下几点。

(1) 工程进度要求过分紧迫。

(2) 设计人员习惯性思维的影响。

(3) 设计方与业主方及项目的各参与方沟通欠缺。

(4) 材料、设备、设计和施工的标准与规范过时。

(5) 设计人员、业主方及项目的各参与方知识更新不够,对新技术不了解。

(6) 思想保守等。

6.3 建设工程项目管理规划的编制方法

《建设工程项目管理规范》(GB/T 50326—2017)中的关于项目管理规划的规定如下。

(1) 项目管理规划大纲应由组织的管理层或组织委托的项目管理单位编制。

(2) 项目管理实施规划应由项目经理组织编制。

6.3.1 项目管理规划大纲的编制

1. 项目管理规划大纲的编制依据

在《建设工程项目管理规范》(GB/T 50326—2017)中规定,项目管理规划大纲编制依据应包括下列内容。

(1) 项目文件、相关法律法规和标准。

(2) 类似项目经验资料。

(3) 实施条件调查资料。

2. 项目管理规划大纲的编制工作程序

在《建设工程项目管理规范》(GB/T 50326—2017)中规定,编制项目管理规划大纲应遵循下列步骤。

(1) 明确项目需求和项目管理范围。

(2) 确定项目管理目标。

(3) 分析项目实施条件,进行项目工作结构分解。

(4) 确定项目管理组织模式、组织结构和职责分工。

(5) 规定项目管理措施。

(6) 编制项目资源计划。

(7) 报送审批。

6.3.2 项目管理实施规划的编制

1. 项目管理实施规划的编制依据

(1) 适用的法律法规和标准。

(2) 项目合同及相关要求。项目合同是发包方(建设单位)和承包方(施工单位)为完成商定的建筑安装工程施工任务,明确相互之间权利、义务关系的书面协议。合同文件应能相互解释，互为说明。除专用条款另有约定外，组成本合同的文件及优先解释顺序如下。

① 本合同协议书。

② 中标通知书。

③ 投标书及其附件。

④ 本合同专用条款。

⑤ 本合同通用条款。

⑥ 标准、规范及有关技术文件。

（3）项目管理规划大纲。项目管理规划大纲是项目管理工作中具有全局性和宏观性的指导文件，用于全过程指导项目管理的规划，为项目管理提出方向和纲领，是编制项目管理实施规划的依据。

（4）项目设计文件。

（5）工程情况与特点。工程情况主要是指厂址概况、地质条件、水文情况、交通情况、给排水情况等。

（6）项目资源和条件。

（7）有价值的历史数据。

（8）项目团队的能力和水平。

2. 项目管理实施规划的编制工作程序

在《建设工程项目管理规范》（GB/T 50326—2017）中规定，编制项目管理实施规划应遵循下列步骤。

（1）了解项目相关各方的要求。

（2）分析项目具体特点和环境条件。

（3）熟悉相关法规和文件。

（4）实施编制活动。

（5）履行报批手续。

习题

一、单项选择题

1. 根据《建设工程项目管理规范》，项目管理规划包括（　　）。【2015年】
   A. 项目管理规划原则和内容　　　　B. 项目管理规划大纲和配套措施
   C. 项目管理规划大纲和实施大纲　　D. 项目管理规划大纲和实施规划

2. 项目管理实施规划编制工作包括：①分析项目具体特点和环境条件；②熟悉相关的法规和文件；③了解相关方的要求；④履行报批手续；⑤实施编制活动。其工作程序是（　　）。【2021年】
   A. ③—①—②—⑤—④　　　　B. ①—②—③—④—⑤
   C. ①—③—②—⑤—④　　　　D. ③—②—①—④—⑤

3. 建设工程项目管理规划用于指导项目管理工作（　　）。【2005年】

A. 操作性　　　　　B. 实施性　　　　　C. 纲领性　　　　　D. 作业性

4. 建设工程项目管理规划业主方属于(　　)项目管理范畴。【2018年】
   A. 工程总承包方　　　　　　B. 工程总承包管理方
   C. 业主方　　　　　　　　　D. 工程咨询方

5. 建设工程项目管理规划的内容涉及的范围与深度要求是(　　)。
   A. 一经编制则不得改变
   B. 必须随着项目进展过程中情况的变化而动态调整
   C. 不会因项目而变化
   D. 可按《建设工程项目管理规范》标准化

6. 价值工程的研究对象是(　　)。
   A. 质量与费用的比值　　　　B. 费用与质量的比值
   C. 功能与费用的比值　　　　D. 费用与功能的比值

7. 下列价值工程中提高价值的做法,正确的是(　　)。
   A. 功能不变,费用降低　　　　B. 功能降低,费用不变
   C. 功能大幅度提高,费用提高　D. 功能不变,费用上升

8. 项目管理实施规划的编制依据,不包括(　　)。
   A. 技术经济指标　　　　　　B. 项目管理规划大纲
   C. 工程情况与特点　　　　　D. 项目合同及相关要求

二、多项选择题

1. 采用建设项目总承包模式的某建设工程项目,其项目管理规划可以由(　　)编制。【2011年】
   A. 业主方　　　　　　　　　B. 业主方的项目管理单位
   C. 设计方　　　　　　　　　D. 施工监理方
   E. 项目总承包方

2. 项目管理规划是指导项目管理工作的纲领性文件,它从总体上分析和描述(　　)。
   A. 项目管理需要做的工作　　B. 项目的总投资
   C. 项目的总进度　　　　　　D. 怎样进行项目管理
   E. 技术标准

3. 建设工程项目管理规划的内容一般包括(　　)。
   A. 项目可行性研究报告　　　B. 项目的评估论证
   C. 项目管理的组织　　　　　D. 技术信息管理的方法和手段
   E. 项目的目标分析和论证

4. 关于建设工程项目管理规划的说法,正确的有(　　)。【2011年】
   A. 除业主方以外,建设项目的其他参与单位也需要编制项目管理规划
   B. 采用工程总承包模式,业主方可以委托工程总承包方编制建设工程项目管理规划
   C. 建设工程项目管理规划编制完成后不需调整
   D. 建设工程项目管理规划仅涉及项目的施工阶段和保修期

E. 建设工程项目管理规划内容涉及的范围和深度,应视项目的特点而定

5. 项目管理规划大纲可由( )负责编制。
   A. 组织的管理层   B. 组织委托的项目管理单位
   C. 设计单位   D. 施工单位
   E. 供货单位

6. 下列价值工程中降低价值的做法,正确的有( )。
   A. 功能不变,费用降低   B. 功能提高,费用不变
   C. 功能提高,费用大幅度提高 D. 辅助功能降低,费用大幅度降低
   E. 功能不变,费用上升

三、简答题

1. 什么是建设工程项目管理规划?
2. 建设工程项目管理规划一般包括哪些内容?
3. 项目管理规划大纲应包括哪些内容?
4. 项目管理实施规划应包括哪些内容?
5. 什么是价值工程?
6. 简述建设项目价值不高的原因。
7. 简述项目管理实施规划的编制依据。
8. 简述项目管理实施规划的编制工作程序。

第 7 章
施工组织设计的内容和编制方法

《建筑施工组织设计规范》(GB/T 50502—2009)对施工组织设计作了以下的解释:施工组织设计是以施工项目为对象编制的,用以指导施工的技术、经济和管理的综合性文件。施工项目是指建筑企业自施工承包投标开始到保修期满为止的全过程完成的项目。施工项目除了具有一般项目的特征外,还具有以下特征。

(1) 施工项目是建设项目或其中的单项工程、单位工程的施工活动过程。
(2) 建筑企业是施工项目的管理主体。
(3) 施工项目的任务范围是由施工合同界定的。
(4) 建筑产品具有多样性、固定性、体积庞大的特点。

只有建设项目、单项工程、单位工程的施工活动过程才称得上施工项目,因为它们才是建筑企业的最终产品。由于分部工程、分项工程不是建筑企业的最终产品,故其活动过程不能称为施工项目,而是施工项目的组成部分。

施工组织设计是对施工活动实行科学管理的重要手段,它具有战略部署和战术安排的双重作用。它体现了实现基本建设计划和设计的要求,提供了各阶段的施工准备工作内容,协调施工过程中各施工单位、各施工工种、各项资源之间的相互关系。通过施工组织设计,可以根据具体工程的特定条件,拟订施工方案、确定施工顺序、施工方法、技术组织措施,可以保证拟建工程按照预定的工期完成,可以在开工前了解到所需资源的数量及其使用的先后顺序,可以合理安排施工现场布置。因此,施工组织设计应从施工全局出发,充分反映客观实际,符合国家要求或合同要求,统筹安排施工活动有关的各个方面,合理地布置施工现场,确保文明施工、安全施工。

7.1 施工组织设计的内容

7.1.1 施工组织设计的基本内容

施工组织设计应包括以下内容。

1. 工程概况

工程概况包括以下方面。
(1) 本项目的性质、规模、建设地点、结构特点、建设期限、分批交付使用的条件、合同条件。

(2) 本地区地形、地质、水文和气象情况。

(3) 施工力量、劳动力、机具、材料、构件等资源供应情况。

(4) 施工环境及施工条件等。

2. 施工部署及施工方案

施工部署及施工方案包括以下两个方面。

(1) 根据工程情况,结合人力、材料、机械设备、资金、施工方法等条件,全面部署施工任务,合理安排施工顺序,确定主要工程的施工方案。

(2) 对拟建工程可能采用的几个施工方案进行定性、定量的分析,通过技术经济评价,选择最佳方案。

施工部署是对项目实施过程做出的统筹规划和全面安排,包括项目施工主要目标、施工顺序及空间组织、施工组织安排等。施工部署主要解决影响建设项目全局的重大施工问题。施工部署因建设项目的性质、规模和施工条件等不同而不同,其主要内容包括确定工程开展程序、拟订主要项目的施工方案、明确施工任务划分与组织安排、编制施工准备工作计划等。

【案例1】 图7.1所示为上海二十冶建设有限公司通过投标中标广西壮族自治区南宁市翡丽湾小学工程。该工程为新建一所学校,用地面积约20 917.89m²(约为31.38亩),总建筑面积约13 890.67m²,其中教学及教学辅助用房建筑面积为9105.75m²,行政办公用房和生活服务用房建筑面积为4784.92m²。施工内容包括各建筑单体的建筑工程、装饰工程、给排水工程、消防工程、电气工程、智能化系统、室外体育运动场、场地平整、道路工程、室外地坪绿化、围墙、挡土墙、大门及土石方工程等。

图7.1 广西壮族自治区南宁市翡丽湾小学工程效果图

项目开工前编制施工组织设计时针对施工部署章节内容编写要点如下。

① 项目施工主要目标。根据合同要求,确定进度管理目标、质量管理目标、安全及环境管理目标等。例如,安全及环境管理目标为无工亡事故、无重伤事故、无恶性肇事故;千人负伤率不超过1.5;无环境污染事故。

② 施工分区。将本工程分为三个施工分区,具体分区为施工一区(行政办公用房和生活服务用房)、施工二区(教学及教学辅助用房)、施工三区(附属工程)。

③ 施工部署总体指导思想及原则。分区并进、主体优先；改造主导、有序抢建；功能附属、安装兼顾；室外并行、装饰跟上；土建安装、严控质量；环境安全、文明施工。

本工程各专业施工按照总平面布置划分为三个施工区域，现场设一台塔吊，一个钢筋加工场，统一进行有序计划，各单体做到同步施工。综合楼、教学楼、食堂为先期施工主体结构，多功能厅及舞蹈教室为后续主体施工，主体结构穿插进行，确保关键线路的工期。综合楼、教学楼主体结构工程在本工程网络计划的关键线路上，是本工程的主导工序，承上启下，其施工进度将直接影响到整个工程能否提前完成。能否组织得有序、合理，将直接影响工程整体进展速度，是施工组织的关键。综合楼、教学楼主体结构争取5月完成。

其他附属工程要为安装工程施工创造条件，屋面工程在结构验收合格后进行，利用塔吊和物料提升机同步进行垂直运输，加快进度。

为了不影响主线施工，房建工程的主体结构应跟室外工程并行施工。根据现场情况，将多功能厅首先完成装饰样板施工，然后将现场办公等场地移到多功能厅，将场地腾出穿插进行室外工程作业，装饰装修工程按照总进度计划和现场具备的条件紧紧跟上。装修工作争取6月或7月进行；办公区及生活区、加工厂于6月搬迁，不影响室外工作的开展；7月穿插足球场、篮球场的施工；争取7月下旬外架拆除，并进入室外管道的施工。

本工程的机电工程主要包括给排水工程、消防工程、电气工程。施工部署方面拟定两支专业队伍进行施工，并分为机电配合和机电安装两个阶段进行。第一阶段从土建基础施工就开始进行配合，主要工作为防雷接地、电气、消防、给排水等管道的预埋配合；第二阶段的主要施工内容包括给排水管道安装、机电设备安装、暖通管道及设备安装、消防/火报管道及设备安装、电线电缆敷设及设备安装、调试等工作。

图7.2所示为地上主体结构施工阶段平面布置图，图中根据主体结构施工特点，布设一台塔吊用于材料垂直运输，升降机用于砌筑材料、砂浆等材料运输，搅拌机、加工棚、材料堆场就近合理布置。

3. 施工进度计划

（1）施工进度计划反映了最佳施工方案在时间上的安排，采用计划的形式，使工期、成本、资源等方面通过计算和调整达到优化配置，符合项目目标的要求。

（2）使工序有序地进行，使工期、成本、资源等通过优化调整达到既定目标，在此基础上编制相应的人力和时间安排计划、资源需求计划和施工准备计划。

4. 施工平面布置图

施工平面布置图是施工方案及施工进度计划在空间上的全面安排。它把投入的各种资源、材料、构件、机械、道路、水电供应网络、生产和生活活动场地及各种临时工程设施合理地布置在施工现场，使整个现场能有组织地进行文明施工。

5. 主要技术经济指标

技术经济指标用以衡量组织施工的水平，它是对施工组织设计文件的技术经济效益进行全面评价。组织施工（施工组织）是根据批准的建设计划、设计文件（施工图）和工程承包合同，对土建工程任务从开工到竣工交付使用所进行的计划、组织、控制等活动的统称。在组织多幢同类型房屋或将一幢房屋分成若干个施工区段进行施工时，可以采用依

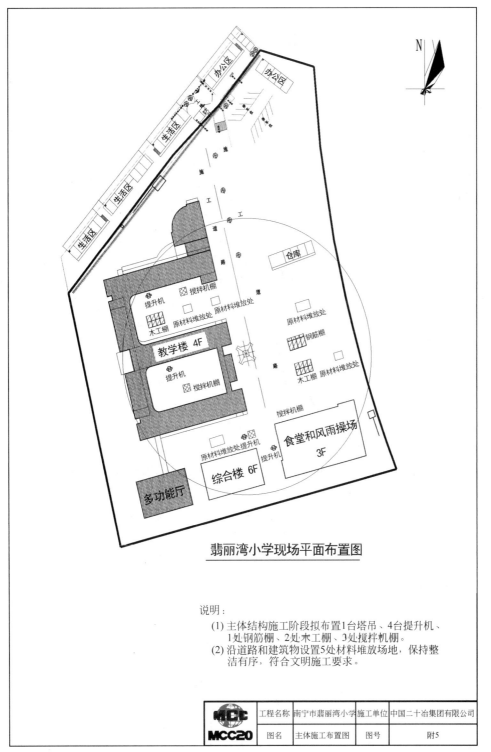

图 7.2 广西壮族自治区南宁市翡丽湾小学主体结构施工阶段临时设施平面布置图

次施工、平行施工和流水施工三种组织施工方式。

7.1.2 施工组织设计的分类及其内容

施工组织设计按编制对象,可分为施工组织总设计、单位工程施工组织设计和施工方案。

《建筑施工组织设计规范》(GB/T 50502—2009)指出:施工组织总设计,以若干单位工程组成的群体工程或特大型项目为主要对象编制的施工组织设计,对整个项目的施工过程起统筹规划、重点控制的作用;单位工程施工组织设计,以单位(子单位)工程为主要对象编制的施工组织设计,对单位(子单位)工程的施工过程起指导作用和制约作用;施工方案,以分部分项工程或专项工程为主要对象编制的施工技术与组织方案,用以具体指导其施工过程。

施工组织总设计包括整个工程的每个单位工程,而单位工程施工组织设计只包括一个工程,单位工程施工组织设计应按其本单位工程的特点有针对性地编制。施工组织总设计中要对一些主要工程项目和特殊分项工程项目的施工方案予以拟定。这些项目通常是建设项目中工程量大、施工难度大、工期长、在整个建设项目中起关键作用的单位工程项目以及影响全局的特殊分项工程。施工组织总设计是全面的总体施工部署和方法的设计,单位工程施工组织设计相对来说更加详细、更加具体化,施工方案在以上基础上,其内容由重点转为具体化。

安全专项施工方案一直以来是施工管控的重点。为加强对危险性较大的分部分项工程安全管理,明确安全专项施工方案编制内容,规范专家论证程序,确保安全专项施工方案实施,2018年2月12日第37次部常务会议审议通过《危险性较大的分部分项工程安全管理规定》(以下简称住建部第37号令),住房和城乡建设部办公厅2018年5月17日发布了《关于实施〈危险性较大的分部分项工程安全管理规定〉有关问题的通知》(以下简称建办质〔2018〕31号文),这两个规定自2018年6月1日起施行。住房和城乡建设部办公厅2021年12月8日发布了《关于印发危险性较大的分部分项工程专项施工方案编制指南的通知》(建办质〔2021〕48号文)表明国家对危险性较大的分部分项工程(以下简称危大工程)安全管理得到了进一步加强。住建部第37号令和建办质〔2018〕31号文要求安全专项施工方案编制内容必须包括工程概况、编制依据、施工计划、施工工艺技术、施工安全保证措施、施工管理、作业人员配备和分工、验收要求、应急处置措施、计算书及施工相关图纸。

【案例2】 上海二十冶建设有限公司通过投标,中标广西壮族自治区巴马瑶族自治县基础设施建设项目工程。该工程由三个项目组成,分别为广西巴马长寿养生国际旅游区旅游集散中心项目(总造价16 070万元,总工期730天,2016年6月16日开工,2018年6月17日竣工),巴马瑶族自治县民族医院搬迁扩建项目一期工程(总造价10 500万元,总工期730天,2016年6月30日开工,2018年6月29日竣工),巴马瑶族自治县基础设施建设项目工程(包括巴马城北路道路改造工程、巴马寿乡大道改造工程等8个市政项目)。对于广西壮族自治区巴马瑶族自治县基础设施建设项目工程而言,编制的整个工程的施工组织设计为施工组织总设计的范畴;针对广西巴马长寿养生国际旅游区旅游集散中心项目,编制的单个工程的施工组织设计为单位工程施工组织设计的范畴;针对广西巴马长寿养生国际旅游区旅游集散中心项目编制的分部分项工程施工方案,如现浇混凝土空心楼盖施工方案、幕墙安全专项施工方案、高支模安全专项施工方案,为施工方案的范畴。

1. 大型房屋建筑工程标准

在我国,大型房屋建筑工程标准一般指以下六个方面。

(1) 25层以上的房屋建筑工程。建筑层数一般是从地面(±0.000m)算起的层数,有的房屋建筑工程底层(1~4层)使用功能用于商铺、商业办公、酒店,一般层高较高(有的层高为5m),上部标准层层高一般固定(一般为2.5~3.0m)。如图7.3所示为上海二十冶建设有限公司承建的济宁市天圳四季城工程,主楼地上28层,其中1~4层高为5m,5~28层高为3m。

图7.3　济宁市天圳四季城工程效果图

(2) 高度100m及以上的构筑物或建筑物工程。

(3) 单体建筑面积30 000m² 及以上的房屋建筑工程。单体建筑面积是指单独的一个房屋建筑面积,注意不要和房屋建筑群(许多房屋建筑)混淆。单体建筑面积30 000m²及以上的房屋建筑工程一般是单体占地面积较大,层数较高。

(4) 单跨跨度30m及以上的房屋建筑工程。单跨跨度30m及以上的房屋建筑工程一般不常见,主要是指框架柱间距离(跨度)超过30m,一般用于使用功能有特殊要求的房屋建筑工程,如会客厅、酒店大堂等部位。

(5) 建筑面积100 000m² 及以上的住宅小区或建筑群体工程。

(6) 单项建安合同额1亿元及以上的房屋建筑工程。单项建安合同额1亿元及以上的房屋建筑工程一般是指层数高,使用功能有特殊要求的房屋建筑工程。如图7.4所示为上海二十冶建设有限公司承建的余姚河姆渡国际花园二期工程,总建安合同额8亿元,其中1~3♯楼为地上24层,地下2层,建筑高度约79.8m,单项建安合同额超过1亿元。

但在实际操作中,具备上述规模的建筑工程很多只需编制单位工程施工组织设计,需

图 7.4　余姚河姆渡国际花园二期工程

要编制施工组织总设计的建筑工程,其规模应当超过上述大型建筑工程的标准,通常需要分期分批建设,可称为特大型项目。

2. 施工组织总设计的内容

施工组织总设计即以若干单位工程组成的群体工程或特大型项目为主要对象编制的施工组织设计,对整个项目的施工过程起统筹规划、重点控制的作用。

施工组织总设计的主要内容如下。

(1) 工程概况。《建筑施工组织设计规范》(GB/T 50502—2009)中 4.1.1 小节指出:工程概况应包括项目主要情况和项目主要施工条件等。一般情况下,施工组织总设计中的工程概况是对工程及所在地区特征的一个总的说明部分。一般应描述项目施工总体概况、设计概况、建安工作量及工程量、建设地区自然经济条件、施工条件、工程特点及重难点分析、承包范围。工程概况介绍时应简明扼要、重点突出、层次清晰,有时为了补充文字介绍的不足,还可辅以图表说明。

(2) 总体施工部署。

① 施工组织总设计应对项目总体施工做出下列宏观部署:确定项目施工总目标,包括进度、质量、安全、环境和成本等目标;根据项目施工总目标的要求确定项目分阶段(期)交付的计划;确定项目分阶段(期)施工的合理顺序。

② 对于项目施工的重点和难点应进行简要分析。

③ 总承包单位应明确项目管理组织机构形式,并宜采用框图的形式表示。

④ 对于项目施工中开发和使用的新技术、新工艺应做出部署。

⑤ 对主要分包项目施工单位的资质和能力应提出明确要求。

(3) 施工总进度计划。《建筑施工组织设计规范》(GB/T 50502—2009)中 4.3.1 小节和 4.3.2 小节指出:施工总进度计划应按照项目总体施工部署的安排进行编制;施工总进度计划可采用网络图或横道图表示,并附必要说明。施工进度计划应按照阶段性施工部署的安排进行编制,是对施工总进度计划的细化分解,一般包括年度施工进度计划、月度施工进度计划、周施工进度计划等。

由上海二十冶建设有限公司承建的四川省南充航空港科技创新中心项目是航空港工业集中区"十三五"转型发展的重点项目,该工程承包模式为EPC总承包,计划总工期为730天。由于该项目含有多种专业工程,为保证合同工期顺利完成,需土建与装修、装修与幕墙结构、土建与钢结构等多专业相互交叉,施工难度大。制订总施工网络进度计划时,必须按照本工程合同工期及合同规定的阶段性节点目标要求进行编制,具体如表7.1所示。

表7.1 主体结构施工阶段性节点目标

序号	重大节点项目	工期	备注
1	1#楼结构封顶	2018.4.10	
2	2#楼结构封顶	2017.10.31	
3	3#楼结构封顶	2017.10.31	
4	4#楼结构封顶	2017.11.20	
5	5#楼结构封顶	2017.11.20	
6	6#楼结构封顶	2017.12.20	
7	7#楼结构封顶	2017.12.20	
8	8#楼结构封顶	2018.2.25	
9	9#楼结构封顶	2018.2.25	

为完成节点目标,项目部根据工程量、作业资源配置及机械投入情况,进行合理安排施工进度,具体总施工网络进度计划安排如图7.5所示。实际安排总工期为730天。

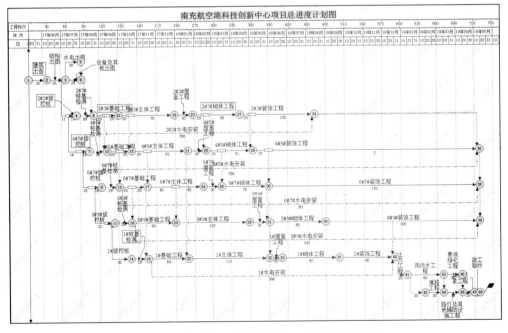

图7.5 南充航空港科技创新中心项目总进度计划

(4) 总体施工准备与主要资源配置计划。

① 总体施工准备应包括技术准备、现场准备和资金准备等。

② 技术准备、现场准备和资金准备应满足项目分阶段(期)施工的需要。

③ 主要资源配置计划应包括劳动力配置计划和物资配置计划等。

④ 劳动力配置计划应包括下列内容:确定各施工阶段(期)的总用工量;根据施工总进度计划确定各施工阶段(期)的劳动力配置计划。

⑤ 物资配置计划应包括下列内容:根据施工总进度计划确定主要工程材料和设备的配置计划;根据总体施工部署和施工总进度计划确定主要施工周转材料和施工机具的配置计划。

(5) 主要施工方法。

① 施工组织总设计应对项目涉及的单位(子单位)工程和主要分部(分项)工程所采用的施工方法进行简要说明。

② 对脚手架工程、起重吊装工程、临时用水用电工程、季节性施工等专项工程所采用的施工方法应进行简要说明。

(6) 施工总平面布置。

施工总平面布置图应包括下列内容。

① 项目施工用地范围内的地形状况。

② 全部拟建的建(构)筑物和其他基础设施的位置。

③ 项目施工用地范围内的加工设施、运输设施、存贮设施、供电设施、供水供热设施、排水排污设施、临时施工道路,以及办公、生活用房等。

④ 施工现场必备的安全、消防、保卫和环境保护等设施。

⑤ 相邻的地上、地下既有建(构)筑物及相关环境。

3. 单位工程施工组织设计的内容

单位工程施工组织设计即以单位(子单位)工程为主要对象编制的施工组织设计,对单位(子单位)工程的施工过程起指导作用和制约作用。单位工程和子单位工程的划分原则,在《建筑工程施工质量验收统一标准》(GB 50300—2001)中已经明确。需要说明的是,对于已经编制了施工组织总设计的项目,单位工程施工组织设计应是施工组织总设计的进一步具体化,直接指导单位工程的施工管理和技术经济活动。单位工程施工组织设计的主要内容如下。

(1) 工程概况。《建筑施工组织设计规范》(GB/T 50502—2009)中 5.1.1 小节指出:工程概况应包括工程主要情况、各专业设计简介和工程施工条件等。一般情况下,单位工程施工组织设计中的工程概况包括工程总体简介、工程建设地点特征、各专业设计主要简介(包含工程典型的平、立、剖面图或效果图)、主要室外工程设计简介、施工条件、工程特点及重难点分析等内容。这部分内容主要是让组织者和决策者了解工程全貌、把握工程特点,以便科学地进行施工部署及选择合理的施工方案。

(2) 施工部署。《建筑施工组织设计规范》(GB/T 50502—2009)中 5.2.2 小节指出:施工部署中的进度安排和空间组织应符合下列规定。

① 工程主要施工内容及其进度安排应明确说明,施工顺序应符合工序逻辑关系。

② 施工流水段应结合工程具体情况分阶段进行划分；单位工程施工阶段的划分一般包括地基基础、主体结构、装修装饰和机电设备安装三个阶段。

（3）施工进度计划。《建筑施工组织设计规范》(GB/T 50502—2009)中5.3.2小节指出：施工进度计划可采用网络图或横道图表示，并附必要说明；对于工程规模较大或较复杂的工程，宜采用网络图表示。

（4）施工准备与资源配置计划。《建筑施工组织设计规范》(GB/T 50502—2009)中5.4.1小节指出：施工准备应包括技术准备、现场准备和资金准备等；《建筑施工组织设计规范》(GB/T 50502—2009)中5.4.2小节指出：资源配置计划应包括劳动力配置计划和物资配置计划等。

（5）主要施工方案。《建筑施工组织设计规范》(GB/T 50502—2009)中5.5.1小节指出：单位工程应按照《建筑工程施工质量验收统一标准》(GB 50300—2001)中分部分项工程的划分原则，对主要分部分项工程制订施工方案。一般情况下，主要施工方法内容包括划分施工区域及流水段、确定大型机械设备、阐明主要分部分项工程施工方法。

（6）施工现场平面布置。《建筑施工组织设计规范》(GB/T 50502—2009)中5.6.1小节和5.6.2小节指出：施工现场平面布置图应结合施工组织总设计，按不同施工阶段分别绘制。施工现场平面布置图应包括下列内容：工程施工场地状况；拟建建(构)筑物的位置、轮廓尺寸、层数等；工程施工现场的加工设施、存储设施、办公和生活用房等的位置和面积；布置在工程施工现场的垂直运输设施、供电设施、供水供热设施、排水排污设施和临时施工道路等；施工现场必备的安全、消防、保卫和环境保护等设施；相邻的地上、地下既有建(构)筑物及相关环境。

【案例3】　上海二十冶建设有限公司施工的湖南郴州缤纷世界项目，拟建建筑物由6栋高层和16栋商铺以及1栋幼儿园组成，建筑物重要性等级为一级，地基基础设计等级为甲级，高层采用框支剪力墙结构，多层采用框架结构。施工内容包括桩基工程、地下基础及主体结构、装饰装修及水电安装、室外附属工程等。

施工现场平面布置基本原则：坚持总图统一归口管理且局部服从总体规划的原则。布置合理，水电就近，道路环行，排水畅通。充分利用现场平面空间，合理布置现场施工及临时设施。具体如下。

根据现场实际情况，由于地库面积较大，在地库施工期间，围墙内基本不能形成混凝土硬化路面。首先沿围墙外主干道将施工现场未封闭部位采用彩钢瓦围墙全部封闭，并在局部开几个口作为施工时运输车辆的出入口，停止施工时再封闭上，保证运输方便通畅。为保证人员及现场物资的安全，在施工现场设立内个带门禁系统的大门，并由保安人员负责监护。

在基础施工阶段整个现场分两个工区，南北商业区及9#楼为施工一区，钢筋加工、模板加工、周转材料堆放主要利用9#楼西面地库，将地库垫层完成作为施工一区加工场地；7#、8#楼及周边地库作为施工二区，钢筋加工、模板加工、周转材料堆放主要利用7#、8#楼中间地库，将地库垫层完成作为施工二区加工场。

5#、6#楼东北角区作为工程所有施工人员的生活区，由于生活区场地比较狭窄，整个生活区布置60间宿舍、食堂、厕所、浴室等必要房间等设施。办公室采用二层彩板搭建,并用砖砌围墙封闭,将所有专业技术人员集中在一起办公。

综上因素考虑,桩基及土方开挖施工阶段施工现场平面布置图重点对灌注桩施工位置、钢筋加工场、泥浆池等进行布置,具体如图7.6所示。

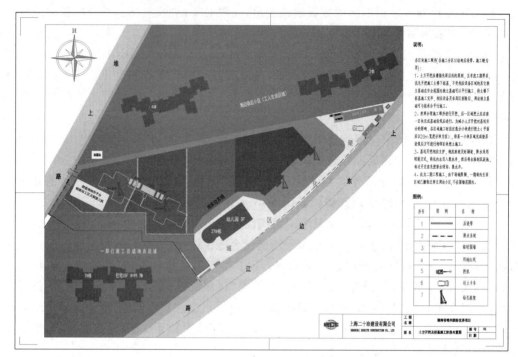

图7.6 桩基及土方开挖施工阶段施工现场平面布置图

地下结构施工阶段施工现场平面布置图重点对塔吊、钢筋加工场、材料堆放点等进行布置,具体如图7.7所示。

施工用水规划:根据业主要求从现场道路边自来水接水口接出,主干管为DN110,分支管采用DN65。主干管沿着围墙布设,直到生活区;支管设置在每栋房子的位置。现场每个供水点配备水龙头,砂浆搅拌机旁边砌筑$2m \times 2m \times 1m$的蓄水池。垂直进入各楼层主干管采用DN65给水管,各楼层配备1个水龙头。

施工用电规划:施工现场通过业主架设安装2台630kV·A变压器作为施工电源。施工用电高峰期主要设备有塔吊、人货电梯、电焊机、电渣压力焊、插入式振动器、钢筋弯曲机、钢筋切断机、钢筋调直机、木工圆锯、砂浆搅拌机、碘钨灯、水泵等,施工现场主要供电形式分两个供电回路系统完成。

施工用电回路一:选用$185m^2$电缆一根,由业主提供1#楼630kV·A变压器接至施工现场1#楼配电柜,采取埋地敷设,穿越道路时加钢套管加以保护。供商业南区、商业北区、9#楼及办公区用电。

施工用电回路二:选用$185m^2$电缆一根,由业主提供2#楼630kV·A变压器接至施工现场2#楼配电柜,采取埋地敷设,穿越道路时加钢套管加以保护。供7#、8#楼及生活区用电。

综上所述,临水临电施工现场平面布置图重点对用电变压器、电缆走向、一级箱二级

第 7 章 施工组织设计的内容和编制方法

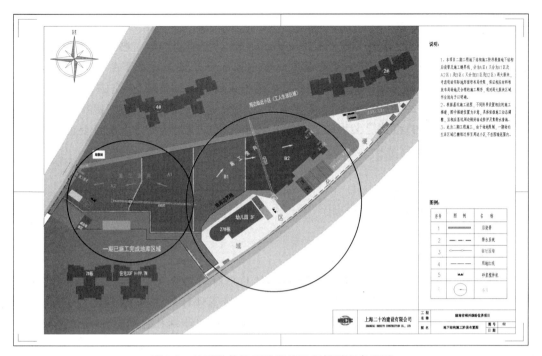

图 7.7 地下结构施工阶段施工现场平面布置图

箱布置、取水点、消火栓、灭火器等进行布置,具体如图 7.8 所示。

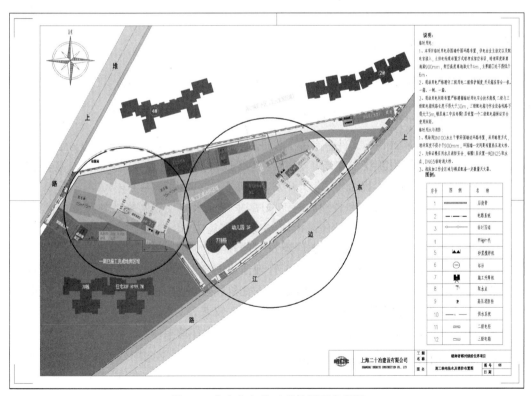

图 7.8 临水临电施工现场平面布置图

4. 施工方案的内容

施工方案即以分部分项工程或专项工程为主要对象编制的施工技术与组织方案,用于具体指导其施工过程。施工方案在某些时候也被称为分部分项工程或专项工程施工组织设计,但考虑到通常情况下施工方案是施工组织设计的进一步细化,是施工组织设计的补充,施工组织设计的某些内容在施工方案中无须赘述,因而《建筑施工组织设计规范》(GB/T 50502—2009)将其定义为施工方案。在该规范中规定施工方案的主要内容如下:

(1) 工程概况。
(2) 施工安排。
(3) 施工进度计划。
(4) 施工准备与资源配置计划。
(5) 施工方法及工艺要求。

5. 施工管理规划

《建筑施工组织设计规范》(GB/T 50502—2009)对施工管理规划做了以下一些解释和规定。即施工管理计划应包括进度管理计划、质量管理计划、安全管理计划、环境管理计划、成本管理计划以及其他管理计划等内容。施工管理计划在目前多作为管理和技术措施编制在施工组织设计中,这是施工组织设计必不可少的内容。施工管理计划涵盖很多方面的内容,可根据工程的具体情况加以取舍。在编制施工组织设计时,各项管理计划可单独成章,也可穿插在施工组织设计的相应章节中。各项管理计划的制订应根据项目的特点有所侧重。

7.2 施工组织设计的编制方法

以下内容主要参考《建筑施工组织设计规范》(GB/T 50502—2009)。

7.2.1 施工组织设计的编制原则

(1) 符合施工合同或招标文件中有关工程进度、质量、安全、环境保护、造价等方面的要求。
(2) 积极开发、使用新技术和新工艺,推广应用新材料和新设备(在目前市场经济条件下,企业应当积极利用工程特点、组织开发、创新施工技术和施工工艺)。
(3) 坚持科学的施工程序和合理的施工顺序,采用流水施工和网络计划等方法,科学配置资源,合理布置现场,采取季节性施工措施,实现均衡施工,达到合理的经济技术指标。
(4) 采取技术措施和管理措施,推广建筑节能和绿色施工。
(5) 与质量、环境和职业健康安全三个管理体系有效结合(为保证持续满足过程能力和质量保证的要求,国家鼓励企业进行质量、环境和职业健康安全管理体系的认证制度,且目前该三个管理体系的认证在我国建筑行业中已较普及,并且建立了企业内部管理体系文件,编制施工组织设计时,不应违背上述管理体系文件的要求)。

7.2.2 施工组织设计的编制依据

(1) 与工程建设有关的法律法规和文件。

(2)国家现行有关标准和技术经济指标(其中技术经济指标主要是指各地方的建筑工程概预算定额和相关规定。虽然建筑行业目前使用了清单计价的方法,但各地方制定的概预算定额在造价控制、材料和劳动力消耗等方面仍起一定的指导作用)。

(3)工程所在地区行政主管部门的批准文件,建设单位对施工的要求。

(4)工程施工合同和招投标文件。

(5)工程设计文件。

(6)工程施工范围内的现场条件、工程地质及水文地质、气象等自然条件。

(7)与工程有关的资源供应情况。

(8)施工企业的生产能力、机具设备状况、技术水平等。

7.2.3 施工组织设计的编制和审批

(1)施工组织设计应由项目负责人主持编制,可根据需要分阶段编制和审批。有些分期分批建设的项目跨越时间很长,还有些项目地基基础、主体结构、装修装饰和机电设备安装并不是由一个总承包单位完成。此外,还有一些特殊情况的项目,在征得建设单位同意的情况下,施工单位可分阶段编制施工组织设计。

《建设工程项目管理规范》(GB 50326—2017)术语解释:项目负责人(项目经理)(project manager)是组织法定代表人在建设工程项目上的授权委托代理人。一般情况下,项目负责人就是指项目经理。

(2)施工组织总设计应由总承包单位技术负责人审批;单位工程施工组织设计应由施工单位技术负责人或技术负责人授权的技术人员审批;施工方案应由项目技术负责人审批;重点、难点分部分项工程和专项工程施工方案应由施工单位技术部门组织相关专家评审,施工单位技术负责人批准。

施工单位技术负责人是一个施工单位中的总技术负责人(总工程师),负责各施工项目、各个专业的技术工作;技术负责人授权的技术人员就是施工单位总工程师针对某项技术工作或某个项目技术工作,授权指定专业技术人员负责,技术负责人授权的技术人员可以是公司技术管理部门人员,也可以是项目总工。

在《建设工程安全生产管理条例》(国务院第393号令)以及住建部第37号令和建办质〔2018〕31号文中规定:对下列达到一定规模的危险性较大的分部分项工程编制专项施工方案,并附具安全验算结果,经施工单位技术负责人、总监理工程师签字后实施。

① 基坑支护与降水工程。

② 土方开挖工程。

③ 模板工程。

④ 起重吊装工程。

⑤ 脚手架工程。

⑥ 拆除爆破工程。

⑦ 国务院建设行政主管部门或者其他有关部门规定的其他危险性较大的工程。

以上所列工程中涉及深基坑、地下暗挖工程、高大模板工程的专项施工方案,施工单位还应当组织专家进行论证、审查。除上述《建设工程安全生产管理条例》(国务院第393号令)以及住建部第37号令和建办质〔2018〕31号文中规定的分部分项工程外,施工单位还应根据项目特点和地方政府部门有关规定,对具有一定规模的重点、难点分部分项工程进行相关论证。

(3) 由专业承包单位施工的分部分项工程或专项工程的施工方案,应由专业承包单位技术负责人或技术负责人授权的技术人员审批;有总承包单位时,应由总承包单位项目技术负责人核准备案。

(4) 规模较大的分部分项工程和专项工程的施工方案应按单位工程施工组织设计进行编制和审批。

有些分部分项工程或专项工程如主体结构为钢结构的大型建筑工程,其钢结构分部工程规模很大且在整个工程中占有重要的地位,需另行分包,遇有这种情况的分部分项工程或专项工程,其施工方案应按施工组织设计进行编制和审批。

7.2.4 施工组织设计的动态管理

(1) 项目施工过程中,发生以下情况之一时,施工组织设计应及时进行修改或补充。

① 工程设计有重大修改。

说明:当工程设计图纸发生重大修改时,如地基基础或主体结构的形式发生变化、装修材料或做法发生重大变化、机电设备系统发生大的调整等,需要对施工组织设计进行修改;对工程设计图纸的一般性修改,视变化情况对施工组织设计进行补充;对工程设计图纸的细微修改或更正,施工组织设计则无须调整。

工程设计图纸的一般性修改是指图纸未进行重大修改,一般是在自审、会审及施工过程中发现的工程设计图纸存在标高、尺寸、位置、工艺要求数据不准确、有问题等现象,进行的修改,一般以设计变更形式体现。

② 有关法律法规、规范和标准实施、修订和废止。当有关法律法规、规范和标准开始实施或发生变更,并涉及工程的实施、检查或验收时,施工组织设计需要进行修改或补充。

③ 主要施工方法有重大调整。因采取新技术、新材料、新工艺、新设备,或者因为外部环境(如施工现场周边环境有变化,工期进行调整等)发生变化,施工组织设计中主要施工方法需进行重大调整。

由于主客观条件的变化,施工方法有重大变更,原来的施工组织设计已不能正确地指导施工,需要对施工组织设计进行修改或补充。

④ 主要施工资源配置有重大调整。因为施工现场周边环境有变化、工期进行调整、业主提出要求、采用"四新"技术等因素发生变化,施工现场劳动力、机械设备、机具等主要施工资源配置需进行重大调整。

当施工资源的配置有重大变更,并且影响到施工方法的变化或对施工进度、质量、安全、环境、造价等造成潜在的重大影响,需对施工组织设计进行修改或补充。

⑤ 施工环境有重大改变。施工环境一般只指施工现场周边地理环境、气候环境、人文环境等。

当施工环境发生重大改变,如施工延期造成季节性施工方法变化,施工场地变化造成现场布置和施工方式改变等,致使原来的施工组织设计已不能正确地指导施工。需对施工组织设计进行修改或补充。

(2) 经修改或补充的施工组织设计应重新审批后实施。

（3）项目施工前应进行施工组织设计逐级交底,项目施工过程中,应对施工组织设计的执行情况进行检查、分析并适时调整。

习题

一、单项选择题

1. 根据《建筑施工组织设计规范》(GB/T 50502—2009),施工组织设计应由(　　)组织编制。【2014年】
   A. 施工单位技术负责人　　　　B. 项目负责人
   C. 监理单位技术负责人　　　　D. 项目技术负责人

2. 根据《建筑施工组织设计规范》(GB/T 50502—2009),关于施工组织设计审批的说法,正确的是(　　)。【2020年】
   A. 专项施工方案应由项目技术负责人审批
   B. 施工方案应由项目总监理工程师审批
   C. 施工组织总设计应由建设单位技术负责人审批
   D. 单位工程施工组织设计应由承包单位技术负责人审批

3. 施工组织设计是以施工(　　)为对象编制的。
   A. 项目　　　　B. 内容　　　　C. 单位　　　　D. 目标

4. 根据《建筑施工组织设计规范》(GB/T 50502—2009),"合理安排施工顺序"属于施工组织设计中(　　)的内容。【2017年】
   A. 施工部署和施工方案　　　　B. 施工进度计划
   C. 施工平面图　　　　　　　　D. 施工准备工作计划

5. 技术经济指标用于衡量(　　)的水平。
   A. 科技创效　　B. 技术管理　　C. 组织施工　　D. 管理施工

6. 不属于单位工程施工组织设计主要内容的是(　　)。
   A. 工程概况　　　　　　　　　B. 施工现场平面布置
   C. 主要施工方案　　　　　　　D. 施工安排

7. 施工组织设计应由(　　)主持编制。
   A. 施工单位技术负责人　　　　B. 项目负责人
   C. 施工单位技术负责人授权人　D. 项目技术负责人

二、多项选择题

1. 单位工程施工组织设计和分部(分项)工程施工组织设计均应包括的内容有(　　)。【2011年】
   A. 施工安全管理计划　　　　　B. 施工特点分析
   C. 主要技术经济指标　　　　　D. 工程概况
   E. 各项资源需求量计划

2. 根据《建筑施工组织设计规范》(GB/T 50502—2009),以分部(分项)工程或专项工程为主要对象编制的施工方案,其主要内容包括(　　)。【2014年】
   A. 工程概况　　　　　　　　　B. 施工方法和工艺要求

C. 施工部署 D. 施工现场平面布置
E. 施工准备与资源配置计划

3. 项目施工过程中,对施工组织设计进行修改或补充的情形有( )。【2017年】
A. 设计单位应业主要求对楼梯部分进行局部修改
B. 某桥梁工程由于新规范的实施而需要重新调整施工工艺
C. 由于自然灾害导致施工资源的配置有重大变更
D. 施工单位发现设计图纸存在重大错误需要修改工程设计
E. 某钢结构工程施工期间钢材价格上涨

4. 施工组织设计按编制对象,可分为( )。
A. 施工组织总设计 B. 单项施工组织设计
C. 单位工程施工组织设计 D. 施工方案
E. 分项工程施工组织设计

5. 依据我国标准,属于大型房屋建筑工程的有( )。
A. 建筑面积45 000m² 的某住宅楼工程
B. 28层的写字楼工程
C. 单项建安合同额1.2亿元的某酒店
D. 建筑面积90 000m² 的住宅小区
E. 单跨跨度36m的体育场馆

6. 施工组织总设计和单位工程施工组织设计均应包括的主要内容有( )。
A. 工程概况 B. 主要资源配置计划
C. 施工安排 D. 施工方法及工艺要求
E. 施工进度计划

7. 单位工程施工组织设计应由( )审批。
A. 项目负责人 B. 项目技术负责人
C. 施工单位技术负责人 D. 施工单位负责人
E. 施工单位技术负责人授权的技术人员

8. 施工组织设计应及时进行修改或补充的情况有( )。
A. 工程设计图纸的一般性修改 B. 对工程设计图纸的细微更正
C. 主要施工方法有重大调整 D. 施工环境有重大改变
E. 主要施工资源配置有重大调整

三、简答题

1. 施工组织设计包括哪些基本内容?
2. 分别说明什么是施工组织总设计、单位工程施工组织设计和施工方案。
3. 在我国,大型房屋建筑工程标准一般是指什么?
4. 施工组织总设计的主要内容包括哪些?
5. 简述施工组织设计的编制原则。
6. 简述施工组织设计的编制依据。
7. 施工组织设计的动态管理包括哪些内容?

第8章

建设工程项目目标的动态控制

我国在施工管理中引进项目管理的理论和方法已有多年,但是运用动态控制原理控制项目的目标尚未得到普及,许多施工企业还不重视在施工进展过程中依据和运用定量的施工成本控制、施工进度控制和施工质量控制的报告系统指导施工管理工作,项目目标控制还处于相当粗放的状况。应认识到:运用动态控制原理进行项目目标控制将有利于项目目标的实现,并有利于促进施工管理科学化的进程。

由于项目实施过程中主客观条件的变化是绝对的,不变则是相对的;在项目进展过程中平衡是暂时的,不平衡则是永恒的,因此,在项目实施过程中必须随着情况的变化进行项目目标的动态控制。动态控制可以适应社会经济的不稳定性和市场的多变性,随时改进、修订经营业务,使企业管理保持弹性,因此,项目目标动态控制是项目管理最基本的方法论。

8.1 项目目标动态控制的方法及其应用

8.1.1 项目目标动态控制的工作程序

项目目标动态控制的工作程序如图 8.1 所示。

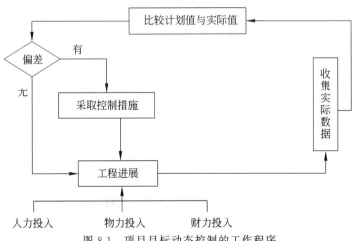

图 8.1 项目目标动态控制的工作程序

1. 项目目标动态控制的准备工作

将项目目标进行分解,以确定用于目标控制的计划值。如某大型商业综合体工程的建设合同工期为2018年6月1日至2021年12月31日,为便于项目进度控制,可将施工总进度计划分解到年、月、旬、周等。分解得到的年、月、旬、周的施工计划就是目标控制的计划值。

2. 在项目实施过程中项目目标的动态控制

(1) 收集项目目标的实际值,如实际投资、实际进度等。

(2) 定期(如每两周或每月)进行项目目标的计划值和实际值的比较。

(3) 通过项目目标的计划值和实际值的比较,如有偏差,则采取纠偏措施进行纠偏。

3. 如有必要,则进行项目目标的调整,目标调整后再恢复到第一步

由于在项目目标动态控制时要进行大量数据的处理,当项目的规模比较大时,数据处理的量就相当可观。采用计算机辅助的手段可高效、及时而准确地生成许多项目目标动态控制所需要的报表,如计划成本与实际成本的比较报表,以及计划进度与实际进度的比较报表等,将有助于项目目标动态控制的数据处理。

8.1.2 项目目标动态控制的纠偏措施

项目目标动态控制的纠偏措施(图8.2)主要包括以下方面。

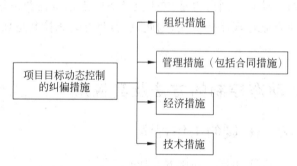

图8.2 项目目标动态控制的纠偏措施

(1) 组织措施。分析由于组织的原因而影响项目目标实现的问题,并采取相应的措施,如调整项目组织结构、任务分工、管理职能分工、工作流程组织和项目管理班子人员等。

(2) 管理措施(包括合同措施)。分析由于管理的原因而影响项目目标实现的问题,并采取相应的措施,如调整进度管理的方法和手段,改变施工管理和强化合同管理等。

(3) 经济措施。分析由于经济的原因而影响项目目标实现的问题,并采取相应的措施,如落实加快工程施工进度所需的资金等。

(4) 技术措施。分析由于技术(包括设计和施工的技术)的原因而影响项目目标实现的问题,并采取相应的措施,如调整设计、改进施工方法和改变施工机具等。

以项目进度控制为例,通过分析由于组织、管理、经济和技术的原因而影响进度目标的问题,并采取相应的措施(图8.3),可以实现对项目进度目标的纠偏。

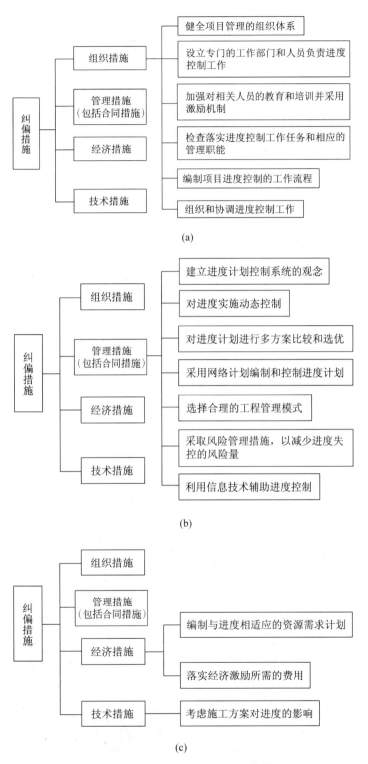

图 8.3 项目进度控制的主要纠偏措施

当项目目标失控时,人们往往首先思考的是采取什么技术措施,而忽略可能或应当采取的组织措施和管理措施(包括合同措施)。组织论的一个重要结论是组织是目标能否实现的决定性因素。应充分重视组织措施对项目目标控制的作用。

8.1.3 项目目标的动态控制和项目目标的主动控制

项目目标动态控制的核心是在项目实施的过程中定期地进行项目目标的计划值和实际值的比较,当发现项目目标偏离时采取纠偏措施。为避免项目目标偏离的发生,还应重视事前的主动控制,即事前分析可能导致项目目标偏离的各种影响因素,并针对这些影响因素采取有效的预防措施(图 8.4)。

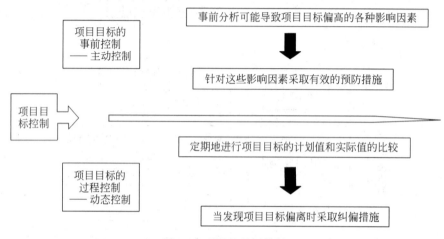

图 8.4 项目的目标控制

如图 8.5 所示,上海二十冶建设有限公司承建的国内某大型煤化工基地园区项目,其中空分冷箱的吊装就位是项目的重大节点,空分冷箱需要使用煤化工基地园区内的 3000t 级履带吊吊装。在空分冷箱吊装前,上海二十冶建设有限公司采用事前主动控制,主动分析、预判可能影响空分冷箱吊装节点的各种因素,如空分冷箱设备制造供货时间、3000t 级履带吊的使用时间等,并提前制订预防措施,最终顺利保证了空分冷箱吊装节点。

图 8.5 空分冷箱吊装节点目标的事前主动控制(左)及吊装的顺利实施(右)

8.2 动态控制在进度控制中的应用

运用动态控制原理控制进度的步骤如下。

1. 项目进度目标的逐层分解

项目进度目标的逐层分解是从项目实施开始前和在项目实施过程中,逐步地由宏观到微观、由粗到细编制深度不同的进度计划的过程。对于大型建设工程项目,应通过编制工程总进度规划、工程总进度计划、项目各子系统和各子项目工程进度计划等进行项目工程进度目标的逐层分解。

2. 在项目实施过程中对工程进度目标进行动态跟踪和控制

(1) 按照进度控制的要求,收集工程进度实际值。

(2) 定期对工程进度的计划值和实际值进行比较。进度的控制周期应视项目的规模和特点而定,一般的项目控制周期为一个月,对于重要的项目,控制周期可定为一旬或一周等。

比较工程进度的计划值和实际值时应注意,其对应的工程内容应一致。如以里程碑事件的进度目标值或再细化的进度目标值作为进度的计划值,则进度的实际值是相对于里程碑事件或再细化的分项工作的实际进度。进度的计划值和实际值的比较应是定量的数据比较,比较的成果是进度跟踪和控制报告,如编制进度控制的旬、月、季、半年和年度报告等。

(3) 通过工程进度计划值和实际值的比较,如发现进度的偏差,则必须采取相应的纠偏措施进行纠偏。如分析由于管理的原因而影响进度的问题并采取相应的措施,调整进度管理的方法和手段,改变施工管理和强化合同管理,及时解决工程款支付和落实加快工程进度所需的资金,改进施工方法和改变施工机具等。

3. 如有必要(发现原定的项目进度目标不合理,或原定的项目进度目标无法实现等),则调整项目进度目标

例如,图 8.5 所示的上海二十冶建设有限公司承建国内某大型煤化工基地园区项目,空分冷箱的吊装就位是项目的重大节点。计划 2018 年 9 月 15 日进行空分冷箱的吊装。2018 年 9 月上旬,中央气象台预报 9 月中旬项目所在城市将有台风登陆。为确保安全,空分冷箱的运输、3000t 级履带吊的组装、空分冷箱的吊装都必须延后,原定的 9 月 15 日吊装空分冷箱的进度目标无法顺利完成,必须重新调整进度目标。

8.3 动态控制在投资控制中的应用

运用动态控制原理控制投资的步骤如下。

1. 项目投资目标的逐层分解

项目投资目标的分解是指通过编制项目投资规划,分析和论证项目投资目标实现的可能性,并对项目投资目标进行分解。

2. 在项目实施过程中对投资目标进行动态跟踪和控制

(1) 按照项目投资控制的要求,收集项目投资的实际值。

(2) 定期对项目投资的计划值和实际值进行比较。

项目投资的控制周期应视项目的规模和特点而定,一般的项目控制周期为一个月。投资控制包括设计过程的投资控制和施工过程的投资控制,其中前者更为重要。

在设计过程中投资的计划值和实际值的比较即工程概算与投资规划的比较,以及工程预算与概算的比较。如图 8.6 所示,在工程项目的各个实施阶段,投资值有不同的名称。例如,在项目计划建议书及可行性研究阶段,项目的投资值为投资规划,投资规划也将作为项目实施其他阶段投资值的计划值。其中,施工阶段、项目投资的计划值和实际值的比较包括以下方面。

① 工程合同价格与工程概算的比较。

② 工程合同价格与工程预算的比较。

③ 工程款支付与工程概算的比较。

④ 工程款支付与工程预算的比较。

⑤ 工程款支付与工程合同价格的比较。

⑥ 工程决算与工程概算、工程预算和工程合同价格的比较。

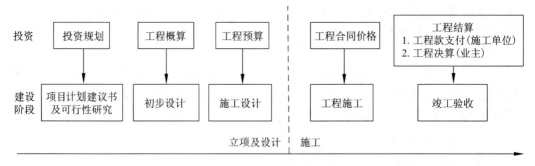

图 8.6　项目实施各阶段的项目投资

由上可知,投资的计划值和实际值是相对的。如相对于工程预算而言,则工程概算是投资的计划值;相对于工程合同价格而言,则工程概算和工程预算都可作为投资的计划值等。

(3) 将项目投资计划值和实际值进行比较,如发现有出入,则必须采取相应的措施进行纠偏,如采取限额设计的方法,调整投资控制的方法和手段,采用价值工程的方法,制订节约投资的奖励措施,调整或修改设计,优化施工方法等。

3. 如有必要(即发现原定的项目投资目标不合理,或原定的项目投资目标无法实现等),则调整项目投资目标

例如,图 8.5 所示的上海二十冶建设有限公司承建国内某大型煤化工基地园区项目,该项目合同价格为 1.5 亿元。在原设计方案中,空分冷箱设备基础采用 PHC 桩。在项目建设过程中,由于该区域为原先工业园区矿渣堆积而成,部分 PHC 桩无法直接施工,需要通过引孔后再施工,造成桩基工程施工成本增加。最终,业主与上海二十冶建设有限公司签订了补充协议,对桩基工程的施工合同额进行了调整。

运用动态控制原理控制施工质量的工作步骤与进度控制和投资控制的工作步骤相类似。质量目标不仅是各分部分项工程的施工质量,还包括材料、半成品、成品和有关设备等的质量。在施工活动开展前,首先应对质量目标进行分解,即对上述组成工程质量的各元素的质量目标做出明确的定义,它就是质量的计划值。在施工进展过程中,则应收集上述组成工程质量的各元素质量的实际值,并定期地对施工质量的计划值和实际值进行跟踪和控制,编制质量控制的月度、季度、半年和年度报告。通过施工质量计划值和实际值的比较,如发现质量有偏差,则必须采取相应的纠偏措施进行纠偏。

习题

一、单项选择题

1. 项目管理最基本的方法论是( )。【2004 年】
   A. 项目目标的策划　　　　　　B. 项目目标的动态控制
   C. 项目管理的目标　　　　　　D. 项目管理的信息化

2. 项目目标动态控制工作包括：①确定目标控制的计划值；②分解项目目标；③收集项目目标的实际值；④定期比较计划值和实际值；⑤纠正偏差。正确的工作流程是( )。【2019 年】
   A. ①—③—②—⑤—④　　　　B. ②—①—③—④—⑤
   C. ③—②—①—④—⑤　　　　D. ①—②—③—④—⑤

3. 运用动态控制原理实施工程项目的进度控制,下列各项工作中应首先进行的工作是( )。【2009 年】
   A. 对工程进度的总目标进行逐层分解
   B. 定期对工程进度计划值和实际值进行对比
   C. 分析进度偏差的原因及其影响
   D. 按照进度控制的要求,收集工程进度实际值

4. 建设工程项目目标动态控制的核心是( )。【2007 年】
   A. 合理确定计划值　　　　　　B. 适当调整工程项目目标
   C. 认真收集实际值　　　　　　D. 比较分析,采取纠偏措施

5. 应用动态控制原理控制项目投资时,属于设计过程中投资的计划值与实际值比较的是( )。【2011 年】
   A. 工程概算与工程合同价　　　B. 工程预算与工程合同价
   C. 工程预算与工程概算　　　　D. 工程概算与工程决算

6. 运用动态控制原理进行建设工程项目投资控制,首先进行的工作是( )。
   A. 分析投资构成,确定投资控制的重点
   B. 分析并确定影响投资控制的因素
   C. 进行投资目标分解,确定投资控制的计划值
   D. 收集经验数据,为投资控制提供参考值

7. 在应用动态控制原理控制建设工程项目目标时,调整项目组织结构、管理职能分工

属于( )措施。
　　A. 组织　　　　B. 合同　　　　C. 经济　　　　D. 技术

8. 某项目由于关键设备采购延误导致总体工程进度延误,项目经理部研究决定调整项目采购负责人以解决问题,该措施属于项目目标控制的( )措施。
　　A. 组织　　　　B. 管理　　　　C. 经济　　　　D. 技术

9. 在某大型工程项目的施工过程中,由于"下情不能上传,上情不能下达",导致项目经理不能及时做出正确决策,拖延了工期,为了加快施工进度,项目经理修正了信息传递工作流程。这种纠偏措施属于动态控制的( )措施。
　　A. 技术　　　　B. 管理　　　　C. 经济　　　　D. 组织

10. 在目标控制过程中,采用强化合同管理方法进行纠偏属于( )措施。
　　A. 管理　　　　B. 组织　　　　C. 技术　　　　D. 经济

11. 在下列目标控制措施中,属于管理措施的是( )。
　　A. 对进度控制的任务分工进行调整
　　B. 对进度控制的方法进行调整
　　C. 落实加快工程施工进度所需的资金
　　D. 改变施工机械加快工程进度

12. 在下列目标控制措施中,属于经济措施的是( )。
　　A. 落实加快工程施工进度所需的资金
　　B. 改变施工方案和改变施工机具
　　C. 强化合同管理
　　D. 调整项目管理班子人员

13. 项目目标动态控制的核心是在项目实施的过程中定期地进行项目目标( )的比较。
　　A. 偏差值和调整值　　　　B. 偏差值和实际值
　　C. 计划值和实际值　　　　D. 计划值和调整值

14. 对建设工程项目进度目标进行分析和论证,其目的是( )。
　　A. 论证进度目标是否合理　　　　B. 制定进度控制措施
　　C. 论证进度目标实现的经济性　　D. 确定调整进度目标的方法

15. 项目进度的控制周期应视项目的规模和特点而定,一般的项目控制周期为( )。
　　A. 一周　　　　B. 一旬　　　　C. 一个月　　　　D. 两个月

16. 下列各项中属于施工过程中投资的计划值和实际值比较的是( )。
　　A. 工程概算和投资规划的比较　　B. 工程预算和投资规划的比较
　　C. 工程概算和工程预算的比较　　D. 合同价格与工程概算的比较

17. 应用动态控制原理控制建设工程项目施工成本时,若将工程进度款作为实际值,则可作为计划值的是( )。
　　A. 工程合同价格　　B. 工程变更款　　C. 工程索赔款　　D. 工程结算价

二、多项选择题

1. 应用动态控制原理进行目标控制时,用于纠偏的组织措施包括( )等。【2007年】

A. 调整项目进度管理方法　　　　　　B. 调整招标工作的管理职能分工
C. 调整投资控制工作流程　　　　　　D. 更换不同的软件编制施工进度计划
E. 调整合同来管理任务分工

2. 控制项目目标的主要措施包括(　　)。
A. 组织措施　　　B. 管理措施　　　C. 经济措施　　　D. 技术措施
E. 生产措施

3. 应用动态控制原理进行目标控制时,用于纠偏的管理措施是(　　)。
A. 调整进度管理的方法
B. 调整招标工作的管理职能分工
C. 将横道图计划改为网络计划对目标进行控制
D. 改进施工方案
E. 调整合同管理任务分工

4. 下列项目目标动态控制的纠偏措施中,属于技术措施的有(　　)。【2011 年】
A. 调整项目管理工作流程组织　　　　B. 调整管理任务分工
C. 调整进度控制的方法和手段　　　　D. 选择高效的施工机具
E. 改进施工过程中的施工方法

5. 有关项目目标控制方法的说法,正确的有(　　)。
A. 项目目标动态控制工作程序的第一步是将项目目标进行分解
B. 当计划值与实际值产生偏差时,必须调整项目目标
C. 为避免项目目标偏离的发生,应重视事前的主动控制
D. 项目目标动态控制是项目管理最基本的方法论
E. 项目目标动态控制有利于项目目标的实现

6. 在工程项目施工过程中,运用动态控制原理进行投资控制,投资的计划值和实际值的比较是指(　　)。【2009 年】
A. 工程预算与工程概算的比较
B. 工程合同价与工程预算的比较
C. 工程合同价与工程概算的比较
D. 工程款支付与工程合同价的比较
E. 工程款支付与工程预算的比较

7. 应用动态控制原理进行建设工程项目投资控制时,相对于工程合同价格而言,投资的计划值有(　　)。
A. 投资规划　　　B. 工程概算　　　C. 工程预算　　　D. 工程进度款
E. 工程决算

三、简答题

1. 为什么项目目标的动态控制是项目管理最基本的方法论?
2. 简述项目目标动态控制的工作程序。
3. 项目目标动态控制的纠偏措施主要包括哪些内容?
4. 简述运用动态控制原理控制进度的步骤。
5. 简述运用动态控制原理控制投资的步骤。
6. 施工阶段,项目投资的计划值和实际值的比较包括哪些内容?

第 9 章

施工企业项目经理的工作性质、任务和责任

2003年2月27日《国务院关于取消第二批行政审批项目和改变一批行政审批项目管理方式的决定》(国发〔2003〕5号)规定:"取消建筑施工企业项目经理资质核准,由注册建造师代替,并设立过渡期。"

建筑业企业项目经理资质管理制度向建造师执业资格制度过渡的时间定为五年,即从国发〔2003〕5号文印发之日起至2008年2月27日止。过渡期内,凡持有项目经理资质证书或者建造师注册证书的人员,经其所在企业聘用后均可担任工程项目施工的项目经理。过渡期满后,大中型工程项目施工的项目经理必须由取得建造师注册证书的人员担任,但取得建造师注册证书的人员是否担任工程项目施工的项目经理,由企业自主决定。

9.1 施工企业项目经理的工作性质

根据《注册建造师管理规定》(原建设部令第153号),相应地制定了《注册建造师执业工程规模标准(试行)》,将建设工程按照造价、规模指标等区分为大型、中型及小型项目,规定大中型工程项目施工的项目经理必须由取得一级建造师注册证书的人员担任,小型工程必须由取得一级或者二级建造师注册证书的人员担任。如图9.1所示为国家一级建造师注册证书。

图 9.1 国家一级建造师注册证书

通常取得建造师注册证书的人员在国家法律层面满足担任项目经理的要求,但具体是否担任项目经理,由建筑施工企业根据自身业务情况、项目特点、个人经验等综合条件确定。图 9.2 所示为上海二十冶建设有限公司任命项目经理及项目管理团队的文件。

图 9.2　上海二十冶建设有限公司任命项目经理及项目管理团队的文件

在全面实施建造师执业资格制度后仍然要坚持落实项目经理岗位责任制。项目经理岗位是保证工程项目建设质量、安全、工期的重要岗位。

建筑施工企业项目经理(以下简称项目经理)是指受企业法定代表人委托,对工程项目施工过程全面负责的项目管理者,是建筑施工企业法定代表人在工程项目上的代表人。

法定代表人是指依法代表法人行使民事权利,履行民事义务的主要负责人(如建筑施工企业的董事长一般为企业的法定代表人)。这里注意法定代表人与法人的区别。根据《中华人民共和国民法通则》,"法人"是指具有民事权利能力和民事行为能力,依法独立享有民事权利和承担民事义务的组织。可以看出,法人是一种组织,而不是某一个人,而法定代表人是具体某一个人。同时,注意法定代表人与法人代表的区别。"法人代表"一般是指根据法人的内部规定担任某一职务,或由法定代表人指派代表法人对外依法行使民事权利和义务的人,它不是一个独立的法律概念。法人代表依法定代表人的授权而产生,没有法定代表人的授权,就不能产生法人代表,而法定代表人则依法由上级任命或由企业权力机构依法定程序选举产生。

项目经理部是施工企业在项目现场的派出机构,代表施工企业对项目的实施、管理、控制,向施工企业和企业法定代表人负责。项目经理作为该组织的最高领导者和决策者,受企业法定代表人委托对工程项目在授权范围内进行管理。

建造师是专业人士的名称,而项目经理是工作岗位的名称,应注意这两个概念的区别和关系。取得建造师执业资格的人员表示其知识和能力符合建造师执业的要求,但其在企业中的工作岗位则由企业视工作需要和安排而定。

建造师是指从事建设工程项目总承包和施工管理关键岗位的专业技术人员,是对具备了该专业领域知识和能力的专业从业人员的称呼,如造价工程师、咨询工程师、安全工程师、结构工程师等专业技术人员。

通常开展一个建设项目需要组建专业的项目团队,这支团队通常称为项目经理部,项目经理部是一个有体系和架构的专业组织,通常设置的岗位包括项目经理、项目技术负责人、项目副经理、施工员、质量员、安全员等。项目经理只是该组织机构中的一个岗位而已。图9.3所示为某城市地下综合管廊项目经理部的组织机构图。2002年12月我国开始实施建造师执业资格制度,以取代行政审批的项目经理制度,项目经理不再作为执业资格而仅作为岗位继续存在,其执业资格被建造师所取代。

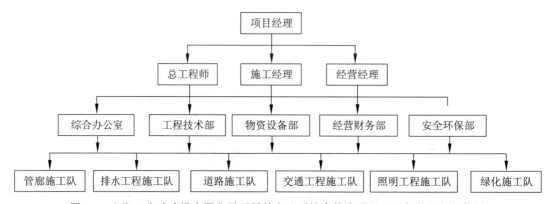

图9.3 上海二十冶建设有限公司下属某市地下综合管廊项目经理部的组织机构图

建造师执业资格考试是由人力资源和社会保障部与住房和城乡建设部组织的全国性的考试,包括"建设工程经济""建设工程法规及相关知识""建设工程项目管理"和"专业工程管理与实务"四个科目,具有全国统一大纲、统一命题、统一组织、统一证书的特点(其中,2009年起二级建造师实行地方管理和地方命题制度)。通过建造师执业资格考试的人员,表示其满足报考要求,并通过了上述四门课程的知识和能力测试,在国家法律规定层面具备了建造师执业的知识和能力。

通过建造师执业资格考试的人员,虽然在国家法律规定层面具备了建造师执业的知识和能力,但不代表其一定能适应项目经理岗位所具备的实际综合能力。项目经理岗位的人员安排,通常要综合考虑项目的特点、企业对项目的定位、候选人员的经验和特长等众多因素。担任项目经理岗位的人员必须取得建造师执业资格,但取得建造师执业资格的人员,不一定都必须安排在项目经理岗位。

《建设工程施工合同(示范文本)》(GF 2017—0201)中涉及项目经理的有以下条款。

(1)项目经理应为合同当事人所确认的人选,并在专用合同条款中明确项目经理的姓名、职称、注册执业证书编号、联系方式及授权范围等事项,项目经理经承包人授权后代表承包人负责履行合同。项目经理应是承包人正式聘用的员工,承包人应向发包人提交项目经理与承包人之间的劳动合同,以及承包人为项目经理缴纳社会保险的有效证明。承包人不提交上述文件的,项目经理无权履行职责,发包人有权要求更换项目经理,由此增加的费用和(或)延误的工期由承包人承担。项目经理应常驻施工现场,且每月在施工现场时间不得少于专用合同条款约定的天数。项目经理不得同时担任其他项目的项目经理。项目经理确需离开施工现场时,应事先通知监理人,并取得发包人的书面同意。项目经理的通知中当载明临时代行其职责的人员的注册执业资格、管理经验等资料,该人员应具备履行相应职责的能力。

承包人违反上述约定的,应按照专用合同条款的约定,承担违约责任。

(2) 项目经理按合同约定组织工程实施。在紧急情况下为确保施工安全和人员安全,在无法与发包人代表和总监理工程师及时取得联系时,项目经理有权采取必要的措施保证与工程有关的人身、财产和工程的安全,但应在48小时内向发包人代表和总监理工程师提交书面报告。

(3) 承包人需要更换项目经理的,应提前14天书面通知发包人和监理人,并征得发包人书面同意。通知中应当载明继任项目经理的注册执业资格、管理经验等资料,继任项目经理继续履行第(1)项约定的职责。未经发包人书面同意,承包人不得擅自更换项目经理。承包人擅自更换项目经理的,应按照专用合同条款的约定承担违约责任。

(4) 发包人有权书面通知承包人更换其认为不称职的项目经理,通知中应当载明要求更换的理由。承包人应在接到更换通知后14天内向发包人提出书面的改进报告。发包人收到改进报告后仍要求更换的,承包人应在接到第二次更换通知的28天内进行更换,并将新任命的项目经理的注册执业资格、管理经验等资料书面通知发包人。继任项目经理继续履行第(1)项约定的职责。承包人无正当理由拒绝更换项目经理的,应按照专用合同条款的约定承担违约责任。

(5) 项目经理因特殊情况授权其下属人员履行其某项工作职责的,该下属人员应具备履行相应职责的能力,应提前7天将上述人员的姓名和授权范围书面通知监理人,并征得发包人书面同意。

在国际上,建造师的执业范围相当宽,可以在施工企业、政府管理部门、建设单位、工程咨询单位、设计单位、教学和科研单位等执业,如图9.4所示。

国际上施工企业项目经理的地位、作用及特征如下。

(1) 项目经理是企业任命的一个项目的项目管理班子的负责人(领导人),但它并不一定是(多数不是)一个企业法定代表人在工程项目上的代表人,因为一个企业法定代表人若为工程项目上的代表人,在法律上赋予他的权限范围太大。

(2) 项目经理的任务仅限于主持项目管理工作,其主要任务是项目目标的控制和组织协调。

(3) 在有些文献中明确界定,项目经理不是一个技术岗位,而是一个管理岗位。

(4) 项目经理是一个组织系统中的管理者,至于他是否有人权、财权和物资采购权等管理权限,则由其上级确定。

中国的建造师与国际上的建造师在考核标准、资格管理、培训与继续教育、与项目经

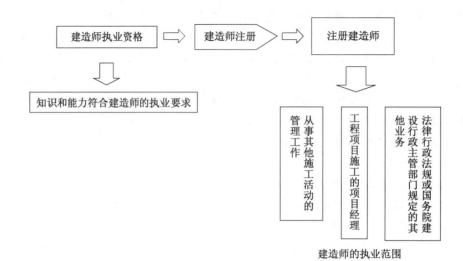

图 9.4　建造师的执业要求及执业范围

理的关系等方面不同。自从我国开始实施建造师执业资格制度、项目经理职业资格制度等制度后,我国对项目经理的角色定位也发生了很大变化,其范围管理和权限相对较大,项目经理直接向施工企业和企业法定代表人负责。而国际上项目经理的管理范围和权限相对较小,更多赋予其管理层面的职权,只是项目管理班子的负责人,通常不是工程项目上的代表人。

项目目标根据项目的建造合同、企业对项目的具体要求等因素综合确定,通常包括工期目标、质量目标、安全目标、经营目标等众多方面。项目经理作为项目管理班子的负责人,是项目目标实现的第一责任人,其主要任务是保证项目目标的最终实现。

一个建设项目目标的实现涉及统筹协调大量的人员、机械、物资等资源,需要大量的施工计划工作,通过多方面的综合管理来最终实现项目目标,因此项目经理是一个管理岗位;而技术岗位相对注重于本职的技术性工作,涉及的协调和管理事务较少。

我国在施工企业中引入项目经理的概念已多年,取得了显著的成绩。但是,在推行项目经理负责制的过程中也有不少误区,如企业管理的体制与机制和项目经理负责制不协调,在企业利益与项目经理利益之间出现矛盾;不恰当、过分地扩大项目经理的管理权限和责任;将农业小生产的承包责任机制应用到建筑大生产中,甚至采用项目经理抵押承包的模式,抵押物的价值与工程可能发生的风险极不相当等。

9.2　施工企业项目经理的任务

1. 项目经理的职责

项目经理在承担工程项目施工管理过程中,履行下列职责。

(1) 贯彻执行国家和工程所在地政府的有关法律法规和政策,执行企业的各项管理制度。

(2) 严格财务制度,加强财经管理,正确处理国家、企业与个人的利益关系。

(3) 执行项目承包合同中由项目经理负责履行的各项条款。

（4）对工程项目施工进行有效控制，执行有关技术规范和标准，积极推广应用新技术，确保工程质量和工期，实现安全、文明生产，努力提高经济效益。

2. 项目经理的管理权力

项目经理在承担工程项目施工的管理过程中，应当按照建筑施工企业与建设单位签订的工程承包合同，与本企业法定代表人签订项目承包合同，并在企业法定代表人授权范围内，行使以下管理权力。

（1）组织项目管理班子。

（2）以企业法定代表人的代表身份处理与所承担的工程项目有关的外部关系，受托签署有关合同。

（3）指挥工程项目建设的生产经营活动，调配并管理进入工程项目的人力、资金、物资、机械设备等生产要素。

一个建设项目的建造过程是一个动态的过程，项目在实施过程中需要根据现场的实际情况、工程的进展、外界的环境等因素进行即时调整施工作业队伍的部署，合理安排项目的资金使用，有效调配项目的各种物资和机械设备等，尽可能做到科学合理，避免造成浪费和不合理。

（4）选择施工作业队伍。通常一个建设项目需要大量的劳务作业队伍和专业施工队伍，项目经理需要根据项目的类型、施工进度的安排、资源配置计划等因素做出合理的施工作业队伍的策划，例如，劳务作业队伍、钢结构施工队伍、幕墙施工队伍等，择优选择能满足项目需要、成本合理的施工队伍。

（5）进行合理的经济分配。项目经理有权力对项目管理人员进行一定的物质奖励；而利益分配主要是从企业角度来考虑的，项目部收益以后的利润是要上交给企业的，企业再进行利益分配。

（6）企业法定代表人授予的其他管理权力。在一般的施工企业中设工程计划、合同管理、工程管理、工程成本、技术管理、物资采购、设备管理、人事管理、财务管理等职能管理部门（各企业所设的职能部门的名称不一，但其主管的工作内容是类似的），项目经理可能在工程管理部，或项目管理部下设的项目经理部主持工作。施工企业项目经理往往是一个施工项目施工方的总组织者、总协调者和总指挥者，它所承担的管理任务不仅依靠所在的项目经理部的管理人员来完成，还依靠整个企业各职能管理部门的指导、协作、配合和支持。项目经理不仅要考虑项目的利益，还应服从企业的整体利益。企业是工程管理的一个大系统，项目经理部则是其中的一个子系统。过分地强调子系统的独立性是不合理的，对企业的整体经营也是不利的。

3. 项目经理的任务

项目经理的任务包括项目的行政管理和项目管理两个方面，其在项目管理方面的主要任务如下。

（1）施工安全管理。

（2）施工成本控制。

（3）施工进度控制。

(4) 施工质量控制。

(5) 工程合同管理。

(6) 工程信息管理。

(7) 工程组织和协调等。

9.3 施工企业项目经理的责任

9.3.1 项目管理目标责任书

项目管理目标责任书应在项目实施之前,由法定代表人或其授权人与项目管理机构负责人协商制订。项目管理目标责任书应属于组织内部明确责任的系统性管理文件其内容应符合组织制度要求和项目自身特点。编制项目管理目标责任书应依据《建设工程项目管理规范》(GB/T 50326—2017)。

1. 项目合同文件

合同文件是企业与建设方签署的关于项目承建的法律文件,包括双方约定的关于项目的工期、质量、安全、奖项等主要管理目标,项目经理在与企业签订项目管理目标责任书时,必须以该合同文件为前提,并结合企业对该项目的要求,通常在不低于合同约定主要管理目标下协商制定。

如建设工程施工合同是指根据法律规定和合同当事人[是指发包人和(或)承包人]约定具有约束力的文件,构成合同的文件包括合同协议书、中标通知书(如果有)、投标函及其附录(如果有)、专用合同条款及其附件、通用合同条款、技术标准和要求、图纸、已标价工程量清单或预算书以及其他合同文件。

依照施工合同,施工单位应完成建设单位交给的施工任务,建设单位应按照规定提供必要条件并支付工程价款。建设工程施工合同是承包人进行工程建设施工,发包人支付价款的合同,是建设工程的主要合同,同时也是工程建设质量控制、进度控制、投资控制的主要依据。施工合同的当事人是发包方和承包方,双方是平等的民事主体。

2. 组织的管理制度

图 9.5 所示为上海二十冶建设有限公司为健全工程项目管理体系,规范项目管理行为,优化项目管理过程,降低项目管理风险,提高工程项目管理水平,根据《建设工程项目管理规范》(GB/T 50326—2017),结合公司实际制定的工程项目管理制度。

3. 项目管理规划大纲

项目管理规划大纲宜包括下列内容,组织也可根据需要在其中选定。

(1) 项目概况。

(2) 项目范围管理。

(3) 项目管理目标。

(4) 项目管理组织。

(5) 项目采购与投标管理。

(6) 项目进度管理。

上海二十冶建设有限公司文件

工管字[201×]0×号　　　　签发人：×××

关于印发《上海二十冶建设有限公司工程项目管理制度》的通知

各单位：

《上海二十冶建设有限公司工程项目管理制度》已经公司董事会审议通过，现予发布，请遵照执行。

附件：《上海二十冶建设有限公司工程项目管理制度》

上海二十冶建设有限公司

201×年×月×日

上海二十冶建设有限公司办公室　　　　201×年×月×日印发

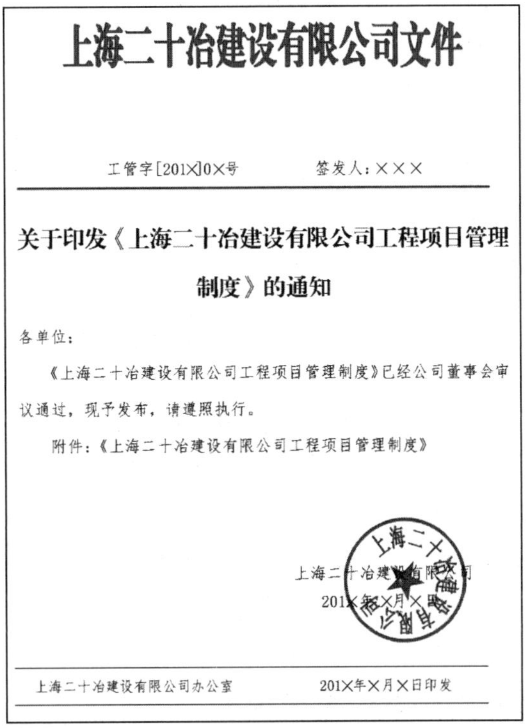

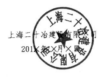

图 9.5　项目管理制度示例

（7）项目质量管理。

（8）项目成本管理。

（9）项目安全生产管理。

（10）绿色建造与环境管理。

（11）项目资源管理。

（12）项目信息管理。

（13）项目沟通与相关方管理。

（14）项目风险管理。

（15）项目收尾管理。

4. 组织的经营方针和目标

经营方针是指以企业的经营思想为基础，根据实际情况为企业实现经营目标而提出的一种指导方针。正确地确定企业经营方针，能有效地利用各种资源，有计划地进行基本建设和生产经营活动，实现企业的经营目标。

企业的经营方针分为基本经营方针和年度经营方针。

基本经营方针是指企业最基本的发展方向，是企业的经营政策和管理政策经过长时间检验而固定下来的一种方针。基本经营方针是企业最基本的思考方向文化，涵盖了基本文化、行业政策、人事政策等基本政策。历经漫长时间也不改变的事业政策加以明示出来即基本经营方针。

年度经营方针是一种相对具体的企业经营方针,它的作用在于指导企业某一年度的经营运作,实现企业某一年度的经营目标。

企业经营目标是在一定时期企业生产经营活动预期要达到的成果,是企业生产经营活动目的性的反映与体现,是指在既定的所有制关系下,企业作为一个独立的经济实体,在其全部经营活动中所追求的、并在客观上制约着企业行为的目的。这一定义的特点:①整体性;②终极性;③客观性。

企业经营目标是在分析企业外部环境和企业内部条件的基础上确定的企业各项经济活动的发展方向和奋斗目标,是企业经营思想的具体化。

企业经营目标不止一个,其中既有经济目标,又有非经济目标;既有主要目标,又有从属目标。它们之间相互联系,形成一个目标体系。其主要由经济收益和企业组织发展方向方面的内容构成,它反映了一个组织所追求的价值,为企业各方面活动提供基本方向。它使企业能在一定的时期、一定的范围内适应环境趋势,能使企业的经营活动保持连续性和稳定性。

5. 项目特点以及实施条件与环境

项目环境是项目管理的基本要素之一。一个项目的完成通常需要对项目所依存的大环境有着敏感的认识和正确的理解。项目及其管理在通常情况下对环境有着极大的影响,但同时也被环境所制约。项目环境包括实施项目中的内在及外在环境。

9.3.2 项目管理目标责任书的主要内容

项目管理目标责任书的主要内容如下。
(1) 项目管理实施目标。
(2) 组织和项目经理部职责、权限与利益的划分。
(3) 项目现场质量、安全、环保、文明、职业健康和社会责任目标。
(4) 项目设计、采购、施工、试运行管理的内容和要求。
(5) 项目所需资源的获取和核算办法。
(6) 法定代表人向项目经理委托的相关事项。
(7) 项目经理和项目经理部应承担的风险。
(8) 项目应急事项和突发事件处理的原则与方法。
(9) 项目管理效果和目标实现的评价原则、内容与方法。
(10) 项目实施过程中相关责任和问题的认定与处理原则。
(11) 项目完成后对项目经理的奖惩依据、标准和办法。
(12) 项目经理解职和项目经理部解体的条件办法。
(13) 缺陷责任期、质量保修期及之后对项目管理机构负责人的相关要求。

缺陷责任期是指承包人按照合同约定承担缺陷修复义务,且发包人预留质量保证金(已缴纳履约保证金的除外)的期限,自工程实际竣工日期起计算。保修期是指承包人按照合同约定对工程承担保修责任的期限,从工程竣工验收合格之日起计算。

组织应对项目管理目标责任书的完成情况进行考核和认定,并依据考核结果和项目管理目标责任书的奖惩规定,对项目管理机构负责人和项目管理机构进行奖励或处罚。项目管理目标责任书应根据项目实施变化进行补充和完善。

9.3.3 项目管理机构负责人的职责

项目管理机构负责人职责如下。

(1) 项目管理目标责任书规定的职责。项目管理目标责任书是组织的管理层与项目经理部签订的,明确项目经理部应达到的成本、质量、工期、安全和环境等管理目标及其承担的责任,并作为项目完成后考核评价依据的文件。项目管理目标责任书需根据组织的管理需要和工程项目建设特点,细化管理工作目标和具体要求,以便更好地实施。

目前,企业对项目的管理通常采取项目经理负责制,由企业与项目经理以项目管理目标责任书的方式来约定建设项目的管理目标,项目经理应当履行项目管理目标责任书中的职责,以保证项目目标的实现。以下为某企业与项目经理部签订的项目管理目标责任书。

工程项目管理目标责任书

甲方:××分公司

乙方:××项目经理部

甲方上级公司_____(与承包合同中一致,以下简称公司)已与_____(业主方)签订《××合同》(以下简称承包合同),本项目由甲方上级公司委托甲方负责管理。为切实加强工程项目目标责任管理,提高项目管理效率,确保承包合同有效履约及项目各项经营管理目标的完成,根据相关制度规定,遵循平等自愿、诚实信用的原则,签订本《工程项目管理目标责任书》,作为甲方对乙方经营管理责任考核、评价和奖惩的依据。

一、总则

1. 本工程项目的项目名称、承包范围、合同造价、质量、工期、安全文明标化、承包方责任义务、承包方违约责任等与本工程项目承包合同一致。

2. 项目经理已悉知承包合同内容,承包合同主合同项下的补充合同(协议)、签证、变更等事项并入主合同一并考核。

3. 乙方是甲方上级公司的派出机构,乙方在公司及甲方管理制度框架和公司对乙方的授权范围内行使职权,对本工程项目进行全过程组织管理,履行本工程施工承包合同中约定的甲方权利和义务,对本目标责任书中的责任目标负责,项目经理为实现全部目标的第一责任人。

4. 公司聘用_____(项目经理姓名)为该项目经理部的项目经理,项目经理是该项目的主承包人,乙方承包团队由项目经理部班子成员及管理人员组成。乙方负责对该项目进行全过程的组织、施工和经营管理。

5. 项目实行全成本费用承包模式,乙方按管理规定足额上交风险抵押金。

二、责任期限

自项目开工至责任义务全部履行完毕,责任义务履行完毕的主要标志如下。

1. 完成竣工交验及竣工备案,资料移交总部公司档案室。

2. 完成与业主、分包、材料供应商的结算,合同、结算书、台账、签证单、验收及出入库单据等经营资料原件移交甲方相关部门。

3. 债权债务清理完,财务凭证、发票、财务凭证原始单据移交甲方财务部门。

4. 质量责任缺陷期(或质保期)已到期,质保金已收回。

5. 各类奖项已申报、评审完毕。

6. 无其他未决事项或遗留事项。

三、乙方经营责任指标

1. 目标利润。目标利润为本工程不含税工程结算总价款的××%,上交目标利润后项目不发生亏损。工程竣工结算后,按竣工结算不含税总价款对目标利润进行清算目标利润。

2. 项目管理费用。本工程乙方项目管理费用控制在××万元以内(最终按不含税工程结算总价款的××%作为控制上限进行考核),项目管理费用包括纳入间接费、管理费、销售费用科目下核算的薪酬(含劳务派遣及临时管理用工)、社会统筹、交通、差旅、办公、招待、通信、保险、办公住宿房租、折旧等费用。现场临时设施、安全文明标化费用不计入管理费用,计入项目直接成本。

3. 竣工结算。按甲方预结算管理办法规定执行(工程实体竣工验收通过后2个月内完成竣工结算的编制报送。自工程实体竣工交验之日起××个月内完成与业主方的项目竣工结算,××个月内完成与分包方、材料供应商等所有成本事项的结算工作)。

4. 收款及清欠。按承包合同约定按期足额收回进度款、质保金、保证金等各类应收款项。按甲方清欠相关规定执行。

四、乙方管理责任

1. 安全与文明标化。无死亡、重伤事故;无职业病、火灾事故、环境污染事故、有责交通死亡事故;负伤率小于千分之二;无安全停工整改事项、无安全行政处罚。创建××级安全文明标准化工地;创建××省级、××市级安全文明标准化工地;创建绿色节约型工地。对现场发生的重伤及以上安全事故、安全停工须在1小时内报告甲方主要领导。

2. 工期。按承包合同约定执行,无工期违约损失,工期延误应取得业主方有效签认,停工前应征得甲方经理同意。

3. 质量。按承包合同约定执行,工程实体一次性验收通过,无质量违约损失,无质量事故,无质量行政处罚。本工程申报并创××杯质量奖项。对现场发生的质量事故、质量停工须在2小时内报告甲方主要领导。

4. 科技创新。加计扣除审核后研发费用占含税结算价的比例不低于××%;专利申请数量××件(其中发明专利××件)。

5. 项目实际税负率控制在××%以内,税负率控制偏差不得高于以上控制指标的××%。

6. 农民工工资管理。做好农民工实名登记、安全教育和考勤管理,对农民工工资的结算、发放监控到位,不发生群体讨薪及闹访事件,不发生农民工工资支付额外成本损失,不发生农民工工资行政处罚事件。

7. 项目薪酬。合同工期内,项目人员薪酬按甲方相关管理规定发放。

8. 项目内控管理。项目分包、物资、机械设备、工器具、计量、签证、预结算、成本控制、薪酬管理、统计盘报及台账、清欠、环境与职业健康、项目收尾、车辆、公章等各项内控管理符合公司制度和管理要求,并对以上事项承担责任。

9. 遵守国家及甲方关于经营、财务、建筑施工等方面的各项管理规定,接受内外部财务、税务、审计、工商、质量、安全、环保等部门的管理与监督,涉及整改的事项按期整改到位。

10. 对分包方发生的严重违约事项应及时报告甲方主要领导。对业主方主要领导更换,业主方发生合并、重组,业主方财务状况恶化、重大资产转移、履约能力严重下降等风险事项应及时报告甲方主要领导。

11. 乙方必须为甲方树立良好的企业形象,不得有私自刻制印章、担保、承诺、委托、授权、借贷、随意签字、授意他人违规违法、泄露经营秘密、不作为或乱作为等损害甲方及甲方上级公司的利益或企业形象的行为。

12. 党风廉政。项目经理部全体人员严格遵守反"四风"、八项规定精神及公司制度,不谋私,不索要或收受任何好处,无违规违纪及腐败案件发生。

五、乙方风险抵押金

项目领导班子集体须进行风险抵押,本责任书签订后30天内,项目经理负责收齐并向甲方缴纳风险抵押金××万元(大写:××万元整,其中项目经理抵押××万元;项目经理部其他班子成员合计抵押××万元)。抵押以现金方式缴纳至总部公司账户,利息按年利率×%计算,在承包兑现时支付;对未按期缴纳抵押金的,按公司《项目目标责任管理办法》执行。

风险抵押金中××%为经营责任抵押金,××%为管理责任抵押金。

六、考核兑现

1. 实行过程考核与项目终结考核相结合。过程考核主要考核管控的合规性、有效性;项目终结考核主要考核经营目标完成的效果。

2. 管理责任抵押金退还。项目竣工交验完成后(含实体及资料竣工交验),乙方可向甲方提出管理责任抵押金退还申请,由甲方相关职能部门对乙方管理责任履行情况进行评价后将应退还的部分退还。

3. 经营责任抵押金退还。项目竣工结算完成后(含与业主、与分包、与材料供应商、料具及机械出租方等),项目经营结果经分公司首次考核审计能够可靠确认,乙方可向甲方提出经营责任抵押金退还申请,初审由甲方经营、财务、审计等相关职能部门联合审计确认,并经甲方上级公司审计部门复核。项目完成目标利润后不发生亏损的全额退还经营责任抵押金;项目亏损或不能完成目标利润的,以经营责任抵押金金额为限,首先用经营责任抵押金弥补应上交的管理费,补足目标利润后的余额予以退还。

4. 经营责任考核兑现。

(1) 兑现比例。超额利润是完成目标利润后的超额部分,按目标利润及超额利润占含税结算价的比例,甲方对乙方超额利润兑现比例如下。

① 目标利润率≤3%时,可以分以下情况。

- 超额利润为0~0.5%(含)的部分,甲方对乙方兑现××%。
- 超额利润为0.5%~1%(含)的部分,甲方对乙方兑现××%。
- 超额利润为1%~2%(含)的部分,甲方对乙方兑现××%。
- 超额利润为2%~3%(含)的部分,甲方对乙方兑现××%。
- 超额利润为3%以上的部分,甲方对乙方兑现××%。

按以上超额利润比例区间累加计算乙方可兑现额,累计兑现额不超过超额利润的××%。

② 目标利润率＞3%时,甲方对乙方兑现超额利润的××%。

甲方对乙方累计兑现额不超过人民币××万元,项目经理累计兑现额不超过人民币××万元,其他特殊事项经甲方上级公司批准后执行。

(2) 兑现审计。项目经济责任考核兑现审计分两次进行,第一次为首次考核审计;第二次为经济责任考核兑现审计。

① 首次考核。在项目所有结算完成且经营结果能够可靠计量时,由乙方提出申请,甲方进行项目经济责任考核兑现审计并经甲方上级公司审计部门复核后,退还相应的风险抵押金。

首次考核审计应同时具备以下条件。
- 工程实体已竣工交验。
- 所有结算已完成且无在诉案件,收入成本及经营结果能够准确确认。
- 工程资料及经营财务资料已按要求归档。
- 债权已回收至合同约定结算完成后的收款比例。
- 项目完成目标利润。

② 经济责任考核兑现。项目债权债务清理完毕且无未完诉讼及重大遗留事项时,对项目进行经济责任考核兑现审计,由甲方初审,甲方上级公司进行复核审计。经济责任考核兑现复核审计为项目的终结审计,经公司批准后方为有效。

经济责任考核兑现同时具备的条件:首先应满足兑现的条件;其次债权债务已清理完毕且有可兑现的超额利润,有可兑现的盈余资金。

经济责任考核兑现金额:经审计确认的项目超额可兑现利润×责任书兑现分配比例。兑现分配比例为项目经理占××%,项目经理部其他班子成员合计占××%～××%,其余部分根据对项目的价值贡献(包括分公司职能部门)由项目经理分配。

5. 兑现相关事项说明。

(1) 本责任书中约定的目标利润、项目应承担的折旧摊销以及项目所发生的借款、票据贴现财务费用、供应链融资财务费用等成本事项由项目承担并计入项目成本。

(2) 非货币性资产抵扣债权已经评估的公允价值或变现价值计算(按孰低的原则确认),与债权原值的差额损失由项目承担并计入项目成本,收益计入项目利润。

(3) 债权债务折让与原值差额形成的收益或损失由项目承担并按实调整项目利润,债权如产生的利息收益计入项目利润。

(4) 项目经济责任考核兑现前因维修、诉讼、收款等所发生的成本由项目承担。项目经济责任考核兑现后发生的新增成本事项,如果属于正常发生的回访、零星保修(××万元以下)成本由甲方承担。如新增成本事项属于项目重大管理失误或舞弊等原因,由项目领导班子承担并向甲方赔偿损失,甲方可通过从工资中抵扣、限期要求缴纳赔款、诉讼等方式向项目领导班子追偿。

(5) 项目管理费用节超奖罚。

① 项目管理费用超出本责任书第3条第2款约定时,超出部分全额计入项目成本,并按超出部分的××%从乙方所分成的兑现金额中扣除。

② 项目管理费用节省且项目完成目标利润后不亏损的,节省部分给予乙方分成

××％,该××％在超额利润兑现前计入项目成本,如果该××％计入项目成本后项目亏损的,以计入乙方节省管理费分成后项目不亏损为原则确定乙方可分成的节省管理费比例(给予乙方的管理费节省分成＜××％)。

③ 计算项目超额利润时,先行计算管理节超,即管理费节超奖罚优先于超额利润兑现。

(6) 因乙方结算、清欠不力或违反甲方及甲方上级管理制度规定受到处罚的,对责任人个人的处罚由个人承担,不计入项目成本。

(7) 质量创奖、加计扣除、安全奖罚等对乙方集体的专项奖罚事项,按相关规定另行专项办理。

(8) 经济责任考核兑现、管理费节省分配由项目经理提出分配方案,经甲方人力资源部门审核并在甲方上级公司人力资源部门备案后予以发放,个人所得税由受益人承担。

七、目标责任书解除

发生下列情况之一时,甲方有权解除目标责任书。

(1) 项目经理已严重违约或项目经理部事实上确已无力继续履约时,甲方有权解除本书任务并有权免除乙方人员职务,对因乙方管理失误给甲方造成的损失,甲方有权向乙方追偿。

(2) 在工程结算中弄虚作假或怠于履行职责,人为放弃合法收入或人为增加分包、材料或租赁成本,给甲方及甲方上级公司造成较大经济损失。

(3) 材料采购、验收工作中,出现采购价格严重背离市场价格或不如实验收,从而给甲方及甲方上级公司造成较大经济损失。

(4) 指使、伙同他人从项目中牟取私利,损害甲方及甲方上级公司利益。

(5) 严重违反公司管理制度。

(6) 发生重大安全、质量事故,造成重大生命财产损失或给企业造成重大声誉影响。

(7) 被业主、监理、政府监管部门强令要求更换项目经理。

发生以上情况,甲方全额没收项目经理及项目主责的分管领导抵押金并免除职务,无论项目是否有可兑现利润,均不再兑现。对于项目其他领导,酌情没收一定比例抵押金。触犯刑律的,移交司法部门处理。

八、其他

(1) 本"工程项目管理目标责任书"经甲方负责人和乙方主承包人(项目经理)签字,乙方缴纳风险抵押金后生效,乙方责任期结束后失效。

(2) 本"工程项目管理目标责任书"未尽事宜,执行甲方有关管理文件及其他有关的管理规定。

日期: 年 月 日

甲方(盖章):×× 分公司 乙方(盖章):××项目经理部

经理(签字):×× 主承包人(签字):××

监管方(盖章):××建设有限公司

总经理(签字):

(2) 工程质量安全责任承诺书中应履行的职责。

(3) 组织或参与编制项目管理规划大纲、项目管理实施规划,对项目目标进行系统管理。

项目管理规划作为指导项目管理工作的纲领性文件,应对项目管理的目标、依据、内容、组织、资源、方法、程序和控制措施进行确定。项目管理规划应包括项目管理规划大纲和项目管理实施规划两类文件。项目管理实施规划应由项目经理组织编制。项目管理实施规划应对项目管理规划大纲进行细化,使其具有可操作性。

(4) 主持制订并落实质量、安全技术规范和专项方案,负责相关的组织协调工作。

(5) 对各类资源进行质量监控和动态管理。

(6) 对进场的机械、设备、工器具的安全、质量和使用进行监控。

(7) 建立各类专业管理制度,并组织实施。

(8) 制订有效的安全、文明和环境保护措施并组织实施。

(9) 组织或参与评价项目管理绩效。

(10) 进行授权范围内的任务分解和利益分配。

任务分解就是将任务在纵向、横向或时序上分解到各层次、各部门以致具体人,形成目标体系的过程。项目经理需要项目经理部其他成员完成任务,需要对任务进行分解和分配,一个任务需要多少个具体目标实现,需要多少人员的参与,要将任务分解成具体可行的计划并且分配给员工,正确地判断计划、选择人员,进行人员部署和决策。

利益分配是指合作各方成员从合作形成的总收入或总利润中分得各自应得的份额。

(11) 按规定完善工程资料,规范工程档案文件,准备工程结算和竣工资料,参与工程竣工验收。

(12) 接受审计,处理项目经理部解体的善后工作。

工程项目经营效益审计是指审计机构(人员)依法依规对工程施工项目经营活动的合规性、有效性和经营效益真实性进行审计确认、监督和评价。

经考核和审计后,按"项目管理目标责任书"的规定予以表彰和奖励。由于项目经理失职导致未完成合同目标或给企业造成损失,则按"项目管理目标责任书"的规定给予相应处罚。

项目经理部解体的善后工作包括剩余材料的处理、工程价款的回收、财务账目的结算移交,以及解决与甲方的有关遗留事宜。

(13) 协助和配合组织进行项目检查、鉴定和评奖申报。

(14) 配合组织完善缺陷责任期的相关工作。

9.3.4 项目管理机构负责人的权限

项目管理机构负责人应具有下列权限。

(1) 参与项目招标、投标和合同签订。

(2) 参与组建项目的管理机构。

(3) 参与组织对项目各阶段的重大决策。

(4) 主持项目管理机构工作。

项目管理机构负责人合理利用生产指挥、人力资源调配、资金使用、技术决策、采购控制、合同管理等权力,有效开展项目管理工作,完成项目管理目标。

(5) 决定授权范围内的项目资源使用。
(6) 在组织制度的框架下制定项目管理机构负责人部管理制度。
(7) 参与选择并直接管理具有相应资质的分包人。
(8) 参与选择大宗资源的供应单位。
项目管理机构负责人在企业规定的范围内,参与对设备和物资的采购、管理与调配。
(9) 在授权范围内与项目相关方进行直接沟通。
(10) 法定代表人和组织授予的其他权力。
以上内容参考《建设工程项目管理规范》(GB/T 50326—2017)。

项目管理机构负责人应承担施工安全和质量的责任,要加强对建筑业企业项目管理机构负责人市场行为的监督管理,对发生重大工程质量安全事故或市场违法违规行为的项目经理,必须依法予以严肃处理。

项目管理机构负责人对施工承担全面管理的责任:工程项目施工应建立以项目经理为首的生产经营管理系统,实行项目经理负责制。项目管理机构负责人在工程项目施工中处于中心地位,对工程项目施工负有全面管理的责任。

在国际上,由于项目管理机构负责人是施工企业内的一个工作岗位,项目管理机构负责人的责任则由企业领导根据企业管理的体制和机制,以及根据项目的具体情况而定。企业针对每个项目有十分明确的管理职能分工表,在该表中明确项目管理机构负责人对哪些任务承担策划、决策、执行、检查等职能,其将承担的则是相应的策划、决策、执行、检查的责任。

项目管理机构负责人由于主观原因,或由于工作失误有可能承担法律责任和经济责任。政府主管部门将追究的主要是其法律责任,企业将追究的主要是其经济责任。但是,如果由于项目管理机构负责人的违法行为而给企业带来损失,企业也有可能追究其法律责任。经济责任是指责任人在经济方面应尽的职责和应承担的过失,它的实质是经济权利和经济义务的关系,它的形成是基于生产资料所有权和经营权的分离。项目管理机构负责人有对生产资料支配的权利,同时也对企业报告项目的财产和经营状况、开拓业务和取得成果的责任,这样,就形成了权利与义务的经济关系,即经济责任。

经济处罚依据国家法律法规规定、"工程项目承包合同"和"项目管理目标责任书"的有关条款执行。

9.4 项目各参与方之间的沟通方法

沟通作为管理科学的一个专门术语,它的含义有多种解释。例如,沟通是人与人之间以及人与群体之间思想与感情的传递和反馈的过程,以求思想达成一致和感情的通畅;又如,沟通是指在工作和生活中,人与人之间通过语言、文字、形态、眼神和手势等手段来进行的信息交流。沟通既是一种文化,也是一门艺术。充分理解沟通的意义,准确把握沟通的原则,适时运用沟通的技巧对建设工程的管理十分重要。

有位国际职业经理人认为,一个称职的管理者要具备的素质有两条:首先是沟通的能力;其次是对人进行管理的能力。另有一位管理专家认为,管理者的大量工作就是沟通，不管到了什么时候，企业管理都离不开沟通。国际某著名机构对一万份人事档案进行分析后发现："智慧""专业技术"和"经验"只占成功因素的25%，其余75%决定于良好的人际沟通。

在企业管理学中，认为沟通管理是创造与提升企业精神和企业文化，完成企业管理根本目标的主要方式和工具。管理的最高境界是在企业经营管理中创造出一种企业独有的企业精神和企业文化，使企业管理的外在需求转化为企业员工内在的观念和自觉的行为模式，认同企业核心的价值观念和目标及使命。而企业精神和企业文化的培育与塑造，其实质是一种思想、观点、情感和灵魂的沟通，是管理沟通的最高形式和内容。没有沟通，就没有对企业精神和企业文化的理解与共识，更不可能认同企业共同使命。从某种意义上讲，沟通是现代企业管理的核心、实质和灵魂。沟通管理更是管理创新的必要途径和肥沃土壤。许多新的管理理念、方法和技术的出现，都与沟通有关，或就是沟通的产物。

建筑产品的生产过程由众多个组织参与，组织和组织之间、一个组织内部都有大量需要通过沟通解决的问题。同样，沟通也是实现建设工程管理的主要方式、方法、手段和途径。就一个建设项目而言，在业主方内部、诸设计方内部、诸工程咨询方内部、诸施工方内部、诸供货方内部，在业主方和其他项目参与方之间，在项目各参与方之间都有许多沟通的需求。沟通是否有效直接关系到项目实施的进展，关系到项目是否成功。工程技术人员需要具备沟通能力，沟通能力对工程管理人员将更重要。

9.4.1 沟通过程的要素

沟通过程包括五个要素，即沟通主体、沟通客体、沟通介体、沟通环境和沟通渠道。①沟通主体是指有目的地对沟通客体施加影响的个人和团体。沟通主体可以选择和决定沟通客体、沟通介体、沟通环境和沟通渠道，在沟通过程中处于主导地位。②沟通客体即沟通对象，包括个体沟通对象和团体沟通对象。沟通对象是沟通过程的出发点和落脚点，因而在沟通过程中具有积极的能动作用。③沟通介体即沟通主体用以影响、作用于沟通客体的中介，包括沟通内容和沟通方法，它使沟通主体与沟通客体间建立联系，以保证沟通过程的正常开展。④沟通环境既包括与个体间接联系的社会整体环境（政治制度、经济制度、政治观点、道德风尚、群体结构等），也包括与个体直接联系和影响的区域环境（学习、工作、单位或家庭等）。⑤沟通渠道即沟通介体从沟通主体传达给沟通客体的途径。沟通渠道不仅能使正确的思想观念尽可能全面、准确和快捷地传达给沟通客体，还能广泛、及时和准确地收集沟通客体的思想动态和反馈的信息，因而沟通渠道是实施沟通过程和提高沟通功效的重要环节。沟通渠道很多，诸如讨论、开会和座谈等。

9.4.2 沟通过程的分析

沟通是传递信息的过程，在这个过程中至少存在着一个发送者和一个接收者，即发出信息一方和接收信息一方。沟通过程即信息在两者之间的传递过程，一般包括七个环节，如图9.6所示。

（1）发送者需要向接收者传递信息或者需要接收者提供信息。这里所说的信息是一个广义的概念，包括观点、想法、资料等内容。

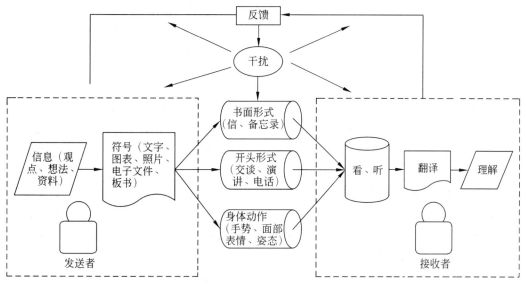

图 9.6 沟通过程示意图

（2）发送者将所要发送的信息译成接收者能够理解的一系列符号。为了有效地进行沟通，这些符号必须适应媒体的需要。例如，如果媒体是书面报告，符号的形式应选择文字、图表或照片；如果媒体是讲座，就应选择文字、用于投影的电子文件或板书。

（3）发送的符号传递给接收者。由于选择的符号种类不同，传递的方式也不同。传递的方式可以是书面的，如信、备忘录等；也可以是口头的，如交谈、演讲、电话等；甚至还可以通过身体动作来表述，如手势、面部表情、姿态等。

（4）接收者接收符号。接收者根据发送来的符号的传递方式，选择相应的接收方式。例如，如果发送来的符号是口头传递的，接收者就必须仔细地听，否则符号就会丢失。

（5）接收者将接收到的符号译成具有特定含义的信息。由于发送者翻译和传递能力的差异，以及接收者接收和翻译水平的不同，信息的内容和含义经常被曲解。

（6）接收者理解被翻译的信息内容。

（7）发送者通过反馈以了解他想传递的信息是否被对方准确地接收。一般而言，由于沟通过程中存在着许多干扰和扭曲信息传递的因素，这使得沟通的效率大为降低。因此，发送者了解信息被理解的程度也是十分必要的。沟通过程中的反馈，构成了信息的双向沟通。

其中，为什么沟通，沟通什么信息，用什么方式沟通，沟通如何反馈等，都值得深入思考。

9.4.3 沟通能力

沟通能力包含着表达能力、争辩能力、倾听能力和设计能力。沟通能力看起来是外在的东西，而实际上是个人素质的重要体现，它关系着一个人的知识、能力和品德。

表达能力又叫作表现能力或显示能力，是指一个人把自己的思想、情感、想法和意图等，用语言、文字、图形、表情和动作等清晰、明确地表达出来，并善于让他人理解、体会和掌握。

争辩能力,简单地理解可以认为是在争辩的过程中取得好的争辩效果的能力。

倾听能力是指听者将言者口语表达的信息在脑中转换成意义的能力,其构成要素有以下几点:专注的倾听习惯;倾听过程中的注意分配能力;对倾听内容的辨析能力;排除干扰能力。

设计能力指在形象设计、动作设计、环境设计方面的能力。

一般来说,沟通能力是指沟通者所具备的能胜任沟通工作的优良主观条件。简而言之,人际沟通的能力是指一个人与他人有效地进行沟通信息的能力,包括外在技巧和内在动因。其中,恰如其分和沟通效益是人们判断沟通能力的基本尺度。恰如其分是指沟通行为符合沟通情境和彼此相互关系的标准或期望;沟通效益则是指沟通活动在功能上达到了预期的目标,或者满足了沟通者的需要。

表面上来看,沟通能力似乎是一种能说会道的能力,实际上它包罗了一个从穿着到言谈举止等一切行为的能力。一个具有良好沟通能力的人,可以将自己所拥有的专业知识及专业能力进行充分的发挥,并能给对方留下良好的印象。

社会是人与人相互作用的产物。马克思指出:"人是一切社会关系的总和。""一个人的发展取决于和他直接或间接进行交往的其他一切人的发展。"因此,沟通能力是一个人生存与发展的必备能力,也是决定一个人成功的必要条件。

构成沟通能力有两个因素:一个是思维是否清晰,能否有效地收集信息,并做出逻辑的分析和判断;另一个则是能否贴切地表达出(无论是口头还是书面)自己的思维过程和结果。而前者更重要,没有思维的基础,再好的语言技巧,也不可能达到(传达、说服、影响)预期的结果。

沟通有两个要素:思维与表达。沟通也有两个层面:①思维的交流和语言的交流。一般人重视的都是语言的交流,但如果你不了解对方心里此时此刻在想什么,你想得再清楚,讲得再清楚,也达不到沟通的目的。②判别沟通能力的强弱。有个重要标准,就是能实时把握对方的思维,而提前做出反应,使交流从语言层面上升到思维层面。

9.4.4 沟通障碍

在人们沟通信息(信息在传递和交换)的过程中,常常会受到各种因素的影响和干扰(信息意图受到干扰或误解),导致沟通失真的现象,即造成沟通障碍。

1. 沟通障碍的来源

沟通障碍主要来自以下三个方面。

1) 发送者的障碍

在沟通过程中,信息发送者的情绪、倾向、个人感受、表达能力和判断力等都会影响信息的完整传递。障碍主要表现在表达能力不佳,信息传送不全,信息传递不及时或不适时,知识经验的局限,对信息的过滤等。

2) 接收者的障碍

从信息接收者的角度来看,影响信息沟通的因素主要有以下几个方面。

(1) 信息译码不准确。

(2) 对信息的筛选。

(3) 对信息的承受力。
(4) 心理上的障碍。
(5) 过早地评价情绪。

3) 沟通通道的障碍

沟通通道的障碍也会影响到沟通的效果。沟通通道的障碍主要有以下几个方面。

(1) 选择的沟通媒介不当。比如对于重要事情，口头传达效果较差，因为接收者会认为"口说无凭""随便说说"而不加以重视。

(2) 几种媒介相互冲突。当信息用几种形式传递时，如果相互之间不协调，会使接收者难以理解传递的信息内容。

(3) 沟通渠道过长。组织机构庞大，内部层次多，从最高层传递信息到最低层，从最低层汇总情况到最高层，中间环节太多，容易使信息损失较大。

(4) 外部干扰。信息沟通过程中经常会受到自然界各种物理噪声、机器故障的影响或被另外事物干扰所打扰，也会因双方距离太远沟通不便，影响沟通效果。

2. 沟通障碍的形式

1) 组织的沟通障碍

在管理中，合理的组织机构有利于信息沟通。但是，如果组织机构过于庞大，中间层次太多，信息从最高决策层传递到下层不仅容易产生信息的失真，还会浪费大量时间，影响信息的及时性。同时，自下而上的信息沟通，如果中间层次过多，同样也浪费时间，影响效率。

统计资料表明，如果一个信息在发送者那里的正确性是100%，到了信息的接收者手里可能只剩下20%的正确性。这是因为在进行信息沟通时，各级主管部门都会花时间把接收到的信息自己甄别，一层一层地过滤，然后有可能将断章取义的信息上报。此外，在甄别过程中，还掺杂了大量的主观因素，尤其是当发送的信息涉及传递者本身时，往往会由于心理方面的原因，造成信息失真。这种情况也会使信息的提供者望而却步，不愿提供关键的信息。因此，如果组织机构臃肿，机构设置不合理，各部门之间职责不清、分工不明，形成多头领导，或因人设事、人浮于事，就会给沟通双方造成一定的心理压力，影响沟通的进行。

2) 个人的沟通障碍

个人的沟通障碍由以下多种原因造成。

(1) 个性因素所引起的障碍。信息沟通在很大程度上受个人心理因素的制约。个体的性质、气质、态度、情绪、见解等的差别，都会成为信息沟通的障碍。

(2) 知识、经验水平的差距所导致的障碍。在信息沟通中，如果双方经验水平和知识水平差距过大，就会产生沟通障碍。此外，个体经验差异对信息沟通也有影响。

(3) 个体记忆不佳所造成的障碍。在管理中，信息沟通往往是依据组织系统分层次逐次传递的，然而，在按层次传递同一条信息时往往会受到个体素质的影响，从而降低信息沟通的效率。

(4) 对信息的态度不同所造成的障碍。一是认知差异。在管理活动中，不少员工和管理者忽视信息的作用的现象还很普遍，这就为正常的信息沟通造成了很大的障碍。二是利益观念。在团体中,不同的成员对信息有不同的看法,所选择的侧重点也不相同。有些员工只关心与他们的物质利益有关的信息,而不关心组织目标、管理决策等方面的信息,这也成了信息沟通的障碍。

(5) 相互不信任所产生的障碍。有效的信息沟通要以相互信任为前提,这样才能使向上反映的情况得到重视,向下传达的决策迅速实施。管理者在进行信息沟通时,应该不带成见虚心听取意见,鼓励下级充分阐明自己的见解,这样才能做到思想上和感情上的真正沟通,才能接收到全面可靠的信息,才能做出明智的判断与决策。

(6) 沟通者的畏惧感以及个人心理品质也会造成沟通障碍。在管理实践中,信息沟通的成败主要取决于上级与上级之间、领导与员工之间的全面有效的合作。但在很多情况下,这些合作往往会因下属的恐惧心理以及沟通双方的个人心理品质而形成障碍。为克服沟通障碍,应建立正式、公开的沟通渠道,克服不良的沟通习惯,作为领导者应善于听取下属人员的意见。

9.5 施工企业人力资源管理的任务

9.5.1 项目人力资源管理的内涵

项目人力资源管理包括有效地使用涉及项目的人员所需要的过程。项目人力资源管理的目的是调动所有项目参与人的积极性,在项目承担组织的内部和外部建立有效的工作机制,以实现项目目标。

天时、地利、人和一直被认为是成功的三大因素。其中,"人和"是主观因素,就显得更为重要。比如,在足球比赛中,主场球迷甚至可以被视为主队又多了一名队员。在项目管理中"人"的因素也极为重要,因为项目中所有活动均是由人来完成的,如何充分发挥"人"的作用,对于项目的成败起着至关重要的作用。项目人力资源管理中所涉及的内容就是如何发挥"人"的作用。

在项目生命周期中,项目相关人员的数量和特点经常会随着项目从一个阶段进入另一个阶段而有所改变,结果使在一个阶段中非常有效的管理技巧到了另一个阶段会失去效果。项目管理小组必须注意选用适合当前需求的管理技巧。

人力资源行政管理工作一般不是项目管理小组的直接责任,但是,为了深化管理力度,项目管理小组必须对行政管理的必要性有足够的重视。

项目人力资源管理包括以下三个方面。

1. 排兵布阵

组织计划编制也可以看作战场上的"排兵布阵",就是确定、分配项目中的角色、职责和回报关系。组织计划编制完成后将明晰以下几方面任务。

(1) 角色和职责分配。项目角色和职责在项目管理中必须明确,否则容易造成同一项工作没人负责,最终影响项目目标的实现。为了使每项工作能够顺利进行,就必须将每项工作分配到具体的个人(或小组),明确不同的个人(或小组)在这项工作中的职责,而且每项工作只能有唯一的一个负责人(或小组)。同时由于角色和职责可能随时间而变化,在结果中也需要明确这层关系。

（2）人员配备管理计划。该计划主要描述项目组什么时候需要什么样的人力资源。由于在项目工作中人员的需求可能不是很连续或者不是很平衡，容易造成人力资源的浪费和成本的提高。例如，某项目现有 15 人，设计阶段需要 10 人；审核阶段可能需要 1 周的时间，但不需要项目组成员参与；编码阶段是高峰期，需要 20 人；但在测试阶段只需要 8 人。如果专门为高峰期提供 20 人，可能还需要另外招聘 5 人，并且这些人在项目编码阶段结束之后，会出现没有工作安排的状况。为了避免这种情况的发生，通常会采用资源平衡的方法，将部分编码工作提前到和设计同时进行，在某部分的设计完成后立即进行评审，然后进行编码，而不需要等到所有设计工作完成后再进行编码工作，这样将工作的次序进行适当调整，削峰填谷，形成人员需求的平衡，会更利于降低项目的成本。

（3）组织机构图。这是项目汇报关系的图形化表示，主要描述团队成员之间的工作汇报关系。

2. 招兵买马

在确定了项目组什么时候需要什么样的人员之后，需要做的就是确定如何在合适的时间获得这些人员，或者说开始"招兵买马"，这就是人员募集要做的工作。人员募集需要根据人员配备管理计划以及组织当前的人员情况和招聘的惯例来进行。项目中有些人员是在项目计划前就明确下来的，但有些人员需要和组织进行谈判才能够获得，特别是对于一些短缺或特殊的资源，可能每个项目组中都希望得到，如何使你的项目组能够顺利得到，就需要通过谈判来实现。谈判的对象可能包括职能经理和其他项目组的成员。另外，有些人员可能组织中没有或无法提供，这种情况下就需要通过招聘来获得。

3. 团结就是力量

项目团队是由项目组成员组成的、为实现项目目标而协同工作的组织，项目团队工作是否有效也是项目成功的关键因素，任何项目要获得成功就必须有一个有效的项目团队。

团队建设涉及很多方面的工作，如项目团队能力的建设、团队士气的激励、团队成员的奉献精神等。团队成员个人发展是项目团队建设的基础。

通常情况下，项目团队成员既对职能经理负责，又对项目经理负责，这样项目团队组建经常变得很复杂。对这种双重汇报关系的有效管理经常是项目成功的关键因素，也是项目经理的重要责任。

进行项目团队建设我们通常会采用以下几种方式。

（1）团队建设活动。团队建设活动包括为提高团队运作水平而进行的管理和采用的专门的、重要的个别措施。例如，在计划过程中由非管理层的团队成员参加，或建立发现和处理冲突的基本准则；尽早明确项目团队的方向、目标和任务，同时为每个人明确其职责和角色；邀请团队成员积极参与解决问题和做出决策；积极放权，使成员进行自我管理和自我激励；增加项目团队成员的非工作沟通和交流的机会，如工作之余的聚会、郊游等，提高团队成员之间的了解和交流。这些措施作为一种间接效应，可能会提高团队的运作水平。团队建设活动没有一个确定的定式，主要是根据实际情况进行具体的分析和组织。

（2）绩效考核与激励。它是人力资源管理中最常用的方法。绩效考核是通过对项目团队成员工作业绩的评价,来反映成员的实际能力以及对某种工作职位的适应程度。激励则是运用有关行为科学的理论和方法,对成员的需要予以满足或限制,从而激发成员的行为动机,激发成员充分发挥自己的潜能,为实现项目目标服务。

(3) 集中安排。集中安排是把项目团队集中在同一地点,以提高项目团队运作能力。由于沟通在项目中的作用非常大,如果团队成员不在相同的地点办公,势必会影响沟通的有效进展,影响团队目标的实现。因此,集中安排被广泛用于项目管理中。例如,设立一个"作战室",队伍可在其中集合并张贴进度计划及新信息。在一些项目中,集中安排可能无法实现,这时可以采用安排频繁的面对面的会议形式作为替代,以鼓励相互之间的交流。

(4) 培训。培训包括旨在提高项目团队技能的所有活动。培训可以是正式的(如教室培训、利用计算机培训)或非正式的(如其他队伍成员的反馈)。如果项目团队缺乏必要的管理技能或技术技能,那么这些技能必须作为项目的一部分被开发,或必须采取适当的措施为项目重新分配人员。

在项目的人力资源管理中,团队建设的效果会对项目的成败起到很大的作用,特别是某些较小的项目,项目经理可能是由技术骨干转换过来的,对于团队建设和一般管理技能掌握得不是很多,经常容易造成团队成员之间的关系紧张,最终影响项目的实施,这就更加需要掌握更多的管理知识以适应项目管理的需要。

9.5.2 项目人力资源管理的全过程

项目人力资源管理的全过程包括项目人力资源管理计划、项目人力资源管理控制和项目人力资源管理考核。

1. 项目人力资源管理计划

项目人力资源管理计划应包括以下方面。

(1) 人力资源需求计划。

(2) 人力资源配置计划。

(3) 人力资源培训计划。

2. 项目人力资源管理控制

项目人力资源管理控制应包括以下3个方面。

(1) 人力资源的选择。

(2) 签订劳务分包合同。

(3) 教育培训和考核。

3. 项目人力资源管理考核

项目人力资源管理考核应以有关管理目标或约定为依据,对人力资源管理方法、组织规划、制度建设、团队建设、使用效率和成本管理等进行分析和考核。

9.5.3 施工企业劳动用工和工资支付管理

施工企业必须根据《中华人民共和国劳动法》及有关规定,规范企业劳动用工及工资支付行为,保障劳动者的合法权益,维护建筑市场的正常秩序和稳定。

1. 施工企业劳动用工的种类

目前我国施工企业劳动用工大致有以下三种情况。

(1) 企业自有职工。通常是长期合同工或无固定期限的合同工。企业对这部分员工的管理纳入正式的企业人力资源管理范畴,管理较为规范。

(2) 劳务分包企业用工。劳务分包企业以独立企业法人形式出现,由其直接招收、管理进城务工人员,为施工总承包企业和专业承包企业提供劳务分包服务,或成建制提供给施工总承包企业和专业承包企业使用。

(3) 施工企业直接雇用的短期用工。他们往往由包工头带到工地劳动,也有一定数量的零散工。

上列第(2)和第(3)两种情况的用工对象主要是进城务工人员,俗称"农民工",是目前施工企业劳务用工的主力军。对这部分用工的管理存在问题较多,是各级政府主管部门明令必须加强管理的重点对象。

进城务工人员是指为用人单位提供劳动的农村居民,是中国改革开放和工业化、城镇化进程中涌现的一支新型劳动大军。他们户籍仍在农村,主要从事非农产业,有的在农闲季节外出务工、亦工亦农,流动性强,有的长期在城市就业,已成为产业工人的重要组成部分。

2. 劳动用工管理

近年来,各级政府主管部门陆续制定了许多有关建设工程劳动用工管理的规定,主要内容如下。

(1) 建筑施工企业(包括施工总承包企业、专业承包企业和劳务分包企业,下同)应当按照相关规定办理用工手续,不得使用零散工,不得允许未与企业签订劳动合同的劳动者在施工现场从事施工活动。

(2) 建筑施工企业与劳动者建立劳动关系,应当自用工之日起按照劳动合同法规的规定签订书面劳动合同。劳动合同中必须明确规定劳动合同期限,工作内容,工资支付的标准、项目、周期和日期,劳动纪律,劳动保护和劳动条件以及违约责任。劳动合同应一式三份,双方当事人各持一份,劳动者所在工地保留一份备查。

(3) 施工总承包企业和专业承包企业应当加强对劳务分包企业与劳动者签订劳动合同的监督,不得允许劳务分包企业使用未签订劳动合同的劳动者。

(4) 建筑施工企业应当将每个工程项目中的施工管理、作业人员劳务档案中有关情况在当地建筑业企业信息管理系统中按规定如实填报。人员发生变更的,应当在变更后7个工作日内,在建筑业企业信息管理系统中做相应变更。

3. 工资支付管理

为了防止拖欠、克扣进城务工人员工资,各级政府主管部门又制定了针对建筑施工企业劳务用工的工资支付管理规定,主要内容如下。

(1) 建筑施工企业应当按照当地的规定,根据劳动合同约定的工资标准、支付周期和日期,支付劳动者工资,不得以工程款被拖欠、结算纠纷、垫资施工等理由克扣劳动者工资。

(2)建筑施工企业应当每月对劳动者应得的工资进行核算,并由劳动者本人签字。

(3)建筑施工企业应当至少每月向劳动者支付一次工资,且支付部分不得低于当地最低工资标准,每季度末结清劳动者剩余应得的工资。

(4)建筑施工企业应当将工资直接发放给劳动者本人,不得将工资发放给包工头或者不具备用工主体资格的其他组织或个人。

(5)建筑施工企业应当对劳动者出勤情况进行记录,作为发放工资的依据,并按照工资支付周期编制工资支付表,不得伪造、变造、隐匿、销毁出勤记录和工资支付表。

(6)建筑施工企业因暂时生产经营困难无法按劳动合同约定的日期支付工资的,应当向劳动者说明情况,并经与工会或职工代表协商一致后,可以延期支付工资,但最长不得超过 30 日。超过 30 日不支付劳动者工资的,属于无故拖欠工资行为。

(7)建筑施工企业与劳动者终止或者依法解除劳动合同,应当在办理终止或解除合同手续的同时一次性付清劳动者工资。

习题

一、单项选择题

1.关于建筑施工企业劳动用工的说法,错误的是(　　)。【2011 年】
　　A.建筑施工企业应当按照相关规定办理用工手续,不得使用零散工
　　B.劳动合同应一式三份,双方当事人各持一份,劳动者所在工地保留一份备查
　　C.建筑施工企业与劳动者应当自试用期满后,按照劳动合同的规定签订书面劳动合同
　　D.建筑施工企业应当将每个工程项目中的施工管理、作业人员劳务档案中的有关情况在当地建筑施工企业信息管理系统中按规定如实填报

2.根据政府主管部门有关建设工程劳动用工管理规定,建筑施工企业应将项目作业人员有关情况在当地建筑业企业信息管理系统中如实填报,人员发生变更的,应在变更后(　　)个工作日内做相应变更。【2018 年】
　　A.30　　　　B.15　　　　C.14　　　　D.7

3.根据《中华人民共和国劳动法》,施工企业应按规定向劳动者支付工资,但是当企业因暂时生产经营困难无法按规定支付工资时可以延期支付,但最长不得超过(　　)日。【2019 年】
　　A.60　　　　B.90　　　　C.120　　　D.30

4.关于建造师和项目经理关系的说法,正确的是(　　)。【2011 年】
　　A.大、中型工程项目的项目经理必须由取得建造师注册证书的人员担任
　　B.取得建造师注册证书的人员即可成为施工项目经理
　　C.取得建造师注册证书的人员只能担任施工项目经理
　　D.建造师是管理岗位,项目经理是技术岗位

5.根据国发〔2003〕5 号文,取得建造师注册证书的人员是否担任工程项目施工的项目经理,由(　　)决定。

A. 建筑业企业　　　　　　　　　　B. 建设行政主管部门
C. 项目业主　　　　　　　　　　　D. 项目监理单位

6. 按照我国现行管理体制，施工方项目经理（　　）。【2007年】
   A. 是施工企业法定代表人
   B. 是施工企业法定代表人在工程项目上的代表人
   C. 是一个技术岗位，而不是管理岗位
   D. 须在企业项目管理领导下主持项目管理工作

7. 根据我国现行管理体制，施工方项目经理（　　）。
   A. 是施工企业法定代表人
   B. 是施工企业法定代表人在工程项目上的代表人
   C. 是一个技术岗位，而不是管理岗位
   D. 须在企业项目管理领导下主持项目管理工作

8. 在国际上，对项目经理的地位和作用表述不正确的是（　　）。
   A. 项目经理是项目管理班子的负责人
   B. 项目经理不是一个技术岗位，而是一个管理岗位
   C. 项目经理是企业法定代表人在项目上的代表人
   D. 项目经理的主要任务是项目目标的控制

9. 在国际上，项目经理是其上级任命的一个项目的项目管理班子的负责人，他的主要任务是（　　）。
   A. 负责项目物资和设备的采购　　B. 负责项目部的日常行政管理工作
   C. 负责项目的技术工作　　　　　D. 项目目标的控制

10. 编制项目管理目标责任书的依据不包括（　　）。
    A. 项目合同文件　　　　　　　　B. 项目管理实施规划
    C. 组织的经营方针　　　　　　　D. 组织的经营目标

11. 按照我国现行规定，项目经理的职责包括（　　）。
    A. 主持编制项目管理规划大纲，并对项目目标进行系统管理
    B. 进行项目范围内的利益分配
    C. 主持组织进行项目的检查、鉴定和评奖申报工作
    D. 接受审计，处理项目经理部解体的善后工作

12. 某项目经理在一高层建筑的施工中，由于工作失误，致使施工人员死亡并造成施工项目重大经济损失，施工企业对该项目经理的处理方式为（　　）。
    A. 追究其法律责任　　　　　　　B. 吊销其建造师资格证书
    C. 追究其社会责任　　　　　　　D. 追究其经济责任

13. 沟通过程的"五要素"包括（　　）。【2014年】
    A. 沟通主体、沟通客体、沟通介体、沟通环境和沟通渠道
    B. 沟通主体、沟通客体、沟通介体、沟通内容和沟通渠道
    C. 沟通主体、沟通客体、沟通介体、沟通环境和沟通方法
    D. 沟通主体、沟通客体、沟通介体、沟通内容和沟通方法

14. 沟通能力包含( )。
    A. 表达能力、争辩能力、倾听能力和设计能力
    B. 思维能力、表达能力、争辩能力和倾听能力
    C. 思维能力、表达能力、倾听能力和说服能力
    D. 表达能力、争辩能力、倾听能力和说服能力

15. 下列各项管理中,不属于资源管理的是( )管理。
    A. 资金　　　　B. 合同　　　　C. 技术　　　　D. 人力资源

16. 项目人力资源管理的目的是( )。【2010年】
    A. 调动项目参与人的积极性
    B. 建立广泛的人际关系
    C. 招聘或解聘员工
    D. 对项目参与人员进行绩效考核

17. 目前,各级政府部门明令施工企业用工必须加强管理的重点对象是( )。
    A. 自有职工　　　　　　　　B. 长期合同工
    C. 无固定期限的合同工　　　D. 农民工

18. 按照我国现行规定,建筑施工企业应当至少每月向劳动者支付一次工资,( )结清劳动者剩余应得的工资。
    A. 每季度　　　B. 每半年　　　C. 每年　　　D. 每两个月

二、多项选择题

1. 关于建造师和项目经理的说法,正确的有( )。
   A. 建造师是一种专业人士的名称
   B. 项目经理是一个工作岗位的名称
   C. 取得建造师执业资格表示其知识和能力符合建造师执业的要求
   D. 建造师在企业中的工作岗位由企业视工作需要和安排而定
   E. 建造师在企业中的工作岗位由其知识和能力而定

2. 项目经理在承担项目施工管理过程中,在企业法定代表人授权范围内,行使的管理权力有( )。
   A. 选择施工作业队伍　　　　B. 进行合理的经济分配
   C. 签署合同　　　　　　　　D. 购置设备
   E. 调配进入项目的人、财、物

3. 项目经理应履行的职责有( )。
   A. 项目管理目标责任书规定的职责
   B. 主持编制项目管理实施规划,并对项目目标进行系统管理
   C. 对资源进行静态管理
   D. 进行授权范围内的利益分配
   E. 接受审计,处理项目经理部解体的善后工作

4. 根据《建设工程项目管理规范》,项目经理的权限有( )。【2012年】
   A. 签订工程施工承包合同　　　B. 进行授权范围内的利益分配

C. 参与选择物资供应单位　　　　　D. 参与组建项目经理部
E. 参与工程项目竣工验收
5. 导致沟通失真的沟通障碍主要来自(　　)。
A. 发送者的障碍　　　　　　　　B. 处理者的障碍
C. 接收者的障碍　　　　　　　　D. 沟通通道的障碍
E. 沟通方式的障碍
6. 建设项目人力资源管理计划,包括(　　)。
A. 人力资源需求计划　　　　　　B. 人力资源配置计划
C. 人力资源考核计划　　　　　　D. 人力资源定向计划
E. 人力资源培训计划

三、简答题

1. 建筑施工企业项目经理的定义是什么?
2. 建筑施工企业项目经理与建造师的关系是什么?
3. 国际上施工企业项目经理的地位、作用以及特征是什么?
4. 项目经理在承担工程项目施工的管理过程中,履行哪些职责?
5. 项目管理规划大纲包括哪些内容?
6. 项目管理目标责任书的编制依据是什么?
7. 项目管理目标责任书的主要内容有哪些?
8. 沟通能力包含哪些内容?
9. 目前我国施工企业劳动用工大致有哪三种情况?

第 10 章

建设工程项目的风险和风险管理的工作流程

《关于开展对标世界一流管理提升行动的通知》(国资发改委〔2020〕39号)中要求加强风险管理,主要包括以下五个方面。

(1) 进一步强化风险防控意识。抓好各类风险的监测预警,识别评估和研判处置,坚决守住不发生重大风险的底线。

(2) 加强内控体系建设。充分发挥内部审计规范运营和管控风险等作用,构建全面、全员、全过程、全体系的风险防控机制。

(3) 推进法律管理与经营管理深度融合。突出抓好规章制度、经济合同、重大决策的法律审核把关,切实加强案件管理,着力打造法治国企。

(4) 健全合规管理制度。加强对重点领域、重点环节和重点人员的管理,推进合规管理全面覆盖、有效运行。

(5) 加强责任追究体系建设。加快形成职责明确、流程清晰、规范有序的工作机制,加大违规经营投资责任追究力度,充分发挥警示惩戒作用。

10.1 风险

1. 风险的概念

风险是指遭受损失、伤害、不利或毁灭的可能性。

通俗地讲,风险就是发生不幸事件的概率。换言之,风险是指一个事件产生我们所不希望的后果的可能性。

从广义上讲,只要某一事件的发生存在着两种或两种以上的可能性,那么就认为该事件存在着风险。而在保险理论与实务中,风险仅指损失的不确定性。这种不确定性包括发生与否的不确定性、发生时间的不确定性和导致结果的不确定性。

风险就是生产目的与劳动成果之间的不确定性,大致有两层定义:一种定义强调了风险表现为收益不确定性;而另一种定义则强调了风险表现为成本或代价的不确定性。若风险表现为收益或者代价的不确定性,说明风险产生的结果可能带来损失、获利或是无损失也无获利,属于广义风险,所有人行使所有权的活动应被视为管理风险,金融风险属于此类。而风险表现为损失的不确定性,说明风险只能表现出损失,没有从风险中获利的可能性,属于狭义风险。风险和收益成正比,所以一般积极进取的投资者偏向于高风险是为了获得更高的利润,而稳健型的投资者则着重于安全性的考虑。

企业在实现其目标的经营活动中,会遇到各种不确定性事件,这些事件发生的概率及其影响程度是无法事先预知的,这些事件将对经营活动产生影响,从而影响企业目标实现的程度。这种在一定环境下和一定限期内客观存在的、影响企业目标实现的各种不确定性事件就是风险。简单来说,所谓风险,是指在一个特定的时间内和一定的环境条件下,人们所期望的目标与实际结果之间的差异程度。

2. 由来

"风险"一词的由来,最为普遍的一种说法是,在远古时期,以打鱼捕捞为生的渔民们,每次出海前都要祈祷,祈求神灵保佑自己能够平安归来,其中主要的祈祷内容就是让神灵保佑自己在出海时能够风平浪静、满载而归;他们在长期的捕捞实践中,深深地体会到"风"给他们带来的无法预测、无法确定的危险,他们认识到在出海打鱼捕捞的生活中,"风"即意味着"险",因此有了"风险"一词的由来。

而另一种据说经过多位学者论证的"风险"一词的"源出说"称,"风险(risk)"一词是舶来品,有人认为来自阿拉伯语,有人认为来源西班牙语或拉丁语,但比较权威的说法是来源意大利语的 risque 一词。在早期的运用中,也是被理解为客观的危险,体现为自然现象或者航海遇到礁石、风暴等事件。大约到了 19 世纪,在英文的使用中,"风险"一词常常用法文拼写,主要是用于与保险有关的事情上。

现代意义上的"风险"一词,已经大大超越了"遇到危险"的狭义含义,而是"遇到破坏或损失的机会或危险"。可以说,经过两百多年的演变,"风险"一词越来越被概念化,随着人类活动的复杂性和深刻性而逐步深化,并被赋予了从哲学、经济学、社会学、统计学甚至文化艺术领域的更广泛、更深层次的含义,且与人类的决策和行为后果联系越来越紧密。"风险"一词目前也成为人们生活中出现频率很高的词汇。

无论如何定义"风险"一词的由来,但其基本的核心含义是"未来结果的不确定性或损失",也有人进一步定义为"个人和群体在未来遇到伤害的可能性以及对这种可能性的判断与认知"。如果采取适当的措施使破坏或损失的概率不会出现,或者说智慧的认知、理性的判断,继而采取及时而有效的防范措施,那么风险可能带来机会,由此进一步延伸的意义,不仅仅是规避了风险,可能还会带来比例不等的收益,有时风险越大,回报越高、机会越大。

3. 性质

风险具有客观性、普遍性、必然性、可识别性、可控性、损失性、不确定性和社会性。

4. 成本

成本是指由于风险的存在和风险事故发生后人们所必须支出费用的增加与预期经济利益的减少,又称风险的代价。

成本包括风险损失的实际成本、风险损失的无形成本以及预防和控制风险损失的成本。

5. 相关概念

(1) 风险事件:造成损失的偶发事件。风险是造成损失的外在原因或直接原因,如失火、雷电、地震等事件。这里要注意把风险事件与风险因素区别开来。例如,因汽车刹车失灵,导致车祸中人员伤亡,这里刹车失灵是风险因素,而车祸是风险事件。

(2) 风险管理:一个识别、确定和度量风险,并制定、选择和实施风险处理方案的过程。

(3) 风险管理过程:包括风险识别、风险评价、风险对策、决策、实施决策、检查六个方面的内容。

(4) 风险管理的目标:在风险事件发生前,其首要目标是使潜在损失最小;其次是减少忧虑及相应忧虑的价值,在风险事件发生后其首要目标是使实际损失减少到最低限度。

6. 构成要素

1) 风险因素

风险因素是指促使某一特定风险事故发生或增加其发生的可能性或扩大其损失程度的原因或条件。它是风险事故发生的潜在原因,是造成损失的内在原因或间接原因。例如,对于建筑物而言,风险因素是指其所使用的建筑材料的质量、建筑结构的稳定性等;对于人而言,则是指健康状况和年龄等。

根据性质不同,风险因素可分为有形风险因素与无形风险因素两种类型。

(1) 有形风险因素。有形风险因素也称实质风险因素,是指某一标的本身所具有的足以引起风险事故发生或增加损失机会或加重损失程度的因素。如一个人的身体状况;某一建筑物所处的地理位置、所用的建筑材料的性质等;地壳的异常变化、恶劣的气候、疾病传染等都属于实质风险因素。人类对于这类风险因素,有些可以在一定程度上加以控制,有些在一定时期内还是无能为力。在保险实务中,由实质风险因素引起的损失风险,大都属于保险责任范围。

(2) 无形风险因素。无形风险因素是与人的心理或行为有关的风险因素,通常包括道德风险因素和心理风险因素。

其中,道德风险因素是指与人的品德修养有关的无形因素,即由于人们不诚实、不正直或有不轨企图,故意促使风险事故发生,以致引起财产损失和人身伤亡因素。如投保人或被保险人的欺诈、纵火行为等都属于道德风险因素。在保险实务中,保险人对因投保人或被保险人的道德风险因素所引起的经济损失,不承担赔偿或给付责任。心理风险因素是指与人的心理状态有关的无形因素,即由于人们疏忽或过失以及主观上不注意、不关心、心存侥幸,以致增加风险事故发生的机会和加大损失的严重性的因素。例如,企业或个人投保财产保险后产生了放松对财务安全管理的思想,如产生物品乱堆放,吸烟后随意抛弃烟蒂等的心理或行为,都属于心理风险因素。由于道德风险因素与心理风险因素均与人密切相关,因此,这两类风险因素合并称为人为风险因素。

2) 风险事故

风险事故(也称风险事件)是指造成人身伤害或财产损失的偶发事件,是造成损失的直接的或外在的原因,是损失的媒介物,即风险只有通过风险事故的发生才能导致损失。

就某一事件来说,如果它是造成损失的直接原因,那么它就是风险事故;而在其他条件下,如果它是造成损失的间接原因,它便是风险因素。例如,下冰雹路滑发生车祸,造成人员伤亡,这时冰雹是风险因素;冰雹直接击伤行人,它是风险事故。

3) 损失

在风险管理中,损失是指非故意的、非预期的和非计划的经济价值的减少。

通常我们将损失分为两种形态,即直接损失和间接损失。直接损失是指风险事故导致的财产本身损失和人身伤害,这类损失又称为实质损失;间接损失则是指由直接损失引起的其他损失,包括额外费用损失、收入损失和责任损失。在风险管理中,通常将损失分为四类:实质损失、额外费用损失、收入损失和责任损失。

7. 要素间关系

风险是由风险因素、风险事故和损失三者构成的统一体,风险因素引起或增加风险事故;风险事故发生后可能造成损失。

8. 频率与程度

(1) 风险频率:又称损失频率,是指一定数量的标的,在确定的时间内发生事故的次数。

(2) 风险程度:又称损失程度,是指每发生一次事故导致标的的毁损状况,即毁损价值占被毁损标的全部价值的百分比。

现实生活中两者的关系一般是反比:风险频率很高时,风险程度一般不大;风险频率不高时,风险程度一般很大。

9. 界定

学术界对风险的内涵没有统一的定义,由于对风险的理解和认知程度不同,或对风险的研究的角度不同,不同的学者对风险概念有着不同的解释,但可以归纳为以下几种代表性观点。

1) 风险是事件未来可能结果发生的不确定性

风险是事物可能结果的不确定性,可定义为在给定的条件下和某一特定的时期内事物未来结果的变动性。对公司来说,风险是指公司收入流的不确定性,风险可由收益分布的方差来度量,由于方差计算的方便性,风险的这种定义在实际中得到广泛的应用。

2) 风险是损失发生的不确定性

风险是不利事件或事件集发生的机会。这种观点又分为主观学说和客观学说两类。主观学说认为不确定性是主观的、个人的和心理上的一种观念,是个人对客观事物的主观估计,而不能以客观的尺度予以衡量,不确定性的范围包括发生与否的不确定性、发生时间的不确定性、发生状况的不确定性以及发生结果严重程度的不确定性。客观学说则是以风险客观存在为前提,以风险事故观察为基础,以数学和统计学观点加以定义,认为风险可用客观的尺度来度量。

3) 风险是指可能发生损失的损害程度的大小

风险可以引申定义为预期损失的不利偏差,这里的不利是指对保险公司或被保险企业而言的。例如,若实际损失率大于预期损失率,则此正偏差对保险公司而言即为不利偏差,也就是保险公司所面临的风险。有学者在别人质疑的基础上,排除可能收益率高于期望收益率的情况,提出了下方风险的概念,即实现收益率低于期望收益率的风险,并用半方差来计量下方风险。

4) 风险是指损失的大小和发生的可能性

风险可定义为在一定条件下和一定时期内,由于各种结果发生的不确定性而导致行为主体遭受损失的大小以及这种损失发生可能性的大小。风险包括两方面,风险以损失发生的大小与损失发生的概率两个指标进行衡量。也有专家把风险定义为所谓风险,是指在决策过程中,由于各种不确定性因素的作用,决策方案在一定时间内出现不利结果的可能性以及可能损失的程度。它包括损失的概率、可能损失的程度以及损失的易变性三方面内容,其中损失的程度一般处于最重要的位置。

5) 风险是由风险构成要素相互作用的结果

风险因素、风险事件和风险结果是风险的基本构成要素。风险因素是风险形成的必要条件,是风险产生和存在的前提。风险事件是外界环境变量发生始料未及的变动从而导致风险结果的事件,它是风险存在的充分条件,在整个风险中占据核心地位。风险事件是连接风险因素与风险结果的桥梁,是风险由可能性转化为现实性的媒介。根据风险的形成机理,有学者将风险定义为风险是在一定时间内,以相应的风险因素为必要条件,以相应的风险事件为充分条件,有关行为主体承受相应的风险结果的可能性。还有学者认为,风险的内涵在于它是在一定时间内,有风险因素、风险事件和风险结果递进联系而呈现的可能性。

6) 利用不确定性的随机性特征来定义风险

风险的不确定性包括模糊性的不确定性与随机性的不确定性两类。模糊性的不确定性,主要取决于风险本身所固有的模糊属性,要采用模糊数学的方法来刻画与研究;而随机性的不确定性,主要是由于风险外部的多因性(各种随机因素的影响)造成的必然反应,要采用概率论与数理统计的方法来刻画与研究。

根据不确定性的随机性特征,为了衡量某一风险单位的相对风险程度,有学者提出了风险度的概念,即在特定的客观条件下、特定的时间内,实际损失与预测损失之间的均方误差与预测损失的数学期望之比。它表示风险损失的相对变异程度(不可预测程度)的一个无量纲(或以百分比表示)的量。

10. 分类

1) 按照性质

(1) 纯粹风险:只有损失机会而无获利可能的风险。比如,房屋所有者面临的火灾风险,汽车主人面临的碰撞风险等,当火灾、碰撞事故发生时,他们便会遭受经济利益上的损失。

(2) 投机风险:相对于纯粹风险而言的,是指既有损失机会又有获利可能的风险。投机风险的后果一般有三种:一是没有损失;二是有损失;三是盈利。比如,在股票市场上买卖股票,就存在赚钱、赔钱、不赔不赚三种后果,因而属于投机风险。

2) 按照标的

(1) 财产风险:导致一切有形财产的损毁、灭失或贬值的风险以及经济或金钱上的损失的风险。如厂房、机器设备、成品、家具等会遭受火灾、地震、爆炸等风险;船舶在航行中,可能会遭受沉没、碰撞、搁浅等风险。

财产损失通常包括财产的直接损失和间接损失两方面。

(2) 人身风险:导致人的伤残、死亡、丧失劳动能力以及增加医疗费用支出的风险。如人会因生、老、病、死等生理规律和自然、政治、军事等原因而早逝、伤残、工作能力丧失或年老无依靠等。

人身风险所致的损失一般有两种：一种是收入能力损失；另一种是额外费用损失。

（3）责任风险：由于个人或团体的疏忽或过失行为，造成他人财产损失或人身伤亡，依照法律、契约或道义应承担的民事法律责任的风险。

（4）信用风险：在经济交往中，权利人与义务人之间，由于一方违约或违法致使对方遭受经济损失的风险。如进出口贸易中，出口方（或进口方）会因进口方（或出口方）不履约而遭受经济损失。

3）按照行为

（1）特定风险：与特定的人有因果关系的风险，即由特定的人所引起的，而且损失仅涉及特定个人的风险。如火灾、爆炸、盗窃以及对他人财产损失或人身伤害所负的法律责任均属此类。

（2）基本风险：其损害波及社会的风险。基本风险的起因及影响都不与特定的人有关，至少是个人所不能阻止的风险。与社会或政治有关的风险、与自然灾害有关的风险都属于基本风险。如地震、洪水、海啸、经济衰退等均属此类。

4）按照产生环境

（1）静态风险：在社会经济正常情况下，由自然力的不规则变化或人们的过失行为所致损失或损害的风险。如雷电、地震、霜害、暴风雨等自然原因所致的损失或损害；火灾、爆炸、意外伤害事故所致的损失或损害等。

（2）动态风险：由于社会经济、政治、技术以及组织等方面发生变动所致损失或损害的风险。如人口增长、资本增加、生产技术改进、消费者爱好的变化等。

5）按照产生原因

（1）自然风险：因自然力的不规则变化使社会生产和社会生活等遭受威胁的风险。如地震、风灾、火灾以及各种瘟疫等自然现象是经常的、大量发生的。在各类风险中，自然风险是保险人承保最多的风险。

自然风险的特征如下。

① 自然风险形成的不可控性。

② 自然风险形成的周期性。

③ 自然风险事故引起后果的共沾性，即自然风险事故一旦发生，其涉及的对象往往很广。

（2）社会风险：由于个人或团体的行为（包括过失行为、不当行为以及故意行为）使社会生产以及人们生活遭受损失的风险。如盗窃、抢劫、玩忽职守及故意破坏等行为将可能对他人财产造成损失或人身造成伤害。

（3）政治风险（国家风险）：在对外投资和贸易过程中，因政治原因或订立双方所不能控制的原因；使债权人可能遭受损失的风险。如因进口国发生战争、内乱而中止货物进口；因进口国实施进口或外汇管制等。

（4）经济风险：在生产和销售等经营活动中由于受各种市场供求关系、经济贸易条件等因素变化的影响或经营者决策失误，对前景预期出现偏差等导致经营失败的风险。比如，企业生产规模的增减、价格的涨落和经营的盈亏等。

（5）技术风险：伴随着科学技术的发展、生产方式的改变而产生的威胁人们生产与生活的风险。如核辐射、空气污染和噪声等。

11. 性质

1）偶然性

由于信息的不对称，未来风险事件发生与否难以预测。

2）相对性

风险性质会因时空各种因素变化而有所变化。

3）社会性

风险的后果与人类社会的相关性决定了风险的社会性，具有很大的社会影响。

4）客观性

风险是一种不以人的意志为转移，独立于人的意识之外的客观存在。因为无论是自然界的物质运动，还是社会发展的规律，都由事物的内部因素所决定，由超过人们主观意识所存在的客观规律所决定。

5）不确定性

发生时间的不确定性。从总体上看，有些风险是必然要发生的，但何时发生却是具有不确定性的。例如，生命风险中，死亡是必然发生的，这是人生的必然现象，但是具体到某一个人何时死亡，在其健康时却是不可能确定的。

12. 降低途径

1）多样化选择

多样化是指消费者在计划未来一段时间内的某项带有风险的经济活动时，可以采取多样化的行动，以降低风险。

2）风险分散

投资者通过投资许多项目或者持有许多公司的股票而消除风险。这种以多种形式持有资产的方式，可以一定程度地避免持有单一资产而发生的风险，这样投资者的投资报酬就会更加确定。

3）风险转移（保险）

在消费者面临风险的情况下，风险规避者会愿意放弃一部分收入去购买保险。如果保险的价格正好等于期望损失，风险规避者将会购买足够的保险，以使他们从任何可能遭受的损失中得到全额补偿，确定收入给他们带来的效用要高于存在无损失时高收入、有损失时低收入这种不稳定情况带来的效用。此外，消费者可以进行自保，一是采取资产多元化组合，如购买共同互助基金；二是向某些基金存放资金，以抵消未来损失或收入降低。

10.2 项目的风险类型

10.2.1 风险、风险量和风险等级的内涵

（1）风险是指损失的不确定性，对建设工程项目管理而言，风险是指可能出现的影响项目目标实现的不确定因素，如自然灾害、工程事故、技术文件错误、管理人员能力问题、资金短缺等，这些不确定因素一般都会造成工期延长、工程成本增加、工程隐患等。图10.1为暴雨及地震自然灾害现场，图10.2为某发电厂工程事故。

图 10.1　暴雨及地震自然灾害现场

图 10.2　某发电厂工程事故

（2）风险量反映不确定的损失程度和损失发生的概率。若某个可能发生的事件其可能的损失程度和发生的概率都很大，则其风险量就很大，如图 10.3 所示的风险区 A。若某事件经过风险评估，它处于风险区 A，则应采取措施，降低其概率，即使它移位至风险区 B，风险区 B 发生的概率较小，但其造成的损失量较大；或采取措施降低其损失量，即使它移位至风险区 C。风险区 B 和风险区 C 的事件则应采取措施，使其移位至风险区 D。

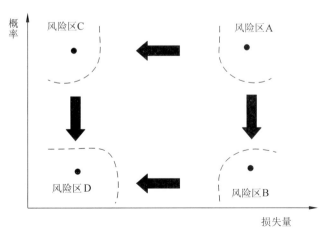

图 10.3　事件风险量的区域

(3) 风险等级。风险等级由风险发生概率等级和风险损失等级间的关系矩阵确定，可参见表 10.1。

表 10.1 风险等级矩阵表

风险等级		损失等级			
		1	2	3	4
概率等级	1	Ⅰ级	Ⅰ级	Ⅱ级	Ⅱ级
	2	Ⅰ级	Ⅱ级	Ⅱ级	Ⅲ级
	3	Ⅱ级	Ⅱ级	Ⅲ级	Ⅲ级
	4	Ⅱ级	Ⅲ级	Ⅲ级	Ⅳ级

《建设工程项目管理规范》(GB/T 50326—2017)将工程建设风险事件按照不同风险程度分为四个等级。

① 一级风险。风险等级最高，风险后果是灾难性的，并造成恶劣社会影响和政治影响。

② 二级风险。风险等级较高，风险后果严重，可能在较大范围内造成破坏或人员伤亡。

③ 三级风险。风险等级一般，风险后果一般，对工程建设可能造成破坏的范围较小。

④ 四级风险。风险等级较低，风险后果在一定条件下可以忽略，对工程本身以及人员等不会造成较大损失。

10.2.2 建设工程项目的风险类型

业主方和其他项目参与方都应建立风险管理体系，明确各层管理人员的相应管理责任，以减少项目实施过程中不确定因素对项目的影响。建设工程项目的风险有以下几种类型。

1. 组织风险

组织风险是项目决策风险的一种类型，包括以下几种。

(1) 组织结构模式。

(2) 工作流程组织。

(3) 任务分工和管理职能分工。

(4) 业主方(包括代表业主利益的项目管理方)人员的构成和能力。

(5) 设计人员和监理工程师的能力，如专业技能、设计及监理工作经验等。

(6) 承包方管理人员和一般技工的能力，如管理人员对工程的整体安排、技工的操作经验等。

(7) 施工机械操作人员的能力和经验。

(8) 损失控制和安全管理人员的资历与能力等。

2. 经济与管理风险

1) 经济风险

经济风险是指因经济前景的不确定性，各经济实体在从事正常的经济活动时，蒙受经济损失的可能性。它是市场经济发展过程中的必然现象。在简单商品生产条件下,商品交换范围较小,产品更新的周期较长,故生产经营者易于把握预期的收益,经济风险不太明显。随着市场经济的发展,生产规模不断扩大,产品更新加快,社会需求变化剧烈,经济风险已成为每个生产者、经营者必须正视的问题。总之,市场经济中的经济风险和经济利益是同时并存的,高风险往往伴随着高收益。因此,经济风险可以说是一把"双刃剑",既能激励经济主体趋利避害,加强和改善经营管理,改进技术,更新设备,降低消耗,提高经济效益,促进经济迅速发展;又能使市场主体患得患失,顾虑重重,追求盈利的冲动受到可能蒙受经济风险的制约,使市场经济主体在经济行为理性化的同时,有可能失去发展的良机,由此而使经济运行趋于稳定或停滞。我们必须正视其抑制作用,强化风险制约的功能,同时采取积极的措施,充分发挥其激励作用。

(1) 经济风险按其产生的原因划分
- 自然风险:指由于自然因素,如洪灾、火灾、地震、流行性传染病等引起的风险。如我国曾经出现的SARS病毒,就给我们的生产和生活带来了一定的影响与损失。
- 社会风险:指因个人或团体在社会上的行为,如偷盗、战争、政治动乱等引起的风险。
- 经营风险:指商品在生产或销售过程中,因经营管理不善或市场供求等因素引起的风险。

(2) 经济风险按经济过程的不同阶段划分
- 投资风险:投资者在进行某一项投资时承担的风险。
- 生产风险:生产者在生产某种产品或提供劳务时承担的风险。
- 销售风险:销售者在从事商品的销售活动时承担的风险。

2) 管理风险

管理风险是指管理运作过程中因信息不对称、管理不善、判断失误等影响管理的水平。这种风险具体体现在构成管理体系的每个细节上,可以分为以下四个部分。

(1) 管理者的素质。管理者因素包括单个的个人和群体的管理层。管理者个人素质因素包括品德、知识水平和能力三方面。品德是推动管理者行为的主导力量,决定其工作愿望和努力程度及外界对他的价值评价,影响着人际关系,对管理效果和效率有直接影响。技术创新对中小企业是一项艰难的活动,一方面管理者的任务更艰巨;另一方面参与创新的人员更需要多方面激励;鉴于中小企业资源方面的劣势,道德环境——管理者品德对这两方面影响就十分重要。知识水平体现在管理者对创新过程的理解和进行组织管理上,影响着他与创新的人员交流和沟通。能力反映管理者干好本职工作的本领,包括应具备的心理特征和适当的工作方式。现代经营管理之父法约尔依据不同规模的企业状况对管理者应具备的基本能力结构进行分析研究的结果表明,相对于大型企业,中小企业领导人在技术能力、商业能力上要求更高,中小企业领导人往往是技术创新的发动机,往往更多地直接参与创新过程,作为能力的另一因素,他的创新意识直接决定着整个企业的创新发展。管理者的素质因素主要是指管理者年龄、知识、能力的结构搭配及互补;在中小企业发展和上升时期管理层应偏重于中青年创造锐意进取的气氛,对企业技术创新持积极的态度。

(2) 组织结构因素。组织结构是指组织内部各级职务职位的权责范围、联系方式和分工协作关系的整体框架,是组织得以持续运转、完成经营管理任务的体制基础。组织结构制度制约着组织内部人员、资金、物资、信息的流动,影响着组织目标的实现。因此,组织结构决定着技术创新的各个环节,对技术创新成败有着决定意义。有专家从以下五个方面分析了组织结构对技术创新的影响。

① 信息流对技术创新的影响。技术创新是一项贯穿于整个企业的系统工程,要求企业不仅要拥有完成各项活动的职能部门,还需要有一个完善高效的信息沟通网络,包括研究开发部门内部及其与营销、生产制造等部门之间的信息沟通渠道,它将直接影响企业研究开发的内容、时滞和成效。

② 灵活性对技术创新的影响。企业组织结构的刚柔性决定了该组织的灵活性和应变能力。灵活性大的企业在缩短技术创新时滞、不断适应技术发展和市场需求变化进行技术创新与其他企业竞争创新等方面均有着较大优势。

③ 开放程度对技术创新的影响。组织的开放程度大小,反映了接收外部各种信息、经验和知识能力的大小。由于技术创新过程无特征性,开放程度大的组织能充分利用这一点加快技术创新速度及降低创新成本。

④ 经验积累程度对技术创新的影响。企业经验积累程度即企业扩展技术知识能力的大小,将直接影响技术创新能力和技术创新活动的速度。

⑤ 组织效率对技术创新的影响。企业组织结构的组织效率,将在很大程度上影响技术创新中的信息流、物流以及创新各阶段和各部分的整合效果。

中小企业由于其组织结构层次较简单、等级制度不严、人员相对较少,因此信息流动与沟通较为顺畅,技术创新的内容和方向容易迅速达到一致,但负面信息起作用也迅速;由于其组织灵活性较强,"船小好调头",但当创新方向因此而多变时,往往导致"东边不亮,西边也不亮"的后果;由于其高开放程度和较快的经验积累程度,利用技术创新成长具有"后发优势",但可能造成"饥不择食"甚至"饮鸩止渴"的后果;而其组织的高效率也会产生正反两方面的效果。所以中小企业的组织结构对管理风险具有根本性影响。

(3) 企业文化因素。企业文化是企业员工较长时间形成的共同价值观、信念、态度和行为准则,是一个组织持有的传统和风尚,制约着全部管理的政策和措施。企业文化不同于组织结构的刚性影响,是以其文化对管理活动产生柔性影响。管理的中心是对人的管理,而人是由文化塑造的受到一定文化价值观指向的主体;因此企业文化能够通过寻找观念共同点和建立共同的价值观,强化组织成员之间合作、信任和团结,使之产生亲近感、信任感和归属感,实现文化认同和融合,使组织具有向心力和凝聚力,从而形成共同行动和齐心协力。在中小企业技术创新管理中,这种凝聚力可以使企业集中有限资源,群策群力进行创新活动,而如果企业没有发展与其相适应的朝气蓬勃的企业文化,因循守旧,小富即安,则成为技术创新巨大障碍。因此,中小企业在创立之日起应着力于创造积极向上、鼓励创新的氛围。

(4) 管理过程因素。管理过程直接影响中小企业技术创新的成败,一般有相互关联的计划、组织、领导、控制四个因素。

① 计划因素的影响。计划是对未来的安排,应根据实际情况,通过科学、准确的预测,提出在未来一定时期内的目标及实现目标的方法。它是组织技术创新活动的指南,保证创新活动有条不紊地进行。中小企业管理者应具备专业能力和一般业务知识,遵循科学的方法和流程,制订正确、有效的计划,合理安排和组织人员,激发员工创造性,为计划实施创造宜人环境。中小企业的技术创新计划,统一协调十分重要,对技术创新活动的所有相关计划,要协同一致。对于缺乏资金的中小企业,经济性格外重要,要讲究计划的经济效果,以求最少的投入获得最大收益,避免投入巨大的计划实施以后可能得不偿失。

② 组织因素的影响。计划制订后,企业技术创新目标和如何实现目标已经明晰,必须严密组织。有专家指出:"为了使人们能为实现目标而有效地工作,就必须设计和维持一种职务结构,这就是组织管理职能的目的。"组织结构对技术创新的影响上文已经论述,不再赘述。组织结构要为创新活动的运行提供基本框架,必须有相应的合适的人员配备,才能有效地运作。中小企业由于人才较为缺乏,因此,在人员配备时,要充分把握因事择人和择才选用的原则。因事择人需要管理人员根据技术创新过程中各个环节和专业的具体职位要求,选择具备相应知识和能力的人员。择才选用则要求管理人员充分利用本企业有限的人力资源,深入了解员工的能力和素质为其安排相应的工作,做到人尽其才,既激发了员工的工作热情,又提高了企业人力资源利用率,保证技术创新的效率。中小企业技术创新的过程也是企业组织成长的过程,所以组织结构也应动态地适时调整,这样企业才能充满活力,一步步走向壮大。

③ 领导因素的影响。对中小企业技术创新,领导十分关键。他要指挥、引导、支持和影响参与人员为实现特定目标而努力。在技术创新中,领导的作用体现在两方面:协调作用和激励作用。技术创新活动是一个由多种因素构成的系统,每个因素的状况都对它产生着影响,领导者在明确的目标下,必须协调好各种因素,促使组织所有的活动协同与和谐,具体包括思想协调、目标协调、权力协调、利益协调、信息协调等方面。同时,领导者应创造满足参与创新人员各种需要的条件和建立激励机制来激发大家的创新动机,善于调动员工的积极主动性,发挥创造力,鼓舞士气,不怕失败,振奋精神,使参与技术创新的人员都自觉地融入创新的工作目标中去,为实现共同目标而努力工作。

④ 控制因素的影响。技术创新的控制是监视创新的各项活动,保证它们按计划进行,并纠正各种偏差的过程并在必要时调整计划。中小企业的技术创新活动不仅在企业外部面临着多种不确定的因素,在内部也随着活动的逐步深入和扩展而发生部分环节与目标偏离的可能性变大。所以要及时调控来保证技术创新活动目标的最终实现。

3) 规避管理风险

中小企业技术创新抗风险能力弱,应根据自身特点,从以下四个方面对创新中的管理风险进行规避。

(1) 在管理者方面:首先,要加强领导者自身的品德修养,从而增强企业凝聚力和激励力,同时着力弥补其他方面如资源劣势等方面的不足,提升管理的效率和效果;其次,要扩展知识,对技术创新涉及的知识方法等有一定程度的理解,增强与技术创新人员的沟通,从而对创新活动的组织更为科学;最后,要全面提升管理层人员的素质和能力,在管理层人员中尤其要注重协作沟通能力的提高,刻意培养管理创新意识和创新能力。

(2) 在组织结构方面:中小企业应在组织效率和灵活性上充分发挥自身先天优势;积极利用多种渠道与社会组织加强内外信息沟通和交流;注重知识经验的有效识别和积累,加强企业知识管理,建立知识储备库;扩大企业开放程度,利用各种社会力量,与高校、科研院所建立密切关系,增强组织对创新方向的把握。

(3) 在企业文化方面:要致力于良好的企业文化的培养,除了凝聚力、向心力的形成和培养外,尤其应该塑造创新精神和团队精神,真正把创新作为企业生存和发展的根本所在,树立朝气蓬勃、齐心向上的企业精神,为一切创新活动创造良好的环境。

(4) 在管理过程方面:应该遵循对技术创新管理的科学性,减少管理人员的随意性。首先,要设立正确的创新目标,最大限度地利用现有条件制订科学合理的计划,其中包括对风险的预测及建立相应的防范规避机制。其次,组织的过程管理要以计划为依据,充分挖掘企业各种资源,使现有资源的效用发挥到最大,注意组织结构的适时调整。领导过程要以现有目标为前提,加强对参与创新人员的适当激励,保持创新团队的士气。最后,控制环节除了一般的信息准确及时、控制关键环节、注意例外处理等方面外,应突出关注控制的经济效益,要关注采取行动的效率和效果。

4) 建设工程项目的经济与管理风险

建设工程项目的经济与管理风险主要包括以下几个方面。

(1) 宏观和微观经济情况。

(2) 工程资金供应的条件。

(3) 合同风险。

(4) 现场与公用防火设施的可用性及其数量。

(5) 事故防范措施和计划。

(6) 人身安全控制计划。

(7) 信息安全控制计划等。

3. 工程环境风险

工程环境风险包括以下几个方面。

(1) 自然灾害。

(2) 岩土地质条件和水文地质条件。

(3) 气象条件。

(4) 引起火灾和爆炸的因素等。

4. 技术风险

技术风险包括以下几个方面。

(1) 工程勘测资料和有关文件。

(2) 工程设计文件。工程设计是根据建设工程的要求,对建设工程所需的技术、经济、资源、环境等条件进行综合分析、论证,编制建设工程设计文件的活动。工程设计是人们运用科技知识和方法,有目标地创造工程产品构思和计划的过程,几乎涉及人类活动的全部领域。工程设计文件包括初步设计或扩大初步设计、技术设计、施工图设计和设计说明。

（3）工程施工方案。

（4）工程物资。

（5）工程机械等。

10.3 项目风险管理的工作流程

10.3.1 风险管理

风险管理是为了达到一个组织的既定目标，而对组织所承担的各种风险进行管理的系统过程，其采取的方法应符合公众利益、人身安全、环境保护以及有关法规的要求。风险管理包括策划、组织、领导、协调和控制等方面的工作。

组织、领导、协调和控制均属于管理的职能及要素。

10.3.2 项目风险管理的工作流程

风险管理过程包括项目实施全过程的项目风险识别、项目风险评估、项目风险应对和项目风险监控。

1. 项目风险识别

项目风险识别是风险管理的第一步，也是风险管理的基础，是指在风险事故发生之前，人们运用各种方法系统地、连续地认识所面临的各种风险以及分析风险事故发生的潜在原因。只有在正确识别出自身所面临的风险的基础上，人们才能够主动选择适当有效的方法进行处理。

项目风险识别的任务是识别项目实施过程存在哪些风险，其工作程序包括以下几个方面。

（1）收集与项目风险有关的信息，如自然条件、社会环境、业主的信誉、进度质量要求等。

（2）确定风险因素，如环境要素风险、行为主体风险、目标系统风险、管理过程风险等。

（3）编制项目风险识别报告。

2. 项目风险评估

项目风险评估是指在风险事件发生之前或之后（但还没有结束），该事件给人们的生活、生命、财产等各个方面造成的影响和损失的可能性进行量化评估的工作。风险评估就是量化测评某一事件或事物带来的影响或损失的可能程度。

项目风险评估包括以下工作。

（1）利用已有数据资料（主要是类似项目有关风险的历史资料）和相关专业方法分析各种风险因素发生的概率。

（2）分析各种风险的损失量，包括可能发生的工期损失、费用损失，以及对工程的质量、功能和使用效果等方面的影响。

(3) 根据各种风险发生的概率和损失量,确定各种风险的风险量和风险等级。

风险发生的概率是指某一个风险事件发生的可能性大小。

3. 项目风险应对

常用的风险应对方法包括风险规避、减轻、自留、转移及以上的组合等策略。对难以控制的风险,向保险公司投保是风险转移的一种措施。项目风险应对是指针对项目风险而采取的相应对策。

风险规避是风险应对的一种方法,是指通过有计划的变更来消除风险或风险发生的条件,保护目标免受风险的影响。风险规避并不意味着完全消除风险,我们所要规避的是风险可能给我们造成的损失。一是要降低损失发生的概率,这主要是采取事先控制措施;二是要降低损失程度,这主要包括事先控制和事后补救两个方面。

风险减轻是减少不利的风险事件的后果和可能性到一个可以接受的范围。通常在项目的早期采取风险减轻策略可以收到更好的效果。例如,软件开发过程中人员流失对于软件项目的影响非常严重,我们可以通过完善工作,配备后备人员等方法来减轻人员流失带来的影响。

风险自留也称为风险承担,是指企业自己非理性或理性地主动承担风险。目前在发达国家的大型企业中较为盛行。

风险转移是指通过合同或非合同的方式将风险转嫁给另一个人或单位的一种风险处理方式。风险转移是对风险造成损失承担的转移。

项目风险应对方法应形成风险管理计划,它包括以下几个方面。

(1) 风险管理目标。

(2) 风险管理范围。

(3) 可使用的风险管理方法、工具以及数据来源。

(4) 风险分类和风险排序要求。

(5) 风险管理的职责和权限。

(6) 风险跟踪的要求。

(7) 相应的资源预算。

4. 项目风险监控

项目风险监控是指在整个项目过程中,根据项目风险管理计划、项目实际发生的风险与项目发展变化所开展的各种监督和控制活动。这是建立在项目风险的阶段性、渐进性和可控性基础之上的一种项目风险管理工作,因为只有当人们认识了项目风险发展的进程和可能性以后,项目风险才是可控的。更进一步说,当人们认识了项目风险的原因及其后果等主要特性以后,那么就可以对项目风险开展监控了。只有当人们对项目风险一无所知时,它才是不可控的。

项目风险是发展和变化的,这种发展与变化也会随着人们的控制行为而发生变化。人们对项目风险的控制过程就是一种发挥主观能动性去改造客观世界(事物)的过程,此时产生的各种信息会进一步完善人们对项目风险的认识和把握程度,使人们对项目风险的控制行为更加符合客观规律。实际上人们对项目风险的监控过程就是一个不断认识项目风险和不断修订项目风险监控决策与行为的过程。这一过程是一个通过人们的行为使项目风险逐步从不可控向可控转化的过程。

在项目进展过程中应收集和分析与风险相关的各种信息,预测可能发生的风险,对其进行监控并提出预警。

习题

一、单项选择题

1. 下列影响建设工程项目实施的风险因素中,属于技术风险的是( )。【2013 年】
   A. 建设工程勘察资料　　　　　　B. 气象条件
   C. 公用防火设施数量　　　　　　D. 人身安全控制计划

2. 项目风险管理过程包括:①项目风险响应;②项目风险评估;③项目风险识别;④项目风险控制。其正确的管理流程是( )。【2013 年】
   A. ③—②—①—④　　　　　　　B. ③—②—④—①
   C. ②—③—④—①　　　　　　　D. ①—③—②—④

3. 根据《建设工程项目管理规范》,一级风险指( )。【2020 年】
   A. 风险后果严重,可能在较大范围内造成破坏或人员伤亡
   B. 风险后果一般,对工程建设可能造成破坏的范围较小
   C. 风险后果在一定条件下可以忽略,对工程本身以及人员等不会造成较大损失
   D. 风险后果是灾难性的,并造成恶劣社会影响和政治影响

4. 下列项目风险管理工作中,属于风险响应(应对)的是( )。【2016 年】
   A. 收集与项目风险有关的信息　　B. 监控可能发生的风险并提出预警
   C. 确定各种风险的风险量和风险等级　　D. 向保险公司投保难以控制的风险

5. 对于工程项目管理而言,风险是指可能出现的影响项目目标实现的( )。
   A. 确定因素　　B. 肯定因素　　C. 不确定因素　　D. 确定事件

6. 在事件风险量的区域图中,若某事件经过风险评估,处于风险区 A,则应采取措施降低其概率,可使它移位至风险区( )。
   A. B　　　　　B. C　　　　　C. D　　　　　D. E

7. 某项目采用固定价格合同,对于承包商来说,如果估计价格上涨的风险发生可能性为中等,估计如果发生所造成的损失属于重大损失,则此种风险的等级应评为( )等风险。
   A. 2　　　　　B. 3　　　　　C. 4　　　　　D. 5

8. 下列建设工程项目风险中,属于技术风险的是( )。
   A. 人身安全控制计划　　　　　　B. 施工机械操作人员的能力
   C. 防火设施的可用性　　　　　　D. 工程设计文件

9. 某企业承接了一大型水坝施工任务,但企业有该类项目施工经验的人员较少,大部分管理人员缺乏经验,这类属于建设工程风险类型中的( )风险。

A. 组织 B. 经济与管理
C. 工程环境 D. 技术

10. 下列工程项目风险管理工作中,属于风险识别阶段的工作是(　　)。
A. 分析各种风险的损失量 B. 分析各种风险因素发生的概率
C. 确定风险因素 D. 对风险进行监控

11. 下列针对防范土方开挖过程中的塌方风险而采取的措施,属于风险转移对策的是(　　)。
A. 投保建设工程一切险 B. 设置警示牌
C. 进行专题安全教育 D. 设置边坡护壁

12. 某投标人在招标工程开标后发现由于自己报价失误,比正常报价少报18%,虽然被确定为中标人,但拒绝与业主签订施工合同。该投标人所采取的风险对策是风险(　　)。
A. 自留 B. 规避 C. 减轻 D. 转移

二、多项选择题

1. 下列建设工程项目风险中,属于经济与管理风险的有(　　)。【2016年】
A. 事故防范措施和计划 B. 工程施工方案
C. 现场与公用防火设施的可用性 D. 承包方管理人员的能力
E. 引起火灾和爆炸的因素

2. 下列建设工程项目风险中,属于组织风险的有(　　)。【2014年】
A. 人身安全控制计划 B. 工作流程组织
C. 引起火灾和爆炸的因素 D. 任务分工和管理职能分工
E. 设计人员和监理工程师的能力

3. 风险管理包括策划、(　　)等方面的工作。
A. 组织 B. 协调 C. 归纳 D. 领导
E. 控制

4. 施工风险管理过程包括施工全过程的风险(　　)。
A. 识别 B. 评估 C. 响应 D. 控制
E. 转移

5. 在项目风险管理过程中,风险识别工作包括(　　)。【2020年】
A. 分析风险因素发生的概率 B. 确定风险因素
C. 编制项目风险识别报告 D. 分析风险的损失量
E. 收集与项目风险有关的信息

6. 风险评估内容包括(　　)。
A. 确定各种风险的风险量 B. 确定应对各种风险的对策
C. 确定风险因素 D. 确定风险等级
E. 确定各种风险因素的发生概率

7. 常用的风险响应对策包括(　　)。
A. 风险规避 B. 风险减轻 C. 风险自留 D. 风险控制
E. 风险转移

三、简答题

1. 何谓风险?
2. 在《建设工程项目管理规范》(GB/T 50326—2017)中,风险等级如何划分?
3. 建设工程项目的风险有哪几种类型?
4. 何谓风险管理?
5. 风险管理过程包括什么?
6. 项目风险评估包括哪些工作?

第 11 章

建设工程监理的工作

建设工程监理(以下简称工程监理)单位是建筑市场的主体之一,它是一种高智能的有偿技术服务。我国的工程监理属于国际上业主方项目管理的范畴。在国际上把这类服务归为工程咨询(工程顾问)服务。有偿技术服务是指监理单位向委托方提供施工现场管理技术方面的支持,并由此向委托方收取一定比例的技术服务费用。业主方即甲方,是建设工程的投资方。

11.1 监理的工作性质

从事工程监理活动,应当遵守国家有关法律、法规和规范性文件,严格执行工程建设程序和国家工程建设强制性标准,遵循守法、诚信、公平、科学的原则,认真履行监理职责。

建设工程监理单位与业主(建设单位)应当在实施工程监理前以书面形式签订监理合同。合同条款中应当明确合同履行期限、工作范围和内容、双方的义务和责任、监理酬金及其支付方式,以及合同争议的解决办法等。建设工程监理单位的工作性质有以下几个特点。

(1) 服务性。工程监理单位受业主的委托进行工程建设的监理活动,它提供的是服务。建设工程监理单位将尽一切努力进行项目目标控制,但不可能保证项目目标一定实现,也不可能承担由于不是它的责任而导致项目目标失控的责任。

(2) 科学性。工程监理单位拥有从事工程监理工作的专业人士——监理工程师,将会应用所掌握的工程监理科学的思想、组织、方法和手段从事工程监理活动。

(3) 独立性。指的是不能有依附性,即在组织上和经济上不能依附于监理工作的对象(如承包商、材料和设备的供货商等),否则就不可能自主地履行义务。

(4) 公平性。建设工程监理单位受业主的委托进行工程建设的监理活动,当业主方和承包商发生利益冲突或矛盾时,建设工程监理机构应以事实为依据,以法律和有关合同为准绳,在维护业主的合法权益时,不损害承包商的合法权益,这体现了工程监理的公平性。

公平是指公正,不偏不倚。一般是指所有的参与者(人或者团体)的各项属性(包括投入、获得等)平均。公表示公正、合理,能获得广泛的支持;平是指平等、平均。公平一般是在理想状态实现的,没有绝对的公平。现代社会和道德提倡公平,公平也是各项竞技活动开展的基础。但真正意义上的公平是不存在的,公平一般靠法律和协约保证,由活动的发起人(主要成员)制定,参与者遵守。

11.2 监理的工作任务

"建筑工程监理应当依照法律、行政法规及有关的技术标准、设计文件和建筑工程承包合同,对承包单位在施工质量、建设工期和建设资金使用等方面,代表建设单位实施监督。"(引自《中华人民共和国建筑法》)

施工质量是指国家现行的有关法律法规、技术标准、设计文件和合同中,对工程的安全、适用、经济、环保、美观等特性的综合要求。

建设工期是指建设项目或单项工程在建设过程中耗用的时间,即从工程正式破土动工开始,到全部建成投产或交付使用为止所经历的时间。在建设过程中因国家基本建设计划调整,经上级正式批准而停缓建的时间,在计算建设工期时应予以扣除。但在建设过程中的节假日以及由于设备、材料供应不及时等原因造成的停工时间,则不应扣除。全国或一个部门、一个地区在分析建设工期时,通常采用平均建设工期。

建设资金使用是指承包单位应按照建设合同中的要求,将建设资金用于工程材料采购、农民工工资支付等相关的费用支配上,不得挪作他用。

11.2.1 质量管理相关规定

项目监理机构根据建设工程监理合同约定的工程质量任务,制订控制目标,并对控制目标进行分解,制订相应的措施实施控制。监理人员应熟悉工程设计文件,有关监理人员应参加建设单位主持的图纸会审和设计交底会议,总监理工程师应参与会议纪要会签。

(1)"工程监理单位应当依照法律、法规以及有关技术标准、设计文件和建设工程承包合同,代表建设单位对施工质量实施监理,并对施工质量承担监理责任。"(引自《中华人民共和国建筑法》第三十六条)

(2)"工程监理单位应当选派具备相应资格的总监理工程师和监理工程师进驻施工现场。未经监理工程师签字,建筑材料、建筑构配件和设备不得在工程上使用或者安装,施工单位不得进行下一道工序的施工。未经总监理工程师签字,建设单位不拨付工程款,不进行竣工验收。"(引自《中华人民共和国建筑法》第三十七条)

(3)"监理工程师应当按照工程监理规范的要求,采取旁站、巡视和平行检验等形式,对建设工程实施监理。"(引自《中华人民共和国建筑法》第三十八条)

① 旁站:监理人员在施工现场对工程实体关键部位或关键工序的施工质量进行的监督检查活动。工程监理进行工作的一项,对施工进行全过程监督。图 11.1 所示为监理旁站某项目基础标高控制情况。

② 巡视:建筑工程监理活动中,监理人员对正在施工的部位或工序在现场进行的定期或不定期的监督活动。

③ 平行检验:项目监理机构利用一定的检查或检测手段,在承包单位自检的基础上,按照一定的比例独立进行检查或检测的活动。平行检验作为工程建设监理在质量过程控制中具有重要的作用,同时也是其他行业进行质量控制的重要方法。图 11.2 所示为监理

图 11.1　监理旁站某项目基础标高控制情况

平行检验某项目基础钢筋绑扎质量。

图 11.2　监理平行检验某项目基础钢筋绑扎质量

11.2.2　安全生产管理规定

"工程监理单位应当审查施工组织设计中的安全技术措施或者专项施工方案是否符合工程建设强制性标准。工程监理单位在实施监理过程中,发现存在安全事故隐患的,应当要求施工单位整改,如临边洞口防护不到位、一闸多接、没有正确佩戴安全帽、安全带等防护用具等;情况严重的,应当要求施工单位暂时停止施工,并及时报告建设单位。施工单位拒不整改或者不停止施工的,工程监理单位应当及时向有关主管部门报告。工程监理单位和监理工程师应当按照法律、法规和工程建设强制性标准实施监理,并对建设工程安全生产承担监理责任。"(引自《中华人民共和国建筑法》第十四条)

(1) 项目监理机构应根据法律法规、工程建设强制性标准,履行建设工程安全生产管理的监理职责,并应将安全生产管理的监理工作内容、方法和措施纳入监理规划及监理实施细则。

(2) 项目监理机构应审查施工单位现场安全生产规章制度的建立和实施情况,并应审查施工单位安全生产许可证及施工单位项目经理、专职安全生产管理人员和特种作业人员的资格,同时应核查施工机械和设施的安全许可验收手续。

(3) 项目监理机构应审查施工单位报审的专项施工方案,符合要求的,应由总监理工程师签认后报建设单位。超过一定规模的危险性较大的分部分项工程的专项施工方案,应检查施工单位组织专家进行论证、审查的情况,以及是否附具安全验算结果。项目监理机构应要求施工单位按已批准的专项施工方案组织施工。专项施工方案需要调整时,施工单位应按程序重新提交项目监理机构审查。

专项施工方案审查应包括下列基本内容。

① 编审程序应符合相关规定。

② 安全技术措施应符合工程建设强制性标准。

(4) 专项施工方案报审表应按表11.1的要求填写。

(5) 项目监理机构应巡视检查危险性较大的分部、分项工程专项施工方案实施情况。发现未按专项施工方案实施时,应签发监理通知单,要求施工单位按专项施工方案实施。

(6) 项目监理机构在实施监理过程中,发现工程存在安全事故隐患时,应签发监理通知单,要求施工单位整改;情况严重时,应签发工程暂停令,并应及时报告建设单位。施工单位拒不整改或不停止施工时,项目监理机构应及时向有关主管部门报送监理报告。监理报告应按表11.2的要求填写。

表11.1 施工组织设计/(专项)施工方案报审表

工程名称:　　　　　　　　　　　　　　　　　　　　编号:

致:＿＿＿＿＿＿＿(项目监理机构) 　　我方已完成＿＿＿＿＿＿＿工程施工组织设计/(专项)施工方案的编制,并按规定已完成相关审批手续,请予以审查。 　　附件: 　(1) 施工组织设计 　(2) 专项施工方案 　(3) 施工方案 　　　　　　　　　　　　　　　　　　　　　　　施工项目经理部(签章) 　　　　　　　　　　　　　　　　　　　　　　　　　项目经理(签字) 　　　　　　　　　　　　　　　　　　　　　　　　　年　　月　　日
审查意见: 　　　　　　　　　　　　　　　　　　　　　　　专业监理工程师(签字) 　　　　　　　　　　　　　　　　　　　　　　　　年　　月　　日

续表

审核意见：   项目监理机构（盖章） 总监理工程师（签字、加盖执业印章） 年　　月　　日
审批意见（仅对超过一定规模的危险性较大分部分项工程专项施工方案）：   建设单位（盖章） 建设单位代表（签字） 年　　月　　日

注：本表一式三份，项目监理机构、建设单位、施工单位各一份。

表 11.2　监理报告

工程名称：　　　　　　　　　　　　　　　　　　编号：

致：_____（主管部门） 　　由（施工单位）施工的_____（工程部位），存在安全事故隐患。我方已于____年__月__日发出编号为_____的"监理通知单""工程暂停令"，但施工单位未整改/停工。 　　特此报告。 　　附件： 　　（1）监理通知单 　　（2）工程暂停令 　　（3）其他   项目监理机构（盖章） 总监理工程师（签字） 年　　月　　日

注：本表一式四份，主管部门、建设单位、工程监理单位、项目监理机构各一份。

11.2.3 工程造价管理和工程进度相关规定

1. 工程造价管理相关规定

(1) 项目机构应按下列程序进行工程计量和付款签证。

① 专业监理工程师对施工单位在工程款支付报审表中提交的工程量和支付金额进行复核,确定实际完成的工程量,提出到期应支付给施工单位的金额,并提出相应的支持性材料。

② 总监理工程师对专业监理工程师的审查意见进行审核,签认后报建设单位审批。

③ 总监理工程师根据建设单位的审批意见,向施工单位签发工程款支付证书。

(2) 项目监理机构应编制月完成工程量统计表,对实际完成量与计划完成量进行比较分析,发现偏差的,应提出调整建议,并应在监理月报中向建设单位报告。

(3) 项目监理机构应按下列程序进行竣工结算款审核。

① 专业监理工程师审查施工单位提交的工程结算款支付申请,提出审查意见。

② 总监理工程师对专业监理工程师的审查意见进行审核,签认后报建设单位审批,同时抄送施工单位,并就工程竣工结算事宜与建设单位、施工单位协商;达成一致意见的,根据建设单位审批意见向施工单位签发工程款支付证书;不能达成一致意见的,应按施工合同约定处理。工程款支付证书应按表 11.3 的要求填写。

表 11.3　工程款支付证书

工程名称：　　　　　　　　　　　　　　　编号：

致：_____（施工单位） 　　根据施工合同约定,经审核编号为_____"工程款支付报审表",扣除有关款项后,同意支付工程款共计(大写_____) (小写：_____)。 　其中： 　(1) 施工单位申报款为 　(2) 经审核施工单位应得款为 　(3) 本期应扣款为 　(4) 本期应付款为 　附件：工程款支付报审表及附件   　　　　　　　　　　　　　　　　　　　　　项目监理机构(盖章) 　　　　　　　　　　　　　　　　　　　　　总监理工程师(签字、加盖执业印章) 　　　　　　　　　　　　　　　　　　　　　　　　　　　年　月　日

注：本表一式三份,项目监理机构、建设单位、施工单位各一份。

2. 工程进度相关规定

(1) 项目监理机构应审查施工单位报审的施工总进度计划和阶段性施工进度计划,提出审查意见,并应由总监理工程师审核后报建设单位。施工进度计划审查应包括下列基本内容。

① 施工进度计划应符合施工合同中工期的约定。

② 施工进度计划中主要工程项目无遗漏,应满足分批动用或配套动用的需要,阶段性施工进度计划应满足总进度控制目标的要求。

③ 施工顺序的安排应符合施工工艺要求。

④ 施工人员、工程材料、施工机械等资源供应计划应满足施工进度计划的需要。

⑤ 施工进度计划应满足建设单位提供的资金、施工图纸、施工场地、物资等施工条件。

(2) 施工进度计划报审表应按表 11.4 的要求填写。

表 11.4 施工进度计划报审表

工程名称：　　　　　　　　　　　　　　　编号：

致：_____（项目监理机构） 　　根据施工合同的有关规定,我方已完成_____工程施工进度计划的编制,请予以审查。 　　附件： 　　（1）施工总进度计划 　　（2）阶段性进度计划 　　　　　　　　　　　　　　　　　　　　施工项目经理部（盖章） 　　　　　　　　　　　　　　　　　　　　　　项目经理（签字） 　　　　　　　　　　　　　　　　　　　　　　年　　月　　日
审查意见：   　　　　　　　　　　　　　　　　　　　　专业监理工程师（签字） 　　　　　　　　　　　　　　　　　　　　　　年　　月　　日
审核意见：   　　　　　　　　　　　　　　　　　　　　项目监理机构（盖章） 　　　　　　　　　　　　　　　　　　　　总监理工程师（签字） 　　　　　　　　　　　　　　　　　　　　　　年　　月　　日

注：本表一式三份,项目监理机构、建设单位、施工单位各一份。

(3) 项目监理机构应检查施工进度计划的实施情况,发现实际进度严重滞后于计划进度且影响合同工期时,应签发监理通知单,要求施工单位采取调整措施加快施工进度。总监理工程师应向建设单位报告工期延误风险。

(4) 项目监理机构应比较分析工程施工实际进度与计划进度,预测实际进度对工程总工期的影响,并应在监理月报中向建设单位报告工程实际进展情况。

11.2.4 工程变更、索赔及施工合同争议等的规定

1. 一般规定

(1) 项目监理机构应在建设工程监理合同的授权范围内,依据施工合同的条款约定处理工程暂停及复工、工程变更、索赔及施工合同争议、解除等事宜。

(2) 施工合同终止时,项目监理机构应协助建设单位按施工合同约定处理施工合同终止的有关事宜。

2. 工程暂停及复工

(1) 总监理工程师在签发工程暂停令时,可根据停工原因的影响范围和影响程度,确定停工范围,并应按施工合同和建设工程监理合同的约定签发工程暂停令。

(2) 项目监理机构发现下列情况之一时,总监理工程师应及时签发工程暂停令。
① 建设单位要求暂停施工且工程需要暂停施工的。
② 施工单位未经批准擅自施工或拒绝项目监理机构管理的。
③ 施工单位未按审查通过的工程设计文件施工的。
④ 施工单位违反工程建设强制性标准的。
⑤ 施工存在重大质量、安全事故隐患,或发生质量、安全事故的。

(3) 总监理工程师签发工程暂停令应事先征得建设单位同意,在紧急情况下未能事先报告的,应在事后及时向建设单位做出书面报告。工程暂停令应按表 11.5 的要求填写。

表 11.5 工程暂停令

工程名称: 　　　　　　　　　　　　　　　编号:

致:_____(施工项目经理部)
由于_____原因,经建设单位同意,现通知你方于___年___月___日时起,暂停_____部位(工序)施工,并按下述要求做好后续工作。 要求: 项目监理机构(盖章) 总监理工程师(签字)、加盖执业印章(签字) 　　　　　　　　　　　　　　年　　月　　日

注:本表一式三份,项目监理机构、建设单位、施工单位各一份。

(4) 暂停施工事件发生时,项目监理机构应如实记录所发生的情况。

(5) 总监理工程师应会同有关各方按施工合同约定,处理因工程暂停引起的与工期、费用有关的问题。

(6) 因施工单位原因暂停施工时,项目监理机构应检查、验收施工单位的停工整改过程、结果。

(7) 当暂停施工原因消失、具备复工条件时,施工单位提出复工申请的,项目监理机构应审查施工单位报送的工程复工报审表及有关材料,符合要求后,总监工程师应及时签署审查意见,并应报建设单位批准后签发工程复工令;施工单位未提出复工申请的,总监理工程师应根据工程实际情况指令施工单位恢复施工。工程复工报审表应按表 11.6 的要求填写。工程复工令应按表 11.7 的要求填写。

表 11.6 工程复工报审表

工程名称: 　　　　　　　　　　　　　　　　　　编号:

致:_____(项目监理机构) 　　编号为_____"工程暂停令"所停工的_____部位(工序),已满足复工条件,我方申请于____年__月__日复工,请予以审批。 　　附:证明文件资料   施工项目经理部(盖章) 项目经理(签字) 年　　月　　日
审核意见: 项目监理机构(盖章) 总监理工程师(签字) 年　　月　　日

续表

审批意见：
    建设单位（盖章） 建设单位代表（签字） 　　　年　　月　　日

注：本表一式三份，项目监理机构、建设单位、施工单位各一份。

表 11.7　工程复工令

工程名称：　　　　　　　　　　　　　　　　　　　　编号：

致：_____（施工项目经理部） 　　我方发出的编号为_____"工程暂停令"，要求暂停_____部位（工序）施工，经查已具备复工条件。经建设单位同意，现通知你方于____年__月__日时起恢复施工。 　　附件：工程复工报审表   项目监理机构（盖章） 总监理工程师（签字、加盖执业印章） 　　　年　　月　　日

注：本表一式三份，项目监理机构、建设单位、施工单位各一份。

3. 工程变更

(1) 项目监理机构可按下列程序处理施工单位提出的工程变更。

① 总监理工程师组织专业监理工程师审查施工单位提出的工程变更申请,提出审查意见。对涉及工程设计文件修改的工程变更,应由建设单位转交原设计单位修改工程设计文件。必要时,项目监理机构应建议建设单位组织设计、施工等单位召开论证工程设计文件的修改方案的专题会议。工程变更单应按表 11.8 的要求填写。

表 11.8　工程变更单

工程名称:　　　　　　　　　　　　　　　　　　　编号:

致:＿＿＿＿ 　　由于＿＿＿＿＿＿原因,兹提出＿＿＿＿＿＿工程变更,请予以审批。 　　附件: 　　　　(1) 变更内容 　　　　(2) 变更设计图 　　　　(3) 相关会议纪要 　　　　(4) 其他 　　　　　　　　　　　　　　　　　　　　　　　　变更提出单位: 　　　　　　　　　　　　　　　　　　　　　　　　负责人: 　　　　　　　　　　　　　　　　　　　　　　　　　　　年　　月　　日

工程量增/减	
费用增/减	
工期变化	

施工项目经理部(盖章) 项目经理(签字)	设计单位(盖章) 设计负责人(签字)
项目监理机构(盖章) 总监理工程师(签字)	建设单位(盖章) 负责人(签字)

注:本表一式四份,建设单位、项目监理机构、设计单位、施工单位各一份。

② 总监理工程师组织专业监理工程师对工程变更费用及工期影响做出评估。

③ 总监理工程师组织建设单位、施工单位等共同协商确定工程变更费用及工期变化,会签工程变更单。

④ 项目监理机构根据批准的工程变更文件监督施工单位实施工程变更。

(2) 项目监理机构可在工程变更实施前与建设单位、施工单位等协商确定工程变更的计价原则、计价方法或价款。

(3) 建设单位与施工单位未能就工程变更费用达成协议时,项目监理机构可提出一个暂定价格并经建设单位同意,作为临时支付工程款的依据。工程变更款项最终结算时,应以建设单位与施工单位达成的协议为依据。

(4) 项目监理机构可对建设单位要求的工程变更提出评估意见,并应督促施工单位按会签后的工程变更单组织施工。

4. 费用索赔

(1) 项目监理机构应及时收集、整理有关工程费用的原始资料,为处理费用索赔提供证据。

(2) 项目监理机构处理费用索赔的主要依据应包括下列内容。

① 法律法规。

② 勘察设计文件、施工合同文件。

③ 工程建设标准。

④ 索赔事件的证据。

(3) 项目监理机构可按下列程序处理施工单位提出的费用索赔。

① 受理施工单位在施工合同约定的期限内提交的费用索赔意向通知书。费用索赔意向通知书应按表 11.9 的要求填写。

表 11.9 索赔意向通知书

工程名称: 编号:

| 致: _____ |
| 根据施工合同_____(条款)约定,由于发生了_____事件,且该事件的发生非我方原因所致。为此,我方向(单位)提出索赔要求。 |
| 附件:索赔事件资料 |
| |
| |
| |
| |
| |
| 提出单位(盖章) |
| 负责人(签字) |
| 年   月   日 |

② 收集与索赔有关的资料。
③ 受理施工单位在施工合同约定的期限内提交的费用索赔报审表。费用索赔报审表应按表 11.10 填写。

表 11.10　费用索赔报审表

工程名称：　　　　　　　　　　　　　　　　　　　　　编号：

致：_____(项目监理机构) 　　根据施工合同_____条款，由于_____的原因，我方申请索赔金额（大写）_____,请予以批准。 索赔理由：_____ 　　　　　_____ 　　　　　_____ 附件：（1）索赔金额的计算 　　　（2）证明材料   　　　　　　　　　　　　　　　　　　　　　　　施工项目经理部（盖章） 　　　　　　　　　　　　　　　　　　　　　　　项目经理（签字） 　　　　　　　　　　　　　　　　　　　　　　　　　　　年　　月　　日
审核意见： □不同意此项索赔 □同意此项索赔，索赔金额为（大写） 同意/不同意索赔的理由：_____ 　　　　　　　　　　_____ 附件：□索赔审查报告   　　　　　　　　　　　　　　　　　　　　　　　项目监理机构（盖章） 　　　　　　　　　　　　　　　　　　　　　　　总监理工程师（签字加盖执业印章） 　　　　　　　　　　　　　　　　　　　　　　　　　　　年　　月　　日
审批意见：   　　　　　　　　　　　　　　　　　　　　　　　建设单位（盖章） 　　　　　　　　　　　　　　　　　　　　　　　建设单位代表（签字） 　　　　　　　　　　　　　　　　　　　　　　　　　　　年　　月　　日

注：本表一式三份，项目监理机构、建设单位、施工单位各一份。

④ 审查费用索赔报审表。需要施工单位进一步提交详细资料时,应在施工合同约定的期限内发出通知。

⑤ 与建设单位和施工单位协商一致后,在施工合同约定的期限内签发费用索赔报审表,并报建设单位。

(4) 项目监理机构批准施工单位费用索赔应同时满足下列条件。

① 施工单位在施工合同约定的期限内提出费用索赔。

② 索赔事件是因非施工单位原因造成,且符合施工合同约定。

③ 索赔事件造成施工单位直接经济损失。

(5) 当施工单位的费用索赔要求与工程延期要求相关联时,项目监理机构可提出费用索赔和工程延期的综合处理意见,并应与建设单位和施工单位协商。

(6) 因施工单位原因造成建设单位损失,建设单位提出索赔时,项目监理机构应与建设单位和施工单位协商处理。

5. 工程延期与工期延误

(1) 施工单位提出工程延期要求符合施工合同约定时,项目监理机构应予以受理。

(2) 当影响工期事件具有持续性时,项目监理机构应对施工单位提交的阶段性工程临时延期报审表进行审查,并应签署工程临时延期审核意见后报建设单位。工程临时延期报审表和工程最终延期报审表应按表11.11的要求填写。

表 11.11 工程临时/最终延期报审表

工程名称: 　　　　　　　　　　　　　　　　编号:

致:＿＿＿＿＿＿(项目监理机构) 　　根据施工合同＿＿＿＿＿条款,由于＿＿＿＿＿的原因,我方申请临时/最终延期＿＿＿＿＿(日历天),请予批准。 　　附件: (1) 工程延期依据及工期计算 (2) 证明材料   　　　　　　　　　　　　　　　　　　施工项目经理部(盖章) 　　　　　　　　　　　　　　　　　　项目经理(签字) 　　　　　　　　　　　　　　　　　　　　年　　月　　日

续表

审核意见： □同意工程临时/最终延长工期_____（日历天）。工程竣工日期从施工合同约定的____年__月__日延迟到____年__月__日。 □不同意延长工期，请按约定竣工日期组织施工。   项目监理机构（盖章） 总监理工程师（签字、加盖执业印章） 年　　月　　日
审批意见：   建设单位（盖章） 建设单位代表（签字） 年　　月　　日

注：本表一式三份，项目监理机构、建设单位、施工单位各一份。

当影响工期事件结束后，项目监理机构应对施工单位提交的工程最终延期报审表进行审查，并应签署工程最终延期审核意见后报建设单位。

（3）项目监理机构在批准工程临时延期、工程最终延期前，均应与建设单位和施工单位协商。

（4）项目监理机构批准工程延期应同时满足下列条件。

① 施工单位在施工合同约定的期限内提出工程延期。

② 因非施工单位原因造成施工进度滞后。

③ 施工进度滞后影响到施工合同约定的工期。

（5）施工单位因工程延期提出费用索赔时，项目监理机构可按施工合同约定进行处理。

（6）发生工期延误时，项目监理机构应按施工合同约定进行处理。

6. 施工合同争议

（1）项目监理机构处理施工合同争议时，应进行下列工作。

① 了解合同争议情况。

② 及时与合同争议双方进行磋商。
③ 提出处理方案后,由总监理工程师进行协调。
④ 当双方未能达成一致时,总监理工程师应提出处理合同争议意见。
(2) 项目监理机构在施工合同争议处理过程中,对未达到施工合同约定的暂停履行合同条件的,应要求施工合同双方继续履行合同。
(3) 在施工合同争议的仲裁或诉讼过程中,项目监理机构应按仲裁机关或法院要求提供与争议有关的证据。

7. 施工合同解除

(1) 因建设单位原因导致施工合同解除时,项目监理机构应按施工合同约定与建设单位和施工单位按下列款项协商确定施工单位应得款项,并应签发工程款支付证书。
① 施工单位按施工合同约定已完成的工作应得款项。
② 施工单位按批准的采购计划订购工程材料、构配件、设备的款项。
③ 施工单位撤离施工设备至原基地或其他目的地的合理费用。
④ 施工单位人员的合理遣返费用。
⑤ 施工单位合理的利润补偿。
⑥ 施工合同约定的建设单位应支付的违约金。

(2) 因施工单位原因导致施工合同解除时,项目监理机构应按施工合同约定,从下列款项目中确定施工单位应得款项或偿还建设单位的款项,并应与建设单位和施工单位协商后,书面提交施工单位应得款项或偿还建设单位款项的证明。
① 施工单位已按施工合同约定实际完成的工作应得款项和已给付的款项。
② 施工单位已提供的材料、构配件、设备和临时工程等的价值。
③ 对已完工程进行检查和验收、移交工程资料、修复已完工质量缺陷等所需的费用。
④ 施工合同约定的施工单位应支付的违约金。

(3) 因非建设单位、施工单位原因导致施工合同解除时,项目监理机构应按施工合同约定处理合同解除后的有关事宜。

11.2.5 监理文件资料管理的规定

1. 一般规定

(1) 项目监理机构应建立完善监理文件资料管理制度,宜设专人管理监理文件资料。
(2) 项目监理机构应及时、准确、完整地收集、整理、编制、传递监理文件资料。
(3) 项目监理机构宜采用信息技术进行监理文件资料管理。

2. 监理文件资料内容

1) 监理文件资料应包括的主要内容
(1) 勘察设计文件、建设工程监理合同及其他合同文件。
(2) 监理规划、监理实施细则。
(3) 设计交底和图纸会审会议纪要。
(4) 施工组织设计、(专项)施工方案、施工进度计划报审文件资料。
(5) 分包单位资格报审文件资料。
(6) 施工控制测量成果报验文件资料。

（7）总监理工程师任命书，工程开工令、暂停令、复工令，工程开工或复工报审文件资料。

（8）工程材料、构配件、设备报验文件资料。

（9）见证取样和平行检验文件资料。

（10）工程质量检查报验资料及工程有关验收资料。

（11）工程变更、费用索赔及工程延期文件资料。

（12）工程计量、工程款支付文件资料。

（13）监理通知单、工作联系单与监理报告。

（14）第一次工地会议、监理例会、专题会议等会议纪要。

（15）监理月报、监理日志、旁站记录。

（16）工程质量或生产安全事故处理文件资料。

（17）工程质量评估报告及竣工验收监理文件资料。

（18）监理工作总结。

2）监理日志应包括的主要内容

（1）天气和施工环境情况。

（2）当日施工进展情况。

（3）当日监理工作情况，包括旁站、巡视、见证取样、平行检验等情况。

（4）当日存在的问题及处理情况。

（5）其他有关事项。

3）监理月报应包括的主要内容

（1）本月工程实施情况。

（2）本月监理工作情况。

（3）本月施工中存在的问题及处理情况。

（4）下月监理工作重点。

4）监理工作总结应包括的主要内容

（1）工程概况。

（2）项目监理机构。

（3）建设工程监理合同履行情况。

（4）监理工作成效。

（5）监理工作中发现的问题及处理情况。

（6）说明和建议。

3．监理文件资料归档

（1）项目监理机构应及时整理、分类汇总监理文件资料，并应按规定组卷，形成监理档案。

（2）工程监理单位应根据工程特点和有关规定，保存监理档案，并应向有关单位、部门移交需要存档的监理文件资料。

11.2.6　几个主要阶段建设监理工作的任务

1．设计阶段建设监理工作的主要任务

以下工作内容视业主的需求而定，国家并没有做出统一的规定。

(1) 编写设计要求文件。
(2) 组织建设工程设计方案竞赛或设计招标，协助业主选择勘察设计单位。
(3) 拟定和商谈设计委托合同。
(4) 配合设计单位开展技术经济分析，参与设计方案的比选。
(5) 参与设计协调工作。
(6) 参与主要材料和设备的选型（视业主的需求而定）。
(7) 审核或参与审核工程估算、概算和施工图预算。
(8) 审核或参与审核主要材料和设备的清单。
(9) 参与检查设计文件是否满足施工的需求。
(10) 设计进度控制。
(11) 参与组织设计文件的报批。

2. 施工招标阶段建设监理工作的主要任务

以下工作内容视业主的需求而定，国家并没有做出统一的规定。
(1) 拟订或参与拟订建设工程施工招标方案。
(2) 准备建设工程施工招标文件。
(3) 协助业主办理招标申请。
(4) 参与或协助编写施工招标文件。
(5) 参与建设工程施工招标的组织工作。
(6) 参与施工合同的商签。

3. 材料和设备采购供应阶段建设监理工作的主要任务

对于由业主负责采购的材料和设备物资，监理工程师应负责制订计划，监督合同的执行。具体内容包括以下几个方面。
(1) 制订（或参与制订）材料和设备供应计划与相应的资金需求计划。
(2) 通过对材料和设备的质量、价格、供货期和售后服务等条件的分析与比选，协助业主确定材料和设备等物资的供应单位。
(3) 起草并参与材料和设备的订货合同。
(4) 监督合同的实施。

4. 施工准备阶段建设监理工作的主要任务

施工准备阶段主要工作有设计交底、图纸会审、施工组织设计及各专项方案的编写审批交底、施工单位的项目管理制度及安全生产管理制度、项目部人员的配备、总进度计划编制以及其他开工前的各项准备工作等。施工准备阶段建设监理工作的主要任务包括以下方面。
(1) 审查施工单位提交的施工组织设计中的质量安全技术措施、专项施工方案与工程建设强制性标准的符合性。
(2) 参与设计单位向施工单位的设计交底。
(3) 检查施工单位工程质量、安全生产管理制度及组织机构和人员资格。
(4) 检查施工单位专职安全生产管理人员的配备情况。
(5) 审核分包单位资质条件，如营业执照、组织机构代码证、资质等级证书、安全生产许可证、分包合同、分包单位业绩等。图11.3～图11.5所示分别为某公司营业执照、企业资质证书及安全生产许可证范本。

图 11.3 营业执照

图 11.4 企业资质证书

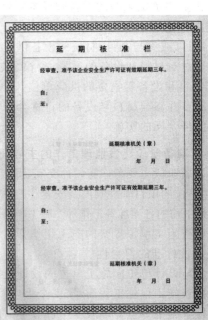

图 11.5 安全生产许可证

（6）检查施工单位的试验室。

（7）查验施工单位的施工测量放线成果，如根据甲方提供的工程定位点，核验施工单位的施工控制点及标高。

（8）审查工程开工条件，签发开工令。

总监理工程师签署审查意见报建设单位批准后，总监理工程师签发开工令。工程开工条件如下。

① 设计交底和图纸会审已完成。

② 施工组织设计已由总监理工程师签认。

③ 施工单位现场质量、安全生产管理体系已建立，管理及施工人员已到位，施工机械具备使用条件，主要工程材料已落实。

④ 进场道路及水、电、通信等已满足开工要求。

⑤ 总监在开工日期7天前发出开工令。开工日期从开工令载明的开工日起算。

总监理工程师组织专业监理工程师审查施工单位报送的开工报审表及相关资料，各项审查符合要求时，签署审查意见，报建设单位批准后，再由总监理工程师签发工程开工令。工程开工令应按表11.12的要求填写。

表11.12 工程开工令

工程名称： 编号：

致:（施工单位） 　　经审查，本工程已具备施工合同约定的开工条件，现同意你方开始施工，开工日期为____年__月__日。 　　附件：开工报审表   项目监理机构（盖章） 总监理工程师（签字）、加盖执业印章（签字） 　　　　　年　　月　　日

注：本表一式三份，项目监理机构、建设单位、施工单位各一份。

5. 工程施工阶段建设监理工作的主要任务

1）施工阶段的质量控制

（1）核验施工测量放线，验收隐蔽工程、分部分项工程，签署分项分部工程和单位工程质量评定表。

（2）进行旁站、巡视和平行检验，对发现的质量问题应及时通知施工单位整改，并做监理记录。

（3）审查施工单位报送的工程材料、构配件、设备的质量证明资料，抽检进场的工程材料、构配件的质量。

（4）审查施工单位提交的采用新材料、新工艺、新技术、新设备的论证材料及相关验收标准。

（5）检查施工单位的测量、检测仪器设备、度量衡定期检验的证明文件。

（6）监督施工单位对各类土木和混凝土试件按规定进行检查与抽查。

（7）监督施工单位认真处理施工中发生的一般质量事故，并认真做好记录。

（8）对大和重大质量事故以及其他紧急情况报告业主。

2）施工阶段的进度控制

（1）监督施工单位严格按照施工合同规定的工期组织施工。

（2）审查施工单位提交的施工进度计划，核查施工单位对施工进度计划的调整。

（3）建立工程进度台账，核对工程形象进度，按月度、季度和年度向业主报告工程执行情况、工程进度以及存在的问题。

3）施工阶段的投资控制

（1）审核施工单位提交的工程款支付申请，签发或出具工程款支付证书，并报业主审核、批准。

（2）建立计量支付签证台账，定期与施工单位核对清算。

（3）审查施工单位提交的工程变更申请，协调处理施工费用索赔、合同争议等事项。

（4）审查施工单位提交的竣工结算申请。

4）施工阶段的安全生产管理

（1）依照法律法规和工程建设强制性标准，对施工单位安全生产管理进行监督。

（2）编制安全生产事故的监理应急预案，并参加业主组织的应急预案的演练。

（3）审查施工单位的工程项目安全生产规章制度、组织机构的建立及专职安全生产管理人员的配备情况。

（4）督促施工单位进行安全自查工作，巡视检查施工现场安全生产情况，对实施监理过程中，发现存在安全事故隐患的，应签发监理工程师通知单，要求施工单位整改；情况严重的，总监理工程师应及时下达工程暂停指令，要求施工单位暂时停止施工，并及时报告业主。施工单位拒不整改或者不停止施工的，应通过业主及时向有关主管部门报告。

6. 竣工验收阶段建设监理工作的主要任务

（1）督促和检查施工单位及时整理竣工文件与验收资料，并提出意见。

（2）审查施工单位提交的竣工验收申请，编写工程质量评估报告。

（3）组织工程预验收，参加业主组织的竣工验收，并签署竣工验收意见。

（4）编制、整理工程监理归档文件并提交给业主。

7. 施工合同管理方面的工作

（1）拟定合同结构和合同管理制度，包括合同草案的拟定、会签、协商、修改、审批、签署和保管等工作制度及流程。

（2）协助业主拟定工程的各类合同条款，并参与各类合同的商谈。

（3）合同执行情况的分析和跟踪管理。

（4）协助业主处理与工程有关的索赔事宜及合同争议事宜。

11.3 监理的工作方法

"实施建筑工程监理前，建设单位应当将委托的工程监理单位、监理的内容及监理权限，书面通知被监理的建筑施工企业。"（引自《中华人民共和国建筑法》）

"工程监理人员认为工程施工不符合工程设计要求、施工技术标准和合同约定的，有权要求建筑施工企业改正。工程监理人员发现工程设计不符合建筑工程质量标准或者合同约定的质量要求的，应当报告建设单位要求设计单位改正。"（引自《中华人民共和国建筑法》）

所谓施工技术标准，就是一道工序施工的标准性施工过程的规范。

11.3.1 工程建设监理的工作程序

工程建设监理一般应按下列工作程序进行。

（1）组成项目监理机构，配备满足项目监理工作的监理人员与设施。

（2）编制工程建设监理规划，根据需要编制监理实施细则。

（3）实施监理服务。

（4）组织工程竣工预验收，出具监理评估报告。

（5）参与工程竣工验收签署建设监理意见。

（6）建设监理业务完成后，向业主提交监理工作报告及工程监理档案文件。

工程建设监理规划在总监理工程师的主持下编制、经监理单位技术负责人批准，是用来指导项目监理机构全面开展监理工作的指导性文件。

监理实施细则是在监理规划指导下，在落实了各专业的监理责任后，由专业监理工程师针对项目的具体情况制定的更具有实施性和可操作性的业务文件。它起着指导监理业务开展的作用。

11.3.2 工程建设监理规划

工程建设监理规划的编制应针对项目的实际情况，明确项目监理机构的工作目标，确定具体的监理工作制度、程序、方法和措施，并应具有可操作性。工程建设监理规划的程序和依据应符合下列规定。

（1）工程建设监理规划应在签订委托监理合同及收到设计文件后开始编制，完成后必须经监理单位技术负责人审核批准，并应在召开第一次工地会议前报送业主。

（2）应由总监理工程师主持，专业监理工程师参加编制。

（3）编制工程建设监理规划的依据如下。

① 建设工程的相关法律、法规及项目审批文件,如《中华人民共和国合同法》《中华人民共和国建筑法》、建设工程监理规范、土地使用证、规划许可证等。
② 与建设工程项目有关的标准、设计文件和技术资料。
③ 监理大纲、委托监理合同文件以及与建设项目相关的合同文件。
(4) 工程建设监理规划一般包括以下内容。
① 建设工程概况。
② 监理工作范围。
③ 监理工作内容。
④ 监理工作目标。
⑤ 监理工作依据。
⑥ 项目监理机构的组织形式。
⑦ 项目监理机构的人员配备计划。
⑧ 项目监理机构的人员岗位职责。
⑨ 监理工作程序。
⑩ 监理工作方法及措施。
⑪ 监理工作制度。
⑫ 监理设施。

11.3.3 工程建设监理实施细则

对中型及以上或专业性较强的工程项目,项目监理机构应编制工程建设监理实施细则。它应符合工程建设监理规划的要求,并应结合工程项目的专业特点,做到详细具体,并具有可操作性。在监理工作实施过程中,工程建设监理实施细则应根据实际情况进行补充、修改和完善。

对于房屋建筑工程,中型及以上工程项目包括5层及以上、建筑物高度15m及以上、单跨跨度15m及以上、单体建筑面积3000m^2及以上的民用与公共建筑工程;建筑群面积3000m^2及以上的住宅小区或群体工程;单项合同额300万元及以上的其他一般建筑工程等。

专业性较强的工程项目包括钢结构工程、园林古建筑工程、防腐保温工程、预应力工程、爆破与拆除工程等。

工程建设监理实施细则的编制程序和依据应符合下列规定。

(1) 工程建设监理实施细则应在工程施工开始前编制完成,并必须经总监理工程师批准。

总监理工程师是由工程监理单位法定代表人书面任命,负责履行建设工程监理合同、主持项目监理机构工作的注册监理工程师。

(2) 工程建设监理实施细则应由各有关专业的专业工程师参与编制。

(3) 编制工程建设监理实施细则的依据如下。
① 已批准的工程建设监理规划。
② 相关的专业工程的标准、设计文件和有关的技术资料。
③ 施工组织设计。

（4）工程建设监理实施细则应包括下列内容。

① 专业工程的特点。

② 监理工作的流程，如图 11.6 所示。

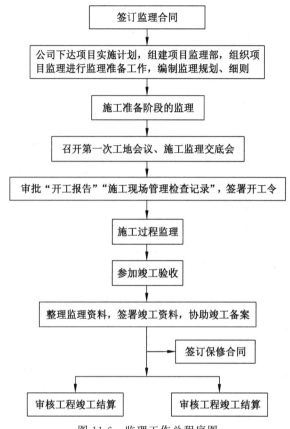

图 11.6　监理工作总程序图

（5）监理工作的控制要点及目标值。

监理工作的控制要点主要包括安全生产控制和文明施工控制两个方面，具体包括以下方面。

① 督促施工单位建立和完善安全生产责任制度、管理制度、教育制度及有关安全生产的科学管理规章和安全操作规程，实行专业管理和群众管理相结合的监督检查管理制度。

② 审核施工单位的安全专项方案，检查特种作业人员持证上岗情况。

③ 定期进行安全检查。

④ 做好事故的处理工作。

⑤ 做好安全文明施工管理等。

（6）监理工作的方法和措施。

监理工作方法包括现场记录、发布文件、旁站、巡视、平行检验、协调等。

监理工作措施包括口头通知要求施工方整改、通过监理工程师通知单形式限期整改、下发工程暂停令、工程联系单等。图 11.7～图 11.9 所示分别为某项目监理单位给施工单位下发的监理通知单及工程联系单样式。

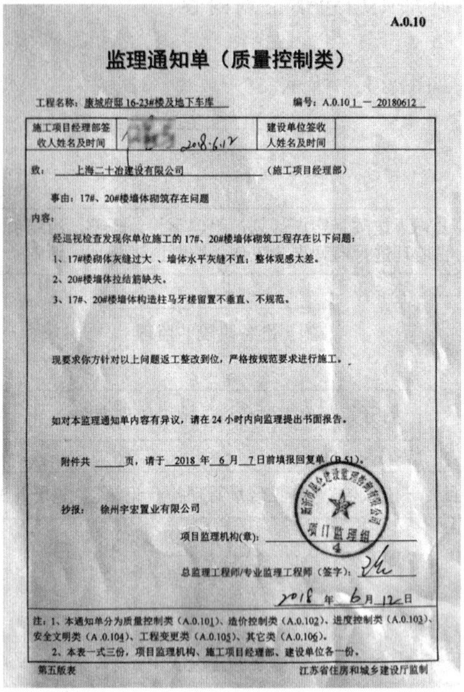

A.0.10

监理通知单（质量控制类）

工程名称：康城府邸16-23#楼及地下车库　　　　编号：A.0.101－20180612

施工项目经理部签收人姓名及时间	2018.6.12	建设单位签收人姓名及时间	

致：上海二十冶建设有限公司（施工项目经理部）

事由：17#、20#楼墙体砌筑存在问题

内容：

经巡视检查发现你单位施工的17#、20#楼墙体砌筑工程存在以下问题：

1、17#楼砌体灰缝过大、墙体水平灰缝不直；整体观感太差。

2、20#楼墙体拉结筋缺失。

3、17#、20#楼墙体构造柱马牙槎留置不垂直、不规范。

现要求你方针对以上问题返工整改到位，严格按规范要求进行施工。

如对本监理通知单内容有异议，请在24小时内向监理提出书面报告。

附件共____页，请于2018年6月7日前填报回复单（B.5.1）。

抄报：徐州宇宏置业有限公司

项目监理机构(章)：

总监理工程师/专业监理工程师（签字）：

2018年6月12日

注：1、本通知单分为质量控制类（A.0.101）、造价控制类（A.0.102）、进度控制类（A.0.103）、安全文明类（A.0.104）、工程变更类（A.0.105）、其它类（A.0.106）。

2、本表一式三份，项目监理机构、施工项目经理部、建设单位各一份。

第五版表　　　　江苏省住房和城乡建设厅监制

图11.7　监理通知单(质量控制类)

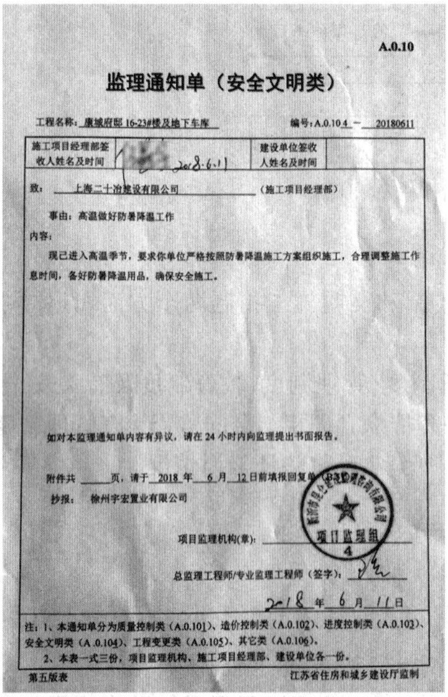

A.0.10

监理通知单（安全文明类）

工程名称：康城府邸16-23#楼及地下车库　　　　编号：A.0.104－20180611

施工项目经理部签收人姓名及时间	2018.6.11	建设单位签收人姓名及时间	

致：上海二十冶建设有限公司（施工项目经理部）

事由：高温做好防暑降温工作

内容：

现已进入高温季节，要求你单位严格按照防暑降温施工方案组织施工，合理调整施工作息时间，备好防暑降温用品，确保安全施工。

如对本监理通知单内容有异议，请在24小时内向监理提出书面报告。

附件共____页，请于2018年6月12日前填报回复单（B.5.1）。

抄报：徐州宇宏置业有限公司

项目监理机构(章)：

总监理工程师/专业监理工程师（签字）：

2018年6月11日

注：1、本通知单分为质量控制类（A.0.101）、造价控制类（A.0.102）、进度控制类（A.0.103）、安全文明类（A.0.104）、工程变更类（A.0.105）、其它类（A.0.106）。

2、本表一式三份，项目监理机构、施工项目经理部、建设单位各一份。

第五版表　　　　江苏省住房和城乡建设厅监制

图11.8　监理通知单(安全文明类)

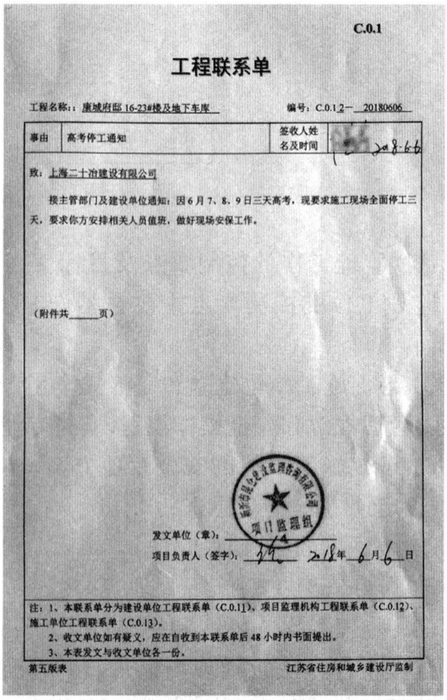

C.0.1

工程联系单

工程名称：：康城府邸16-23#楼及地下车库　　　　编号：C.0.12－20180606

事由	高考停工通知	签收人姓名及时间	2018.6.6

致：上海二十冶建设有限公司

接主管部门及建设单位通知：因6月7、8、9日三天高考，现要求施工现场全面停工三天，要求你方安排相关人员值班，做好现场安保工作。

（附件共____页）

发文单位（章）：

项目负责人（签字）：　　2018年6月6日

注：1、本联系单分为建设单位工程联系单（C.0.11）、项目监理机构工程联系单（C.0.12）、施工单位工程联系单（C.0.13）。

2、收文单位如有疑义，应在自收到本联系单后48小时内书面提出。

3、本表发文与收文单位各一份。

第五版表　　　　江苏省住房和城乡建设厅监制

图11.9　工程联系单

为深入贯彻落实党的十八大和十八届三中全会精神,推进建筑业发展和改革,保障工程质量安全,提升工程建设水平,《住房和城乡建设部关于推进建筑业发展和改革的若干意见》(建市〔2014〕92号)指出:"进一步完善工程监理制度。分类指导不同投资类型工程项目监理服务模式发展。调整强制监理工程范围,选择部分地区开展试点,研究制定有能力的建设单位自主决策选择监理或其他管理模式的政策措施。具有监理资质的工程咨询服务机构开展项目管理的工程项目,可不再委托监理。推动一批有能力的监理企业做优做强。"

习题

一、单项选择题

1. 根据《建设工程质量管理条例》,未经(　　)签字,建设单位不拨付工程款、不得进行竣工验收。【2018年】
   A. 专业监理工程师　　　　　　　　B. 建设单位现场工程师
   C. 政府质量管理部门　　　　　　　D. 总监理工程师

2. 工程监理单位是建筑市场的主体之一,建设工程监理是一种高智能的(　　)服务。
   A. 工程监理　　　　　　　　　　　B. 委托代理
   C. 无偿技术　　　　　　　　　　　D. 有偿技术

3. 我国的建设工程监理属于国际上(　　)项目管理的范畴。
   A. 业主方　　　B. 总包方　　　C. 监理方　　　D. 设计方

4. 当业主方和施工方发生利益冲突或矛盾时,受业主的委托进行工程建设监理活动的监理机构应该以事实为依据,以法律和合同为准绳进行处理。这体现了监理的(　　)。【2009年】
   A. 服务性　　　B. 公平性　　　C. 科学性　　　D. 独立性

5. 工程监理人员发现工程设计不符合建筑工程质量标准或者合同约定的质量要求的,应当(　　)要求设计单位改正。
   A. 报告总监理工程师　　　　　　　B. 通知施工单位
   C. 无须向任何人报告　　　　　　　D. 报告建设单位

6. 旁站监理人员实施旁站监理时,如发现施工单位存在违反工程建设强制性标准的行为,首先应(　　)。
   A. 责令施工单位立即整改　　　　　B. 立即下达工程暂停令
   C. 立即报告政府主管部门　　　　　D. 立即报告业主代表和总监理工程师

7. 审查施工组织设计作为建设工程监理的一项主要任务,开展阶段应是在(　　)阶段。
   A. 设计　　　　　　　　　　　　　B. 施工招标
   C. 施工准备　　　　　　　　　　　D. 工程施工

8. 工程建设监理规划编制完成后,必须经(　　)审核批准。
   A. 业主　　　　　　　　　　　　　B. 总监理工程师

C. 监理单位技术负责人　　　　　　D. 专业监理工程师

9. 工程建设监理实施细则不包括(　　)。
   A. 监理工作的流程　　　　　　　B. 监理工作的方法和措施
   C. 监理工作权限　　　　　　　　D. 监理工作的控制要点及目标值

10. 对中型及以上或专业性较强的工程项目,项目监理机构应编制工程建设监理实施细则,并必须经(　　)批准后执行。
    A. 监理单位技术负责人　　　　　B. 总监理工程师
    C. 专业监理工程师　　　　　　　D. 专业工程师

二、多项选择题

1. 下列工作任务中,属于工程施工阶段监理人员工作任务的有(　　)。【2019年】
   A. 核验施工测量放线　　　　　　B. 验收隐蔽工程
   C. 参与编写施工招标文件　　　　D. 检查施工单位实验室
   E. 审查施工进度计划

2. 根据《建设工程质量管理条例》,工程项目建设监理过程中,未经监理工程师签字,(　　)。【2013年】
   A. 建筑材料、构配件不得在工程上使用
   B. 建筑设备不得在工程上安装
   C. 施工单位不得进行下一道工序的施工
   D. 建设单位不得进行竣工验收
   E. 施工单位不得更换施工现场作业人员

3. 建设工程监理应当依照法律、行政法规及有关的技术标准、设计文件和建筑工程承包合同,对承包单位在(　　)等方面,代表建设单位实施监督。
   A. 施工质量　　　　　　　　　　B. 安全管理
   C. 建设工期　　　　　　　　　　D. 建设资金使用
   E. 投资控制

4. 根据《中华人民共和国建筑法》,工程监理人员认为工程施工不符合(　　)的,有权要求建筑施工企业改正。【2011年】
   A. 工程设计要求　　　　　　　　B. 合同约定
   C. 施工技术标准　　　　　　　　D. 监理规划
   E. 监理实施细则

5. 按照工程监理规范的相关要求,监理工程师在对建设工程实施监理时,应当采取的形式有(　　)。
   A. 旁站　　　B. 抽样检验　　　C. 巡视　　　D. 见证取样
   E. 平行检验

6. 建设工程项目施工准备阶段,建设监理工作的主要任务有(　　)。【2017年】
   A. 审查分包单位资质条件　　　　B. 检查施工单位的实验室
   C. 审查工程开工条件　　　　　　D. 签署单位工程质量评定表
   E. 审查施工单位提交的施工进度计划

7. 下列各项中,不属于工程建设监理工作程序的是( )。

　　A. 编制工程建设监理规划

　　B. 组织工程竣工验收

　　C. 编制工程建设监理细则

　　D. 参与工程竣工预验收

　　E. 向档案管理部门提交工程建设监理档案资料

8. 根据《建设工程监理规范》(GB/T 50319—2013),编制工程建设监理规划应遵循的程序和依据是( )。

　　A. 在收到设计文件后开始编制

　　B. 在签订委托监理合同前编制完成

　　C. 完成后必须经监理单位技术负责人审核批准

　　D. 应由总监理工程师主持编制

　　E. 依据项目审批文件编制

9. 根据我国相关规定,下列工程中需要编制工程建设监理实施细则的是( )。

　　A. 大中型工程项目

　　B. 外国政府投资的项目

　　C. 专业性较强的项目

　　D. 建筑面积 1 万平方米以下的住宅工程

　　E. 政府投资项目

三、简答题

1. 工程监理的工作性质有哪些特点?
2. 施工准备阶段建设监理工作的主要任务是什么?
3. 设计阶段建设监理工作的主要任务有哪些?
4. 施工准备阶段建设监理工作的主要任务有哪些?
5. 工程建设监理一般应按什么程序进行?
6. 工程建设监理规划的程序和依据应符合哪些规定?

参 考 文 献

[1] 全国一级建造师执业资格考试用书编写委员会. 建设工程项目管理[M]. 北京：中国建筑工业出版社，2021.
[2] 宋伟香. 建设工程项目管理[M]. 北京：清华大学出版社，2014.
[3] 宁仁歧，郑传明. 土木工程施工[M]. 北京：中国建筑工业出版社，2006.
[4] 中华人民共和国住房和城乡建设部，国家质量监督检验检疫总局. 建筑施工组织设计规范(GB/T 50502—2009)[S]. 北京：中国建筑工业出版社，2009.
[5] 中华人民共和国住房和城乡建设部，国家质量监督检验检疫总局. 建设工程项目管理规范(GB/T 50326—2017)[S]. 北京：中国建筑工业出版社，2017.
[6] 中华人民共和国建设部. 建设工程监理规范[S]. 北京：中国建筑工业出版社，2004.
[7] 中华人民共和国住房和城乡建设部. 建设工程监理规范(GB/T 50319—2013)[S]. 北京：中国建筑工业出版社，2013.